利益衡量视域中，微观规范更为直接地强调着法律的价值向度，超越了规范本身自为的过度拘束和裁判者的狭隘，是法律机体的细胞。

刘　凯

LIYI HENGLIANG ZHI
WEIGUAN GUIFAN YANJIU

利益衡量之微观规范研究

刘 凯/著

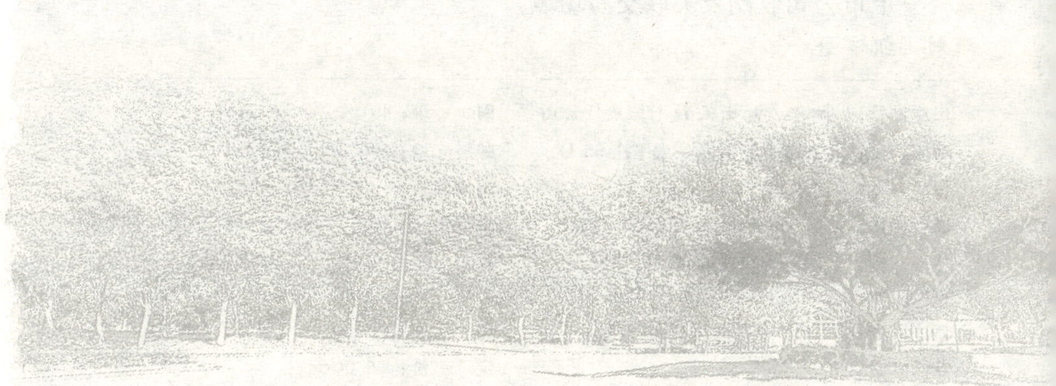

知识产权出版社
全国百佳图书出版单位

图书在版编目（CIP）数据

利益衡量之微观规范研究：上市公司收购及关联交易场域／刘凯著. —北京：知识产权出版社，2016.3

ISBN 978-7-5130-4013-6

Ⅰ.①利… Ⅱ.①刘… Ⅲ.①上市公司—收购—研究—中国 Ⅳ.①F279.246

中国版本图书馆 CIP 数据核字（2016）第 010011 号

内容提要

利益衡量是法律规制建构的理性路径。宏观的利益衡量制度设计需要微观的规制支撑，没有微观的规制，宏观的制度设计难以具有实际操作的价值。在利益冲突剧烈的场域，尤其如此。本书选取了两个利益冲突最为剧烈的两个场域：上市公司收购及关联交易最为规制解构的样本，详细分析了微观的利益衡量的价值。独辟蹊径，观点新颖独特，是对利益衡量理论的一种全新的分析解构路径。

责任编辑：纪萍萍　　**责任校对**：孙婷婷

责任出版：刘译文

利益衡量之微观规范研究

——上市公司收购及关联交易场域

刘　凯　著

出版发行：知识产权出版社有限责任公司	**网　　址**：http：//www.ipph.cn
社　　址：北京市海淀区西外太平庄 55 号	**邮　　编**：100081
责编电话：010-82000860 转 8387	**责编邮箱**：jpp99@126.com
发行电话：010-82000860 转 8101/8102	**发行传真**：010-82000893/82005070/82000270
印　　刷：三河市国英印务有限公司	**经　　销**：各大网上书店、新华书店及相关专业书店
开　　本：880mm×1230mm　1/32	**印　　张**：11.625
版　　次：2016 年 3 月第 1 版	**印　　次**：2016 年 3 月第 1 次印刷
字　　数：300 千字	**定　　价**：36.00 元

ISBN 978-7-5130-4013-6

自序

德国的概念法学在发展至巅峰之后，法学理论的主流于 20 世纪初开始向利益法学转变。在耶林的目的法学中已经隐现利益法学之雏形，此后，经过菲利普·郝克、海因里希·施托尔、保尔·奥尔特曼等德国法学家的努力，迅速获得了世界性影响，甚至海洋法系的司法活动也借助于社会法学方式留下了利益法学的裁判思维烙印。利益法学强调法官应当注意各种具体的利益，批评概念法学脱离社会实际，反对概念法学的形式主义、教条主义和价值虚无主义，要求法官不仅应当运用各种法律规范，而且还必须保护那些立法者认为应该保护的利益。这一巨大的法学理论浪潮席卷了大陆法系，推动着法学理论研究和司法实践不断发展和进步。直至今日，利益法学仍在极大地影响着大陆法系的法学理论和司法实践。当下大陆法系的法律适用方法，几乎都是利益法学所型塑的。

从本质而言，利益法学是一种法学方法，通过利益判断来适用和创建法律规则。利益法学引起了法学方法论的一次根本性变革。在所有的改变中，方法的改变才是最大的改变。利益法学保护某种利益的价值取向催生出利益衡量的裁判思维，这是法律逻辑的自然结论，也是司法实践中基于利益保护而适用法律的思想基础。利益衡量的裁判规则为僵硬的法条注入了鲜活的价值判断标准，提供了一个更具公平性的裁判思维，可以避免在司法实践中法律条款的过度拘束和裁判者的自我狭隘，使得利益衡量的裁判思维成为个案中利益保护的规范依据。基本上，利益衡量可以理解为一种法律方法，通过对冲突利益的价值判断维系个案中的实质公平。这种法律方法非常适合在现代社会利益冲突的格局中运用，在对冲突利益进行差别保护的同时，实现法律规范本身的价值判断。20 世纪 60 年代，利益法学的利益衡量理论在日本兴起，成为主流的裁判方法。20 世纪 90 年代开始，利益衡量的法律方法经由日本传入我国民法学界。根本上，一种法学方法的变革还是依赖法哲学理论的推动和现行法的积极实践，沿着利益衡量的源流回溯，我们会发现利益法学受功利主义哲学的影响很大，从休谟、亚当·斯密到边沁和密尔，功利主义哲学铺陈着利益法学的理论背景。20 世纪末，我国法学理论界和司法实践开始尝试利益衡量的规范设计和裁判思维。

目前，我国法学界对利益衡量理论的研究取得了一定成果，立法和司法实践也开始积极运用这一法学方法。比较而言，国内学者对此领域的研究大多以宏观层面的规范设计为中心视域，对利益衡量方法在微观层面的规范建构与解构鲜有论及。本书的研究进路是放在利益衡量的微观规范层面。从规范设计的效用上说，宏观的制度思维要以微观规范作为支撑，才能使顶层设计的宏观理念得以落地生根。解构与重构是微观规范构建的必经过程。微观规范具有司法实践所必须依赖的可操作性，承载了法律规范的价值向度和生命力，是法律肌体的细胞。所以，与宏观的利益衡量理论研究相比，构建利益衡量的微观规范体系更具有法律所要求的实践价值。本书的论述沿着利益衡量的微观规范设计向度展开。为了使微观规范的解构与重构更具有典型性，本书选择了上市公司收购和关联交易这两个利益冲突剧烈的场域作为对象，在民商法和资本市场的背景中进行梳理和检讨，解构其微观规范的配置与安排，由此得出利益衡量之微观规范的逻辑结论，因此，本书对于微观规范的解构取得了另辟蹊径的理论榫结：对利益衡量之微观规范的个殊化表征的抽象铺陈；微观视域中公司乃利益之束的概括；要约收购的本土化困局；协议收购对于企业家市场养成的意义；关联交易的利益输送路径解构；实质性公平原则的微观规范视域展读等，都是微观规范视域中的利益衡量的具象呈现。

寸微心得，与君飨飨。小诗一阙，聊以存忆：

龀龆方知翰墨香
半世谔谔付荷塘
结棚种蓝嶙峋骨
岸马云龙簪缨缰
河汾岳麓千仞雪
杏坛阳明半烛光
片云黵黯风霜去
灯帆揭橥水天长

刘　凯

2015 年嫩冬

目录

视域二　关联交易中利益衡量之微观规范

重要的是与某些太过普通地视为理所当然的态度保持一定的距离，学会不信任某些甚至已经变得难以察觉的习惯。

——切斯瓦夫·米沃什[1]

绪论 利益衡量视域中的微观规范

伴随着人类社会的更迭演进，自然权利的哲学思想渐渐凝聚为现实生活中对于利益平衡的制度要求，特别是在工业革命之后，社会结构的巨变所造成的利益冲突成为人类的生存常态，这逐渐在规范设计上有了利益衡量的显性需要。天存人欲，追求利益的欲望是人类之自然天性。利益概念的形成是经济思想及法律哲学发展的自然产物，虽然不同的时代对利益有着不同的理解和诠释。以资本和竞争为基础的文化的出现是以人与自然关系上的重大哲学转变为前提的。[2] 逐利的欲念推动着制度规范的演进，也推动着人类社会的更替。意欲的内在冲动越厉害越激烈，这一意欲所配备的认识力就

❶ ［波兰］切斯瓦夫·米沃什：《诗的见证》，广西师范大学出版社，2013 年版，第 24 页。

❷ ［美］大卫·雷·格里芬，王成兵译：《后现代精神》，中央编译出版社，2015 年版，第 110 页。

必须越完善和敏锐。[1] 人类文明的进程表现为一个利益不断分化的过程，文明的共性和差异影响了国家的利益、对抗和联合。[2] 相对于人类不断膨胀的欲望，资源始终处于稀缺状态，因此，利益冲突已经成为人类社会的常态。“当一种利益与另一种利益互相冲突又不能使两者同时得到满足的时候，应该如何安排它们的次序与确定它们的重要性？在对这种利益的先后次序进行安排时，人们必须作出一些价值判断即‘利益估价’。这是法律必须认真对待和处理的关键问题。”[3] 自 18 世纪初边沁（Jeremy Bentham）的功利主义哲学兴起以来，对利益的探讨已经是法学家经常思辨的领域。以“联想原理”和“最多幸福原理”为基础的功利主义哲学认为，快乐和幸福就是善、痛苦就是恶，并把这一思想运用到各种实际问题的解决上面。[4] 20 世纪初，德国法学家菲利普·赫克所倡导的利益法学至少在私法领域取得了不凡的成就。对利益法学的一般解读，其理论核心是为了保护某种更为重要的利益而牺牲其他利益，在利益冲突时由法律规范安排不同利益的位序。至少在私法领域，法律的目的在于：赋予特定利益优先位序，而他种利益相对必须作出一定程度退让的方式，来调整个人或者社会团体之间可能发生并且已经被类型化的利益冲突。[5] 利益法学在批判概念法学的基础之上，结合耶林的目的法学构建起自身的理论体系。在对“观念中的利益”（ideal interests）取得认同的对话基础之上，赫克认为，利益法学强调了两个着眼点：一是在既定法存在的背景下，法官必然受到既定

---

[1] ［德］叔本华，韦启昌译：《叔本华思想随笔》，上海人民出版社，2013 年版，第 73 页。

[2] ［美］赛缪尔·亨廷顿：《文明的冲突》，新华出版社，2013 年版，第 7 页。

[3] ［美］L. 科赛，孙立平等译：《社会冲突的功能》，华夏出版社，1989 年版，第 144 页。

[4] ［英］伯兰特·罗素：《西方哲学简史》，陕西师范大学出版社，2010 年版，第 398 页。

[5] ［德］卡尔·拉伦茨：《法学方法论》，商务印书馆，2003 年版，第 1 页。

法的约束，并且要因循着立法者的思路来调整各种利益冲突；二是既定法是有瑕疵的，而且在处理日常生活的个案时，既定法的规范会表现出相当的矛盾性。立法者理解既定法存在的瑕疵，因此不希望法官仅仅在字面上照搬法律规范，而是要理解法律所包含的各种利益，运用法律所确定的原则调整利益冲突。因此，法官不仅要运用法律规范，而且要保护立法者认为需要保护的一般利益。利益法学是法学方法论，而利益衡量本质上是一种法律方法，一种在冲突的各种利益之间寻求协调和安排最佳位序的法律方法。

利益衡量的规范解构需要一个概念前提，就是利益概念的限制性解读。“没有对词的含义进行限定，没有对词进行系统的分类，会导致异类的事实被归纳为同类，同类的事实被命以不同的名字。如果受固有词义的支配，我们就无法看清事物之间的真实关系，无法正确把握它们的性质。”[1] 在对利益内涵的理解上，中西方存在差异。“利益是每一个人根据自己的性情和思想使自己的幸福观与之相连的东西，换句话说，利益其实就是我们每一个人认为对自己的幸福是必要的东西。”[2]《牛津法律大辞典》把利益解释为：“个人或者个人的集团寻求得到满足和保护的权利请求、要求、愿望和需求。”[3] 西方的法哲学家庞德和罗尔斯都尝试对利益详细划分，庞德是类别划分，[4] 而罗尔斯则作出列举划分。[5] 我国古代对利益的研究没有形成学术上的概念，多从物质的利益和实际利益的角度

---

[1] ［法］迪尔凯姆，孙立元，腾文芳译：《自杀论》，北京出版社，2012 年版，第 1 页。

[2] ［法］霍尔巴赫：《自然的体系》，商务印书馆，1964 年版，第 271 页。

[3] 《牛津法律大辞典》，光明日报出版社，1988 年版，第 454 页。

[4] ［美］庞德，沈宗灵，董世忠译：《通过法律的社会控制——法律的任务》，商务印书馆，1984 年版，第 81～83 页。

[5] ［美］约翰·罗尔斯，何怀宏等译：《正义论》，中国社会科学出版社，1988 年版，258 页。

解读利益的内涵，视野比较狭窄。[1] 利益是人们在生活中产生的各种欲求，这种欲求不仅包括各种实际需要，也包括那些在受到刺激时进一步向前发展的隐藏在人们心目中的潜在动机。利益是一种社会关系，首先是物质经济关系。利益与人的需要和诉求有着密切的关系，需要是利益产生和存在的前提。不同的社会个体有着不同的个人欲求，因而在现代社会里，个人欲求的冲突是普遍存在的，利益冲突成为社会关系的常态，社会矛盾也由此产生。构建法律规则的目的就在于平衡个人利益与社会利益，实现利己主义和利他主义的结合，从而建立起个人和社会的伙伴关系，并由此源生出社会的和谐。“法律的主要作用之一就是调和一个社会中相互冲突的利益，无论是个人利益或是社会利益。这在某种程度上必须通过颁布一些评价各种利益重要性和提供调整这种利益冲突标准的一般性规则方能实现。如果没有某些具有规范性质的一般性标准，那么有组织的社会就会在做下述决定时因把握不住标准而出差错，如：什么样的利益应当被视为值得保护的利益，对利益予以保护的范围和限度以及对于各种主张和要求又应当赋予何种相应的等级和位序。如果没有这种衡量尺度，那么这种利益的调整就会取决于或然性或偶然性(而这会给社会团结与和谐带来破坏性后果)，或者取决于某个有权强制执行它自己的决定的群体的武断命令。”[2] “对相互冲突的利益的最佳解决与调和，可以实现理性决定的理想。”[3] 对理性决定的追求和对利益冲突最佳解决规则的探索，支持着法律沿着自我发展的路径绵延至今，对利益衡量的微观规范之道的探求在描画着人类从野蛮洪荒走向现代文明的足迹。“所有的法律，没有不为着社会

---

[1] 张世君：《公司重整的法律构造》，人民法院出版社，2006年版，第77页。

[2] ［美］E. 博登海默，邓正来译：《法理学：法律哲学与法律方法》，中国政法大学，1998年版，第398页。

[3] ［美］理查德·B. 斯图尔特，沈岿译：《美国行政法的重构》，商务印书馆，2002年版，第153页。

上某种利益而生，离开利益，即不能有法的观念存在。”[1] 公司法、证券法从社会整体利益出发，协调各利益主体的行为，平衡其相互冲突的利益关系，以引导、促进、规制公司目标和行为运行在社会整体发展目标和运行秩序的轨道上，并促使公司的优化和经济秩序的和谐；同时，通过对利益主体作超越形式平等的权利分配和义务负担，以努力达到实质意义上的利益衡量和社会公正。利益衡量的微观规范原则贯穿于公司法、证券法等整个法律体系之中。在上市公司收购和关联交易中，涉及冲突利益重新组合的制度安排，这种制度安排是否合理，将会影响到收购能否顺利进行、关联方的利益保护和证券市场的稳定，并直接关乎资本市场基本功能的实现，所以利益衡量的微观规范就显得更加重要。

人类社会的发展与利益追求相伴相随，文明的历史演绎着人类理性的追寻和保护自身利益的规范尝试，法律的规范构建也在体现着人类利益衡量的微观理念。利益是普遍存在的，利益冲突也是如此。多元的利益冲突必然要求相应的法律制度产生、存在、发展，利益作为一个客观范畴对法起着决定性的作用。[2] 法律是利益衡量的规范设计，尤其是微观规范，直接体现着规范的实践价值，是司法裁判的直接法律规范依据。利益法学认为，利益是法律产生的源泉和目的，对于冲突利益的取舍与衡量决定着法律规则的设计与运行，法律规则的基本要素是对利益的界定、取舍与衡量，法律本身是保护利益的工具与手段，也是利益的产物。在利益冲突的格局之中，立法者和司法者都要考虑利益衡量的微观要求。[3] 利益衡量法学，是利益法学派针对概念法学派的缺陷而提出的一种法律解释方

[1] ［日］美浓部达吉，林纪东译：《法之本质》，台湾商务印书馆，1992年版，第37页。

[2] 孙国华：《法理学》，中国人民大学出版社，1994年版，第86～88页。

[3] 郑海军、刘凯：《精神损害赔偿中的利益衡量——以我国〈侵权责任法〉的制度设计为视角》，载《法学杂志》，2010年第8期，第52页。

法，认为法官在用法之际，不仅要尊重法条之文字，还需要考虑立法者的意旨。对立法者疏于考虑之处，应运用其智慧自动审查各种利益，加以衡量后作出裁判。法律作为解决社会生活中所生纠纷而创始的一种制度安排，它所处理的纠纷实质而言都是不同利益主体之间的利益对立与冲突。

利益衡量的微观规范是基于利益衡量的裁判思维，对争议中存在冲突的各种利益进行平衡、协调和安排法律之内的优先位序的具体权利义务规范，是相对于宏观的法律原则规范而言的。利益衡量的含义，台湾学者杨仁寿先生认为：“法官在阐释法律时，应摆脱逻辑的机械规则之束缚，而探求立法者制定法律时衡量各种利益所为之取舍，设立法者本身对各种利益业已衡量，而加取舍，则法义甚明，只有一种解释之可能性，自须尊重法条之文字。若有许多解释可能性时，法官自须衡量现行环境及各种利益之变化，以探求立法者处于今日立法时，所可能表示之意思，而加取舍。斯即利益衡量。换言之，利益衡量乃在发现立法者对各种问题或利害冲突，表现在法律秩序内，由法律秩序可观察而得知立法者的价值判断。发现之本身，亦系一种价值判断。”[1] 由此看来，首先，实施利益衡量的主体具有单一性，即对具体案件进行审理的法官。但法官的裁判代表的只能是法律对利益冲突的抉择，即便是面对个别制度盲区或者出现制度相异的状况时，法官也只能秉承立法者之初衷，考量具体个案的特殊情况后，依照立法之本意予以裁决。其次，利益衡量的内容，是针对不同利益的重要性以及利益的选择和取舍进行评价的，这又往往牵涉法官自身的价值判断。“正是利益才造成了法律规范的产生，因为利益造就了‘应该’的概念，在利益法学看来，法律命令源于各种利益冲突。”[2] 最后，利益衡量首先是一种

---

[1] 杨仁寿：《法学方法论》，中国政法大学出版社，1999 年版，第 175～176 页。

[2] Philipp Heck，“The formation of Concepts and Jurisprudence of interests”，p. 133.

立法行为，其次才是司法行为。所以，利益衡量的微观规范乃是立法者与司法者需共同面临的规范问题。

利益衡量的微观规范在制度层面上就是权利与义务之间的平衡。当某种行为被作为权利行使时，必然要赋予对等义务来对其进行控制，否则便会导致权利的滥用。上市公司收购中利益主体权利的行使涉及利益的多样性，所以对义务的设定必然要涉及多种主体。换言之，上市公司收购行为和关联交易行为中存在着对多种利益进行调整与衡量的客观需求，其中广泛而复杂的利益体系要求法律规则提供明确的权利和义务制衡的制度安排，正如孙斯坦教授所言："一个社会应当不仅仅关心人们对现有偏好的满足——它不能不完全满足人们现有的偏好，而且要从更广泛的意义上在偏好的形成过程中提供自由。在偏好的形成过程中，法律制度无法保持中立。对将人们的偏好朝正确的方向及你想的那个方向引导是完全合法的。"[1]利益的多元化及其冲突，决定着以权利和义务为内容的制度构建无法回避利益衡量的微观现实要求。

利益衡量之微观规范设计理念根植于民商法的基本原则，与民商法的价值诉求有着内在因循的精神脉络。"原则"一词来源于拉丁文 Principium，寓意包括"开始、起源、基础、原则、原理、要素"等。[2] 商法的基本原则是制定、解释、执行和研究商法的出发点，商法的基本原则贯穿在整个商法制度和规范之中，它是商法的本质和特征的集中体现，是高度抽象的、最一般的商事行为规范和价值判断标准。[3] 商法作为民法的特别法，民法的基本私法原则同样适用。上市公司收购及关联交易中利益衡量的微观理念与民商法的基本原则特别是诚实信用原则、平等原则、公平正义原则密切相

[1] ［美］凯斯·R. 孙斯坦，金朝武等译：《自由市场与社会正义》，中国政法大学出版社，2002 年版，第 4 页。

[2] 徐国栋：《民法基本原则解释》，中国政法大学出版社，1992 年版，第 7 页。

[3] 赵中孚：《商法总论》，中国人民大学出版社，1999 年版，第 23 页。

关，这些原则体现的精神贯穿在利益衡量的微观规范安排之中。

首先，利益衡量的微观规范体现着民商法的诚实信用原则。诚实信用原则起源于罗马法，在罗马法的诚信契约中，债务人不仅要依照契约条款，更重要的是要依照其内心的诚实观念完成契约所规定的给付。[1] 诚实信用原则是民法中非常重要的一项原则，该原则的本质就是双方当事人的利益达到平衡，换言之，公正实现双方的利益，以达到利益的调和。[2] 诚实信用原则要求民事主体在从事民事活动时应该诚实、守信，正当行使权利和履行义务。其内容具体体现为：（1）任何当事人要对他人和广大消费者诚实、恪守诺言、讲究信用，不得为欺诈行为；（2）当事人应依善意的方式行使权利，在获得利益的同时应充分尊重他人利益和社会利益，不得滥用权利损害他人的合法利益；当事人在法律和合同规定不明确或未作规定时，应以诚实信用的方式履行义务。诚实信用原则作为民事主体市场活动的基本准则，是协调各方当事人之间的利益、保障市场有秩序和有规则进行的重要法律原则，也是维持当事人之间的利益、当事人利益与社会利益之间的平衡的原则。在发生特殊情况当事人的利益需要平衡时，法律应对此进行调整，由此来维持一定的社会经济秩序，从而来保障社会经济的稳定和谐发展。[3]

其次，利益衡量的微观规范体现着民商法的平等原则。平等原则要求对民商事主体平等对待，包括强势意义上的平等对待和弱势意义上的平等对待。前者指尽可能避免对人进行分类，对各类群体给予平等待遇；后者是指针对不同情况，要区别对待。[4] 现代商法既重视强势对待，也重视弱势对待。平等原则是市场经济的基本行

---

[1] 王利明：《民法新论（上）》，中国政法大学出版社，1996 年版，第 63 页。

[2] 史尚宽：《债法总论》，中国政法大学出版社，1998 年版，第 320 页。

[3] 徐国栋：《民法基本原则解释——成文法局限性之克服》，中国政法大学出版社，1998 年版，第 79 页。

[4] 郑成良：《法律之内的正义》，法律出版社，2002 年版，第 40 页。

为规范，也是公司法和证券法的一项基本原则。欧盟公司法指令规定，成员国法律应当确保平等对待处于同等地位的所有股东。德国1978年修改《股份法》时增列了第53a条关于股东必须在同等条件下平等对待的规定。[1] 但是，公司法的平等原则并不意味着所有规则的一律等同，[2] 对不同主体与不同行为之间的差异依法区别对待并不违反平等的理念，只要有助于实现实质意义上的平等，这就是弱势平等存在的合理性。在上市公司收购中，如果对控制股东与一般股东进行平等对待，这种表面的平等很可能会导致控制股东对一般股东的利益的剥夺。所以，现代公司法"为了实现股东间的真正平等，大多通过赋予中小股东利益给予他们救济的途径。这种方式固然是有益的和必需的，但仅仅从中小股东一方面进行规定难免会出现遗漏的现象，在控制股东发展出侵害中小股东利益的新方式时可能出现中小股东只有在法律的帮助下才能对抗控制股东的控制权从而实现他们之间的平等，那么直接向控制股东施加对中小股东的义务能够弥补单独从中小股东权利方面进行立法的不足"。[3] 学者们逐渐接受了这种观点：控制股东所持的股份与其他中小股东所持的股份并非真正意义上的"同股同权，同股同利"，原因是控制股东在公司中所处的特殊地位，使他出售的股份可能比其他股份取得更高的市场价值。而现行表决机制下流通股股东所处的不利地位，原因或许正是出于"股份平等"的原则。如果绝对地遵守这一原则，当多个利益主体出现不可调和的矛盾时，也就是说"当尊重一方的意志就直接意味着压制另一方的意志、维护一方的利益就意味着直接损害另一方的利益时，资本的民主就变成了资本的专制"。[4]

---

[1] 邓小明：《控制股东义务法律制度研究》，清华大学法学博士学位论文，第39页。

[2] 刘俊海：《股份有限公司股东权的保护》，法律出版社，1999年版，第165页。

[3] 邓小明：《控制股东义务法律制度研究》，清华大学法学博士学位论文，第40页。

[4] 谢朝斌：《目标公司小股东权益保护的法律规则与现实问题》，载王保树主编：《公司收购：法律与实践》，社会科学文献出版社，2005年版，第12页。

遵奉股份平等原则的结果却直接导致了股份不平等的事实，对原则的僵化理解造成了这种令人尴尬的现实，必须以相应的规则予以制衡。在关联交易的规范中，也同样存在着类似的情形。所以，基于保护中小股东的流通股份利益的需要，中国证监会在《关于上市公司增发新股有关条件的通知》中指出“增发新股的股份数量超过公司股份总数的20%的，其增发提案还须获得出席股东大会的流通股，也就是社会公众股股东所持表决权的半数以上通过”，以表决权排出的规范程序设计来保证交易的实质公正。无论是强势对待还是弱势对待，都是通过权利和义务的规范设计来实现利益衡量的微观规范建构，目的都在于实现实质上的公平与正义。

最后，利益衡量的微观规范也体现着民商法的公平原则。所谓公平就是以利益的均衡作为价值判断标准以调整主体之间的经济利益关系。[1]上市公司收购对于交易内容公平、公正的实质，体现着公平正义的微观规范理念。从公平原则看，法律一方面要求收购人平等对待目标公司所有的股东，另一方面要求目标公司平等对待所有收购人。从公正原则看，为了保护中小股东的正当利益不至于在收购中受到损害，法律赋予监管机构、中介机构以及股东相应的权力、权利或者职责，在必要的时候发挥纠偏机制或平衡机制的作用。[2]所以，在公司法中，我们看到，公司法的平等原则要服从于公司发展、社会正义的需要，而不是绝对意义上的平等。[3]也正如学者认为“同样情况同样待遇并不能保证实现实质正义”。[4]

公平原则并不排斥效率原则，尽管公平与效率的矛盾总是存在的，有时是难以调和的。作为利益衡量的微观规范安排，法律规范

---

❶ 徐国栋：《民法基本原则解释》，中国政法大学出版社，1992年版，第65页。

❷ 谢朝斌：《目标公司小股东权益保护的法律规则与现实问题》，载王保树主编：《公司收购：法律与实践》，社会科学文献出版社，2005年版，第10～11页。

❸ 邓小明：《控制股东义务法律制度研究》，清华大学法学博士学位论文，第112页。

❹ 沈宗灵：《现代西方法理学》，北京大学出版社，1992年版，第120页。

如何理性地排定公平与效率的位序？现代经济分析法学派认为，法律应该是用以促进经济效率的制度。[1] 追逐利润是现代公司作为一个经济组织的天职，只有每个公司都在为实现自身利益最大化而努力奋斗，才有可能逐步积累更多的社会财富。波斯纳坦言，对于许多传统的法学家而言，法律只是一个没有联系的各领域的集合，但是经济分析法学派与此不同。他们认为，所有的法律规则都是为了在社会交往的各个领域引导人们有效率地活动而形成的制度。[2] 从公司法的微观规范解构，基于效率原则的需要，“股东多数决”的原则才能成为对股东大会表决的基本原则。而正是出于效率原则的需要，掌握90%以上股份的控制股东可以在未经股东大会表决时迳行作出并购的决定，尽管这样会造成少数股东的权利被剥夺而受到损害，但因为大多数公司的股东将会从这一行为中获益，所以该操作被认为是合法的。当然，法律规范并不能仅仅关注作为价值生产的效率方面，它也应当对价值的分配给予充分的规范注意，但是，规范应该更为关注总体价值的增长而不是仅关注价值在不同主体之间的转移。可以说，法律规范关注的效率更多的是社会财富的总增长，只是这种增长不能损害他人的合法利益，正如学者所言，“贯彻公司法的效率原则并不在于如何尽可能地保护控制股东的行为不受到应有的审查，而在于如何保护能促进价值增值的交易得以顺利发生，效率目标不能成为控制股东滥用控制权损害中小股东利益的遁词”。[3] 因此，虽然经济分析学派给法律规范的研究提供了诱人沉思的新视角，但在利益冲突的格局下，公平与效率的位序竞争应取决于社会整体利益的指向，在这里，效率与公平也是以利益

---

[1] ［美］波斯纳，蒋兆康译：《法律的经济分析》，中国大百科全书出版社，1997年版，第340页。

[2] ［美］波斯纳，蒋兆康译：《法律的经济分析》，中国大百科全书出版社，1997年版，第329页。

[3] 邓小明：《控制股东义务法律制度研究》，清华大学法学博士学位论文，第48页。

衡量的微观规范共存着。

虽然宏观的利益衡量规范设计是法律规范的构建路径之一，但在司法实践中，具备可操作性的、具体的法规需要微观规范的设计思维，微观规范是法律的生命之根。利益衡量的裁判思维作为司法原则，要由司法实践中对微观规范的具体实施来体现其价值。宏观制度需要具体的“落地”的规范支撑，否则，任何宏观的制度架构都难以产生实际的法律效果，也会由于无法解决司法实践中的实际问题而失去其存在价值。树大参天，其根深也。没有了利益衡量微观规范设计之根，宏观的利益衡量之树不仅难以立足于天地之间，也更无法抵御现实世界里利益冲突的风风雨雨。当然，微观规范需要自身使命的铺陈空间，仅从规范效力的一般逻辑而言，我们只能假设法律规范是在一个虚拟公平的现实中运行的，所以我们必须首先天真地预设一个法治社会的前提，否则规范的建构将无法进行，因为法律规范产生法效的基础是：法律规范乃是唯一被认可的权力规则，没有法律之外的其他权力的多向度干预，法律规范才可能沿着预设的价值初衷产生法效。如果存在一个法律之外的不同向度的权力干预，微观规范本身难以产生预期的规范作用，此时的法律规范被拖离了固有的价值轨道，成为法外之权的轻薄面纱。规范的法效被法外之权颠覆，被抽离了生命力。那么，与宏观的规范设计相比，利益衡量之微观规范具有哪些特殊化表征呢？

首先，利益衡量的微观规范安排和配置具体的权利义务。

法律规范的内容是对权利义务的陈述与展列，无论是授权性规范、义务性规范还是禁止性规范，其中根本的设计思路是权利和义务的配置与安排。法律规范表现了一般的行为规则，是通过法律的社会控制的基本方法之一。宏观的法律规范始终是一般性的陈述，侧重于宏观的原则性要求；而微观的法律规范是具体的权利的配置和义务的负担。更多的，宏观的法律规范为法官提供一种行为定性的认知活动，是法官对法律规范的一般性理解；而微观的法律规范要解决具体案件中的利益冲突，体现了法官经由审慎判断之后对于具体争议的确定性结论。没有具体的权利与义务的配置和安排，法官无法获得在具体争议中的裁判依据，尤其是在基本排除了法官造法功能的大陆法系，对于规范的一般性理解无法解决个案中具体的利益冲突，法官会处于被动的无为状态，司法将失去其基本的定分止争的价值功能。

其次，根据价值判断的具体标准，微观规范具体安排利益冲突格局中各种利益的优先位序。

利益冲突的格局对立法者和司法者均提出了利益衡量的微观要求。立法者应当对各种利益进行价值判断，对相互冲突的利益进行界定与衡量，由此产生的判断会对各个利益主体的利益追求形成规范影响和价值衡量。每一个具体的法律规范都直接或间接地蕴含着立法者通过规则设计所调整的利益冲突的价值取向，反映着立法者的利益衡量的微观规范欲求。司法活动及法官裁判的终极目的是为了衡量利益主体物质的和精神的欲求及欲求取向，对于冲突中的利益安排具体的位序。它应该是一个微观甄别的利益衡量过程，共存于特定社会的各类利益主体为了获得规范认可而相互竞争，由微观规范具体衡量其冲突并给定法律规范的结论。司法活动依赖利益衡量的微观规范。司法过程是为了衡量利益冲突运用法律规范的过程，需要对现实生活中各种利益样态进行梳理并对各种冲突利益依照法律规范的价值初衷进行评估与取舍。这种调查和评估现实利益冲突的规范主张为法官裁判提供了方法论的指导。法的终极目的在于平衡利益冲突，法官要通过创造性、合理性的解释去衡量现实中各个主体之利益，以实现法律规范所依存的维持正义的内在价值。❶ 上述功能的实现，要依托微观规范设计。在一个存在争议的利益冲突格局之中，“各种价值有高低阶层，其于个案中是否被优

❶ 刘凯、郑海军：《精神损害赔偿微观规范利益衡量视域》，载《西南政法大学学报》，2010 年第 10 期，第 91 页。

先考量，完全视情况而定”。[1] 根据一个基本恒定的价值判断标准，利益衡量的微观规范具体安排不同的冲突利益的位阶和优先次序。

最后，利益衡量的微观规范注重维系个案中的实质公平。

争议之中的利益需要法律规范宣布一个公平的结论，冲突利益中的不同主体对微观规范设计所蕴含的维持公平正义的规范价值有着各自不同的期待。正义的主要问题是社会的基本结构，或者更准确地说，是社会主要制度分配基本权利和义务，决定由社会合作产生的利益之划分方式。[2] 法律的作用只在于保护自由、人身不可侵犯、最低限度的物质满足，以使个人得以发展其人格和实现其真正使命。[3] 庞德也认为，社会控制的目的在于有可能为大多数人做更多的事，而调节社会上各种利益冲突，以满足人们最大利益要求是法律的功能。由于既定法的固有缺陷及不断变动的现实，个案中的公平正义其实就是对争议的法律关系的利益衡量。法官在裁判过程中，必然要对争议的利益作出决定，对不同的利益主体而言，个案中的实质公平远比宏观原则要重要得多，因为个案才是他们自己的利益博弈场所，维系着各个利益主体的切身利益诉求。利益衡量的微观规范在特定的利益冲突场域给出利益衡量的微观选择性结论，而利益选择的依据就是该特定场域中的实质公平。

基于以上的分析，与宏观的利益衡量制度规范设计相比，微观规范表现出更为鲜活的法律规范的生命力，与利益冲突各方也有直接和切身的利益结节。在某些利益冲突剧烈的场域，利益衡量的微观规范对于解决各方的利益冲突、实现各方的利益诉求具有决定性的作用。微观规范更为直接地强调法律规范的价值取向，为存在冲突的利益提供衡量的司法技术手段。上市公司收购及关联交易是资

[1] ［德］卡尔·拉伦茨：《法学方法论》，商务印书馆，2005年版，第8页。

[2] ［美］约翰·罗尔斯：《正义论》，中国社会科学出版社，2006年版，第7页。

[3] ［德］E. 博登海默：《法理学：法律哲学与法律方法》，中国政法大学出版社，2004年版，第110页。

本市场较为常见的利益冲突场域，是考验我国公司法等相关法律规范有效性的完美测试场所，也是对相关的利益衡量的法律规范进行微观考察的绝佳的参照系，具有客观上的典型意义和规范上的代表意义。下文尝试以此作为分析的背景，对我国公司法等法律规范在这两个利益冲突剧烈的场域进行微观规范解构，已获得相应的微观规范的设计经验。上述场域的法律规范正随着资本市场的迅速发展而呈现较大的变动性，市场期待更为高效和公平的交易机制和救济机制，对此，利益衡量的微观规范之作用不仅无可替代，而且大有可为。

视域一

上市公司收购中利益衡量之微观规范

是呵，那条路？浮现在我记忆中的那条路和随便哪条山路没有什么区别，如何找到它呢？

——帕特里克·莫迪亚诺❶

第 1 章 上市公司收购中利益衡量之微观规范进路

上市公司收购是资本市场发育过程中的自然现象。自 20 世纪 60 年代初起，美英等国家的企业为寻求多元化经营，纷纷采取收购方式扩张营业范围及规模，造成一股并购浪潮（merger waves）后，人们认识到，几乎没有一家大公司主要是靠内部扩张成长起来的，大多都是通过某种程度、某种形式的兼并收购成长起来的。❷上市公司收购不仅促进了公司制度的发展与公司治理的完善，而且也促进了世界范围内的产业调整和全球经济的健康运行。❸伴随着上市公司收购的发展，微观规范的建构也逐步纳入各国法律规范设计之中。英美法中除了美国 1933 年《证券法》和 1934 年《证券交易法》外，与上市公司收购相关的具有世界性影响的法律是 1968

---

❶ [法] 帕特里克·莫迪亚诺：《暗店街》，上海文艺出版社，2015 年版，第 170 页。

❷ [美] 乔治·J. 施蒂格勒，潘振民译：《产业组织和政府管制》，上海人民出版社，1996 年版，第 3 页。

❸ 甘培忠：《公司控制权的正当行使》，法律出版社，2006 年版，第 56～57 页。

年英国的《伦敦城收购与合并守则》(London City Code on Takeovers and Mergers)和美国的《威廉姆斯法》(Williams Act)。在我国证券市场上，1993 年的“宝延事件”开辟了中国证券市场收购与兼并的先河[1]，成为中国证券市场上首例通过二级市场收购试图控制一家上市公司的案例。此后，我国与上市公司收购相关的法律规范被逐渐制定。作为一种在实践中诞生的制度，上市公司收购不仅体现着资本市场自身的发展和创新，同时也承载着许多主体的利益冲突与博弈。下文择取利益衡量的微观规范视域，对上市公司收购所涉及的主要微观规范进行规范解构，在利益衡量的框架下对既有规范进行梳理与评判，同时在未来微观规范的构建上提出了可供参考的规范选项。

经过二十多年的培育，我国上市公司的规模不断发展壮大，公司治理逐步规范化，公司质量逐步提高，已经成为推动企业改革和带动相关行业成长的中坚力量。上市公司收购有利于实现规模经济、降低成本及提高效率。上市公司收购制度与资本市场的功能实现有着内在的联系。从资本市场的功能角度而言，上市公司收购对资本市场的价格形成和生产要素优化配置具有重要的作用，如果没有上市公司收购的合理制度，会导致其上述功能缺失。上市公司收购制度如果存在内在缺陷或者制度失位，会给资本市场的发展和完善带来负面影响。首先，这种制度性缺陷会使理论上的上市公司收购概念在现实中失去作用，与资本市场的内在需求形成制度反制，

[1] 1993 年 9 月 30 日上海宝安公司公告其持有延中股票的 5%，10 月 1 日至 3 日为休息日，10 月 4 日宝安再次公告，已持有延中股票的 16%。后经中国证监会查实，早在 9 月 28 日，宝安上海公司的关联企业宝安华阳保健用品公司和深圳龙岗宝灵电子灯饰公司，所持有的股份就分别达到了 4.52%和 1.57%，合计达到 6.09%，已超过法定权益披露要求的比例。截止到 9 月 30 日，宝安上海公司作出报告并公告时，三公司合计持有延中股份已达到了 18.07%，过了 5%的界限，属于严重违规行为。上述两个关联企业除将 114.77 万股转卖给宝安上海公司外，还将 24.60 万股卖给了其他股民。

直接造成资本市场功能的弱化和减损；其次，上市公司收购制度失位会使市场主体的创新性和创造性缺乏激励甚至受到压制，无法为资本市场的发展提供稳定长效的规范，不利于资本市场的健康成长。产业调整需要改变现有的资产配置状况，促进存量资产流动，推动资源优化配置。上市公司收购恰恰为现代企业的整合和重组提供了便捷有效的路径。一般而言，被收购的目标公司往往存在经营不善、内部管理缺乏效率等缺陷，上市公司的收购就是依托资本市场，将资源合理配置，一些不适应市场竞争的问题公司被淘汰，不具有竞争力或者竞争力不强的公司被重新优化组合，从总体上提高效率，从而增进社会财富。同时，上市公司收购可以避免企业破产所产生的社会剧烈震荡。目标公司在被收购后，往往要进行必要的整合重组，濒临破产的公司由此重获生机。虽然公司收购短期内会导致部分人的失业和财产损失，但比起企业破产所造成的失业人数与财产损失则要小得多，因而引起的社会震荡也要小得多。上市公司收购大大加速了资本集中和生产集中的进程。在成熟的资本市场中，收购在促进资本集中和生产集中的同时，有助于企业达到最佳经济规模，降低生产成本。上市公司收购有助于公司扩张，实现公司的竞争与发展战略，通过收购获取公司在生产、经营、财务及人才技术上的优势，扩大企业规模，增强公司实力，提高公司的市场竞争力，由此催生了许多财力雄厚、影响巨大的跨国公司。上市公司收购在成为公司发展源动力的同时，又通过优胜劣汰的竞争机制形成公司发展的内在压力，促使公司管理层不断改善管理，提高经营效益，否则便存在被收购的可能或危险。总之，大规模的收购活动，可以形成居安思危的社会效果，多方面促进社会进步。[1]“上市公司的收购兼并在资本市场的整体活动中，在证券市场的发展过程中占据非常重要的地位，它也是证券市场的发展、企业的发展特

---

[1] 中国证监会法律部编：《证券市场专家谈》，中国政法大学出版社，1994 年版。

别是中国国有企业改革向纵深发展的重大推动力量。”[1] 通过包含上市公司收购在内的公司收购、兼并，可以适应跨国投资发展趋势，与投资基金、证券投资等多种方式一道，创造扩大利用中长期国外投资的新途径。更重要的是，上市公司收购在开辟了企业上市筹资新途径的同时，使中国证券市场的约束机制和评价筛选功能有可能存在，为上市公司外部治理环境增加了重要的组成部分，其积极意义不容否认。[2] 因此，法律规范对上市公司收购应当给予微观规范层面上的促进与支持，鼓励收购交易，降低收购成本，这应当是上市公司收购规范设计的基本价值支点。

由于受体制、机制、环境等多种因素的影响，当下上市公司收购在规范运作等方面还存在一些问题，制约了资本市场的健康稳定发展。作为世界瞩目的新兴市场，我国的上市公司收购制度开始于一个空白点，初始状态存在微观规范短缺的现象，因而在微观规范构建上的价值取向和后续的规范移植方面颇为引人注目。“在制度变迁过程中，当制度需求与制度供给之间的时滞被持久延续并成为大量存在的现象时，制度短缺现象便出现了。这就是说，制度短缺是制度需求与制度供给之间关系的反映，是制度供不应求的一种持续状态。制度需求要素包括制度需求的外生变量和内生变量，制度需求的外生变量主要指制度以外的政治经济环境的变化引致制度需求，制度需求的内生变量则指制度非均衡。经济上的变化是一切变化的基础，是诱发制度需求的根本性动力。制度非均衡导致了新的获利机会，形成了新的制度需求。”[3] 上市公司收购的发展，需要相关的微观规范保障，而微观规范的完善和更新，反过来对上市公司的收购也必将起到巨大的促进作用。保护投资者的利益，确保资

[1] 王保树：《公司收购：法律与实践》，社会科学文献出版社，2005 年版，第 5 页。

[2] 汤欣：《上市公司收购管理——证券法的简单评介》，载王保树主编：《公司收购：法律与实践》，社会科学文献出版社，2005 年版，第 177 页。

[3] 张曙光：《论制度均衡与制度变迁》，载《经济研究》，1992 年第 6 期。

本市场公正、有效和透明，减少系统性风险始终是证券市场的核心问题。上市公司收购涉及许多的利益主体，不同的利益主体有着不同的利益诉求，在上市公司收购过程中利益的冲突尤为剧烈，因此在规范构建上对利益衡量的微观规范设计存在很高的要求。规范的设计和选择对促进资本市场的发展起到了举足轻重的作用。下文旨在以利益衡量的规范思维为基础，构建或反思上市公司收购的微观规范框架，同时为上市公司收购中有关问题的解决提供理论基础，为该场域的法律规范的完善与修改讨论可供选择的微观规范路径。

基于讨论的需要，可以采用法哲学的方法、法社会学的方法和法经济学的方法，对上市公司收购中的利益衡量的微观规范理念、利益衡量的社会关系、收购的经济价值以及中外收购制度的比较进行微观规范解构。分析现代社会利益冲突的必然性，解读利益衡量的微观规范的法哲学基础，从法律规范的层面上分析利益衡量的微观规范之必要性；对上市公司收购所涉及的各个主体之间的社会关系进行分析，将主体利益置于社会关系的框架梳理；以经济学的视角分析上市公司收购所产生的效益，给出经济学意义上的鼓励收购的含义，同时对法律规范进行经济分析，在效率的层面上探讨其价值和意义。上市公司收购是法律移植的域外规范，我国的社会和经济环境对上市公司收购制度必然产生本土化的要求，对收购规范的本土化存在规范期待。上市公司收购制度涉及许多主体的利益，理论上探求的利益衡量的规范之道还需要微观规范的支撑，因此在分析的基础上，应对有关规则的优化提出基本建议。

上市公司收购所触及的是一个由多个利益主体组成的利益集团，公司收购的过程是一个多方主体利益博弈的过程。围绕着目标公司的控制权展开一场激烈的争夺战，在这场错综复杂的博弈中，众多利益主体的利益会受到影响，如目标公司中小股东、公司雇员及其他利益相关者。对一种利益的保护就意味对其他利益某种程度上的制约，不同主体的利益之间往往呈现出此消彼长的局面。上市公司收购固然以保护投资者利益为出发点，但市场要取得健康、持续的发展，需要在微观规范的层面上对有关各方的利益进行均衡保护，这正是上市公司收购制度构建的重心，也是建立和谐的证券资本市场的价值依归。在《公司法》《证券法》等法律中，许多制度规范都与其他的制度规范有着千丝万缕的内在联系，如公司的资本制度，不仅在主体制度中存在，而且在公司运作、公司解散中与《公司法》的相关规范紧密关联。上市公司收购制度也是如此，如信息披露制度，在上市公司收购制度中始终贯穿，坚持着对信息公开的微观规范的设计向度。这些微观规范彼此相连，共同组成了上市公司收购制度的微观规范的整体。

由于上市公司收购本身涉及多种利益主体的存在，上市公司收购的每一个过程都会对各种利益主体造成影响。在上市公司收购的不同阶段，对不同利益主体的相关利益的法律阐述也会有差异；即便是对于性质相同的主体的利益保护也在不同阶段有所差异，在规范上体现出利益衡量的思维。如收购公司与目标公司的中小股东利益保护在微观规范的构建上也颇有异趣。

基于时间的自然过渡，分析是从收购主体到收购行为（即收购方式）进行排序的。利益衡量的规范视域既要对收购主体间的利益进行微观考量，也要对收购行为在微观规范基础上给予规制。从规范设计的视角，要分析上市公司收购对各方主体利益的微观影响，首先应当分析各方利害关系人在收购中的地位，根据其强势或弱势的不同地位分别课以义务或配置权利，在微观规范上实现权利和义务上的平衡安排；其次就不同收购方式下的利益衡量进行具体的规范解构。要约收购、协议收购和反收购制度原理各有不同，在其操作过程中对微观规范需求也各具特色，需要不同的利益衡量的微观规范设计架构。对利益主体规范的分析，其实是在公司法的一般微观规范架构下讨论的，因为无论是公司高管和控制股东的权力制约，还是中小股东的利益保护，这些都是公司法讨论的一般的内容。按照先是主体、后是行为的视角，实现微观规范建构的逻辑统一。但主体是行为的主体，行为是主体的行为，各个篇章的分析解构是统一的，共同构成了对上市公司收购微观规范进行解构的规范体系。

1.1 上市公司收购中利益冲突之类型化

1.1.1 上市公司收购中的微观利益

何谓收购？一般意义上而言，收购本意即指购买股份。但就概念的基本含义而言，我国《公司法》和《证券法》的规定存在差异，如我国《公司法》第 143 条中的“收购”，仅指一般意义上的购买；而在《证券法》中被广泛运用的“收购”在概念上有两层含义，一层是指一般的股份购买，另一层是指以获得上市公司控制权为目的的股份购买。在反收购层面上则仅指以获得控制权为目的的股份购买。英美法中经常使用公司并购的概念（Merger & Acquisition，M & A），Merger 是指物体或者权利的融合吸收，即所有参加合并的公司都终止法人资格并成为一个新公司；Acquisition 是指获得特定财产所有权的行为，通过该项行为，一方取得某项财产，尤指通过任何方式获得实质上的所有权。[1] 英美法常将 Merger 和 Consolidation 并行使用。根据美国《特拉华州公司法》关于 Merger 和 Consolidation 的解释，前者相当于我国《公司法》中的“吸收合并”，后者相当于“新设合并”。我国行政法规将资产购买、合并（吸收合并与新设合并）、股权转让及净资产零

---

[1] 汤欣：《公司治理与上市公司收购》，中国人民大学出版社，2001 年版，第 162～163 页。

值转让均纳入企业兼并范畴，已改变了英美法合并概念的特有含义。❶ 关于上市公司收购的概念，根据布莱克法律大辞典的解释，是指“一公司以报纸、广告、邮寄等形式直接向他公司（股东）所作出的收购股份的要约，其目的是取得另一公司的控制权”。❷ 在英国的收购立法中，上市公司收购指“一种取得公司股份的要约，而这种公司的股份持有往往比较松散，因而该种要约是向一大批不定向的股东提出的，其目的是在于取得足够的股份，是要约人取得该公司的表决控制权”❸。从收购的对象看，既包括股权，也包括资产。按照不同的分类标准，收购分为多种类型，如横向收购、纵向收购与混合收购；资产收购与股权收购；自愿收购与强制收购等。上市公司收购不同于公司兼并。原国有资产管理局《关于企业兼并的暂行办法》规定，企业兼并是指一个企业购买其他企业的产权，使其他企业失去法人资格或改变法人实体的一种行为。如果将企业兼并引申为公司兼并，并将各种法定兼并形式加以理论归类，可将我国的公司兼并分解为资产购买式兼并、公司合并式兼并及股权购买式兼并三种基本形式，从而显示出我国公司兼并领域的广泛性。与上市公司收购最接近和最相似的实践性概念是股权转让。❹“部分收购的目的在于取得目标公司的相对控股权，而全面收购的目的则在于兼并目标公司，前者是控股式收购，后者是兼并式收购。值得一提的是，向所有目标公司的股东发出收购要约，并不等于全面收购。”❺ 由此可见，上市公司收购的结果也有可能导致公司兼并。

---

❶ 叶林：《证券法》，中国人民大学出版社，2000 年版，第 181 页。

❷ Black Law Dictionary, fifth edition, West publishing Co., p1315.

❸ 滕昭君：《上市公司收购中的目标公司的董事责任制度研究》，中央民族大学硕士学位论文，第 3 页.

❹ 叶林：《中国证券法》，中国审计出版社，1999 年版，第 252～254 页。

❺ 陈忠谦：《上市公司收购法律问题研究》，中国政法大学博士学位论文，第 22 页。

2002 年 10 月，中国证监会颁布的《上市公司收购管理办法》第 2 条对上市公司收购进行了如下定义："本办法所称上市公司收购，是指收购人通过在证券交易所的股份转让活动持有一个上市公司的股份达到一定比例、通过证券交易所股份转让活动以外的其他合法途径控制一个上市公司的股份达到一定程度，导致其获得或者可能获得对该公司的实际控制权的行为。"上市公司的收购虽然在形式上可以通过证券交易所买进股票，但这种购买行为不是为了获取买卖股票的价差，而是为了收集上市公司的股份，以达到能够控制该公司的目的，或者实现对该上市公司的兼并，也就是获得对目标公司的控制权。该条的内容已经被 2006 年新修订的《上市公司收购办法》第 5 条所更改，该条规定："收购人可以通过取得股份的方式成为一个上市公司的控股股东，可以通过投资关系、协议、其他安排的途径成为一个上市公司的实际控制人，也可以同时采取上述方式和途径取得上市公司控制权。"条文内容的修改并没有改变上市公司收购的概念核心——获得或者可能获得目标公司的控制权。因此，上市公司的收购与企业并购、企业兼并、股权及资产转让行为具有不同的法律内涵。2014 年 10 月 23 日实施的新《上市公司收购办法》维持了上述规定。

1.1.2 微观利益冲突之类型化

公司是各种可能存在冲突的利益的统一体。"公司所涵涉利益主体的复杂性和多元性是现代社会中任何一种组织体无法企及的。就利益关系言之，公司所涉及的利益关系也是极其丰富的。既包含股东对公司形成的股权关系，又包含公司与股东之间形成的委托代理关系；既包含公司与债权人或债务人间形成的契约关系，还包括公司与社会之间形成的依存关系。林林总总，难以穷尽。正由于上述利益主体多元，利益关系复杂的特征，公司各主体之间利益的对立和冲突在所难免。”[1] 公司在正常的经营中，要处理来自内外部之间的关系。一方面公司是社会复杂现象的组成部分，它必然与依存的外部环境发生紧密联系。这些主要表现为与政府机构、其他公司、消费者、供货商、市场中介组织等外部主体的联系，这一联系从公司设立之初就已开始，存续于公司的运作、变更和终止的全过程。大型现代公司掌握着巨大的社会财富，对国家的经济发展、社会稳定等方面发挥着重要作用，从而紧密而深远的与外部主体保持着联系。另一方面，公司内部的关系，主要是指公司的内部组织、各种制度以及各种人员等方面的内容。“从主体而言，股东之间、股东与董事之间、股东与债权人之间、经理人员与其他参与人之间、职工与其他参与人之间等，均存在利益冲突。从范围而言，公司从设立到终止全过程，在利润分享、损失分担、日常经营责任的分配、谨慎与技能水平的确定等方面，均充满冲突。”[2] 上市公司收购的目的在于谋求对目标公司的控制权，收购会改变目标公司的股权结构及持股比例，导致公司重组，附着于控制权之上的利益也会随之转移，收购与反收购的争夺，也在诠释着围绕收购所引起的利益纷争。收购的过程是围绕目标公司的控制权引起的各种利益之间的争夺。此外，上市公司收购中的利益纷争涉及众多的参与者和利益相关者，其中利益受影响最大的当为目标公司的股东以及收购公司。该利益纷争的影

---

[1] 郝磊：《试论利益衡量的微观规范与我国公司立法》，载《甘肃政法管理干部学院学报》2003 年第 4 期。《公司法》中的利益主体也是一个不断发展的概念，在公司新兴之初，《公司法》所保护的唯一利益主体就是股东，董事会的责任也就是尽一切可能的手段确保公司股东利润最大化目标的实现。而从 20 世纪 20 年代开始，随着以往公司理论所带来的一系列负面因素的出现，《公司法》所保护的利益主体也就开始扩张。直至今天，《公司法》上的利益主体不仅包括原来的股东、债权人而且也包括公司所涉及的职工利益、公司所在小区居民的利益等复杂的主体。

[2] 聂卫东：《市场和法律的互动——公司参与人利益冲突的法律思考》，载《社会科学研究》，1999 年第 3 期。

响也远远超过了交易主体双方，还涉及目标公司与收购公司的债权人、雇员、消费者以及社会公众的利益。[1] 利益冲突越是剧烈，越是需要法律规范框定各方的博弈规则对上市公司收购的参与者和利益相关者的利益给予必要的平衡与协调，以便使各方的利益都可得到平等的关怀与保障，以实现上市公司收购中的实质正义和公平。基于此，在上市公司收购中主要考虑以下利益冲突的微观规范设计问题。

一是股东之间的利益冲突。“利益冲突无处不在，公司也不例外。股东之间的利益冲突是公司中最为普遍，也最为引人注目问题之一。”[2] 公司股东的利益冲突依存于股东们共同出资的前提，股东之间的利益冲突皆发端于斯，这种冲突在收购公司和目标公司中同样存在。股东基于共同出资而联合在一起，聚合为一个利益共同体，资本是股东之间联系的纽带。对于投资回报的追求是股东们出资的第一愿望，利润最大化是彼此间无需赘言的共同梦想。因此，股东之间对公司的发展在战略上存在着利益的共同性，那就是希望公司兴旺发达，每位股东都能领取到较高的股息和红利，从而尽快地收回投资并盈利。公司控制权所附着的巨大的利益诱惑使股东之间的利益冲突主要表现为对公司控制权的争夺。资本多数决是资本民主的要求，也是《公司法》遵奉的基本原则。出资额多的股东，对公司经营资本贡献大，承担的出资风险高，在公司事务中相应也拥有更多的发言权。[3] 所以，资本多数决是公司这一社会组织诞生的基本制度平台。但是，实践中，各国对控制权的认定标准的变动趋势却离之渐行渐远：对控制股东的认定标准从“相对性标准”和“相当数量标准”到开始关注“实际控制

---

[1] 赵向军：《上市公司收购中主体利益冲突及法律规则》，郑州大学硕士学位论文。

[2] 林晓镍：《股东利益的冲突与衡平——探寻股东关系的基本原则》，载《法学评论》，2001年第1期。

[3] 刘文通：《公司兼并收购论》，北京大学出版社，1997年版，第56页。

效果”，认为所谓控制是指具有指示或促使公司的管理与政策之方向的力量。美国证券交易委员会（SEC）在其制定的规则第405条中将控股权界定为“直接或间接地拥有操纵某一法人的管理和政策或者导致此种发生的权力，无论此种权力是通过持有有表决权的股份、合同或其他途经来取得。”从持股数量上看，认定控制股东的标准从持股50%降低到持股30%即可认定为控股，再到10%，[1]国际会计准则还承认在特殊情况下，持股5%即可被认定为控股。实践中这种不断降低的控股认定标准与资本多数决的理论圭臬形成了难以回避的制度对照。“在股权相对分散的公司中，股东之间的利益冲突并不激烈，因为股东持股份额相差不大，没有控制股东的存在，各股东委派的董监事在公司机关中比例大致相当，股东之间的权力相互制衡。股东的利益冲突主要发生在股权相对集中，控制股东与少数股东持股数额对比明显的公司中。”[2]作为控制股东，“一方面，他们必须为少数股股东提供保护，以确保公司经营成功时，少数股股东能够获得足够的投资回报。另一方面，他们又不能给予少数股股东太多权利，因为后者可能会借此实施机会主义行为而谋取不当利益”。[3]

资本多数决是公司这种股份制经济组织的精髓之所在。在这一基本的制度平台上，在参与制的框架下，控制股东得以用较少的资本吸收他人投资，从而控制更多的资本。控制股东当然希望其他股东是分散持股的，这样就很难挑战其对公司的控制权地位，在上市公司中尤其如此。在股权相对集中的上市公司中，控制股东担心的是第二大股东的持股数量与其接近，在资本多数决的游戏规则下，只要后者适当增持必要数量的股份就可以取代原控制股东的控制地

[1] 《香港联合交易所有限公司证券上市规则》第1.01条。

[2] 闫小龙、雷山漫：《股东之间利益冲突与平衡》，载《江汉论坛》，2003年第2期。

[3] ［美］弗兰克·伊斯特布鲁克、丹尼尔·费希尔，张建伟、罗培新译：《公司法的经济结构》，北京大学出版社，2005年版，第271页。

位。对控制股东而言，绝对控股安全但自有资本的利用效率低；相对控股效率高但控制地位容易受到挑战。无论是股份集中的公司还是股份相对分散的公司，股东之间的利益冲突是普遍存在的，区别在于利益冲突的剧烈程度各有不同。

但是，理论上被奉若神明的原则和实践中愈走愈远的微观规范，使我们无法回避这样的制度诘问：当下发达的《公司法》已经提供了比较完善的公司治理，但为什么持股只有 10%甚至更少股份的股东，法律却可认可其控制股东的地位，进而承认其意志可以凌驾于其他大多数的股东之上呢？资本多数决的原则是否已经是尘封的故事，或者，它从来就仅仅只是一个所谓的"原则"？

二是公司高管与股东之间的利益冲突。正如马克思所说，人们奋斗所争取的一切，都同他们的利益有关。收购公司管理层与股东、目标公司的管理层与股东之间都存在利益的冲突，这种利益冲突源生于公司在经济上存在的"委托—代理"关系。由于经营权与所有权长期分离，作为委托人的公司股东和作为代理人的公司高管之间存在着效用函数不一致性。股东作为公司的投资者，投资行为的效用最大化可以简单化为利润最大化。公司股东不仅要承担激励和监督代理人的成本，还要承担因代理人自行决策而产生的价值流失。而公司高管只是接受股东委托对公司运作经营的代理人，其效用函数中的收入不等于公司盈利，公司利润最大化也不意味着高管效用的最大化。因此，管理层追求利润最大化的激励不足，也就是说两权分离天然会伴生所有权人和控制权人激励不相容的问题。[1]公司的这种特殊经济决定了在上市公司收购中，高管与股东的利益存在某种程度的异质性，从而导致了利益冲突。"在涉及上市公司的收购行为中，表现出的特征主要是收购者与目标公司控股股东、

[1] 林毅夫、李周：《现代企业制度的内涵与国有企业改革方向》，载《经济研究》，1997 年第 3 期。

管理层之间因收购产生的一系列互动与股票交易行为，却掩盖了收购者、控股股东、管理层利用其合法的地位、天然的优势或握占的权力对中小股东的忽视、排挤、侵占、欺诈和私相授受，目标公司的反收购措施常常也只能根据少数大股东、控股股东的意志和权益导向而定，使得中小股东的权益往往处于极不稳定、极易受损的高风险状态。在上市公司收购行为是收购者、控股股东、目标管理层之间强者的游戏，强者的游戏规则可按市场运行法则自然确定其成败得失、优胜劣汰、进入退出和盈利亏损。”[1] 在上市公司收购过程中，目标公司管理层会滥用控制权，实施不利于公司发展和不利于中小股东利益的反收购行为，此时中小股东需要相应的微观规范来平衡与公司高管的利益冲突。

三是上市公司收购与利益相关者之间的利益冲突。公司是以盈利为目的的社会组织，其出发点和归宿都是盈利。公司以价值最大化或股东财富最大化为其经营活动基本的价值取向。但是，20 世纪中后期，传统《公司法》中要求公司以股东利益为重、以营利为本的理念导致了公司滥用经济力量，侵害社会公共利益。不管是友好要约收购还是敌意要约收购有时都可能对股东以外的利益相关者的利益产生负面影响。雇员可能会失业，债权人的债务风险可能会增大，供货者可能会失去一个有价值的商业伙伴，社区可能会失去一个公司总部或公司经营部，等等。因此，在决定是否接受收购时，设置微观规范来保护利益相关者的利益是应当重视的规范场域，这不仅会使利益相关者事后受益，而且在事前就照顾到了利益相关者的利益。特别的，这将鼓励利益相关者进行前期的有益投资与参与。[2] 正如有的学者认为，“利益是推动社会生产力发展和社

[1] 宋一欣：《涉及上市公司的收购行为与中小股东的权益保护》，载王保树主编：《公司收购：法律与实践》，社会科学文献出版社，2005 年版，第 201 页。

[2] 胡鸿高、赵丽梅：《论目标公司反收购行为的决定权及其规则》，载《中国法学》，2001 年第 2 期。

会进步的重要杠杆，也是人类社会自身素质不断提高、不断完善的动力之一”。[1]

利益相关者理论是现代企业理论、产权学派对企业性质的最新认识，即把企业公司理解为不同生产要素的集合体，是不同的财产、交易关系、利益关系的联结点。主张公司是一个合同束（nexus of contracts），与许多利益相关者存在着“默式契约”，这样，公司作为商事主体就成了一个利益的联结点。公司在从事各种商业活动时，必须要考虑该活动对其他利害关系人的影响和他们的利益。除了股东的利益外，其他的利益主体与公司也具有利害关系。该理论自20 世纪 80 年代产生以来，在美国有相当大的影响力，许多州因此而修改公司法，允许管理层对比股东更广泛的利益相关者负责。[2]为确保公司的繁荣与发展，股东及其代理人即经营者必须与职工、债权人、消费者、客户、当地社区甚至全社会的老百姓密切合作，[3] 现代公司还要考虑其作为社会组成部分应该承担的社会责任，应该将企业及社会价值最大化作为其目标，追求企业利益相关者整体利益最大化，实现企业价值最大化和社会价值最大化的统一。[4]“股东谋求最大利益，也会自然而然地有利于其他利益者相关的‘选民’。企业的参与各方扮演的并不是对立的而是补充的角色，尤其在市场经济条件下，交易各方是通过交易来相互增进各自利益并各得其所的。一个成功的企业可以同时既为工人提供工作岗位，又为消费者提供商品及服务，而且商品越是具有吸引力，利润就越会大。股东、工人及社区的兴旺与发达，也是与企业为消费者

---

[1] 张世君：《公司重整的法律构造——基于利益衡量的微观解析》，人民法院出版社，2006 年版，第 1 页。

[2] 崔之元：《美国二十九个州公司法修改的理论背景》，载《法商研究》1996 年第 4 期。

[3] 刘俊海：《公司的社会责任》，法律出版社，1999 年版，第 37 页。

[4] 宁向东：《公司治理理论》，中国发展出版社，2005 年版，第 125～134 页。

提供的更好的商品密切相关的。有了利润，企业的其他目的也就会随之而实现。财力雄厚的企业可以提供更好的工作条件，并做好垃圾清理工作，和美国工厂相比，苏联工厂污染大而产量小，恰恰是‘因为’他们较少关心利润，而不是‘尽管’存在该差别。在这个国家，为利润而相互竞争的目标，极有可能随着利润下降而被牺牲掉。”❶ 各经济利益主体在追求自身经济利益的过程中要受到其他经济利益主体的制约。公司的利润最大化应当促进社会利益的增加。“利润最大化与其他目标间利益的和谐一致性常常被忽略。”“我们在这里并不想作出一个过分乐观的（Louisianian）宣言——声称公司的利润是和社会福利完全和谐一致的。”❷ 利益相关者理论在实践中所带来的直接后果就是公司社会责任理论的出现。既然公司是一个利益之束，那么各种利益主体于公司之中都存有利害关系，因此，公司就不应当仅仅是股东利益最大化的工具，也不能始终以股东利益为终极关怀，而应当担负起公司的社会责任。利益相关者理论使传统《公司法》的“股东利益最大化”原则向“利益相关者整体利益最大化”的理念转变。既然企业是利益相关者缔结的一组契约，而利益相关者依约向企业投入了专用性资本（包括人力资本），这些专用性资本即构成企业剩余生产的物质基础，而任何控制着这些专用性资本中任何一种的一方，必然会要求获得由整个企业所创造财富中的剩余❸。换言之，在公司的运作中，在公司资源的配置上以及公司利益的分享上，必须考虑公司全部利益相关者的利益要求，利益相关者也就拥有了公司的剩余索取权，追求利益

❶ ［美］弗兰克·伊斯特布鲁克、丹尼尔·费希尔，张建伟、罗培新译：《公司法的经济结构》，北京大学出版社，2005 年版，第 43 页。

❷ ［美］弗兰克·伊斯特布鲁克、丹尼尔·费希尔，张建伟、罗培新译：《公司法的经济结构》，北京大学出版社，2005 年版，第 43 页。

❸ 代越：《论公司收购的法律管制》，载《经济法论丛》（第 1 卷），中国方正出版社，1999 年版，第 415 页。

相关者整体利益的最大化也就成为公司经营中新的价值诉求。现代企业理论越来越重视利益相关者的利益，正是由于各利益相关者的共同参与，才构建了现代企业利益衡量的微观规范，企业得以在各方利益的制衡与协调中和谐发展。利益相关者理论自诞生以来就备受争议，以学者密尔顿·弗里德曼（Milton Friedman）、汉瑞·曼恩（Henry G. Maine）、法官理查德·A. 波斯纳（Richard A. Poisoner）为代表的理论界与实务界人士持反对态度。弗里德曼就坚持认为公司没有社会责任，在自由竞争的市场经济国家中，公司管理者的目的就是为股东谋求最大的利益，如果接受社会责任的概念就会破坏自由社会赖以存在的基础。[1] 曼恩也主张公司的社会责任理论没有清楚的界定，只是被许多人用于许多目的。[2] 波斯纳法官以其独特的经济学分析方法指出让公司追求社会责任无论是在经济性的市场中，还是在垄断性的市场中都是不现实的，他认为："试图以最低成本为市场生产而又改良社会的经理最终可能将一事无成。"[3] 但是，目前该理论无疑已经获得巨大影响并越来越多地获得立法层面上的规范支持，我国 2005 年修订的《公司法》也已经采纳了利益相关者理论，明确了公司应当承担社会责任。[4]

上市公司收购中存在的利益冲突是复杂而有挑战性的。自 1880 年以来，在美国公认的收购兼并浪潮就有四次，[5] 并且每一次都会带来巨大的产业调整，促使其经济向更高层次发展。[6] 因此，

---

[1] 张民安：《公司法上的利益衡量》，北京大学出版社，2003 年版，第 4～7 页。

[2] See：Henry G. Manne，"The Social Responsibility of Regulated Utilities"，Wisconsin Law Review 4，(1972).

[3] 理查德·A. 波斯纳，蒋兆康、林毅夫译：《法律的经济分析（下）》，中国大百科全书出版社，1997 年版，第 547 页。

[4] 我国《公司法》第 5 条。

[5] 也有学者认为是五次。参见赵炳贤：《资本运营论》，企业管理出版社，1997 年版，第 82-83 页。

[6] 施天涛：《公司收购法律透视研究》，载《比较法研究》，1996 年第 3 期。

利益衡量的微观规范设计更多的是实践推进的结果。上市公司收购是市场机制下合理整合与分配资源的一种方式，其微观规范的设计和运行质量，将直接影响上市公司的发展。试图在微观规范构建中实现公司利润最大化的同时促进社会利益的增长，实现相关各方利益关系的合理调整，基于利益衡量的规范设计思维是应然的选项。

1.2 利益衡量微观规范之必要性

公司作为一种经济体，承载着诸多主体追逐利益的理想，它已经成为利益博弈的平台。在公司的规范架构中，许多利益冲突都是内源性的。公司法的规范建构不仅需要宏观的利益衡量的顶层设计，更需要微观的规范作为支撑。失去了微观的规范基础，宏观的利益衡量价值便难以落地。所以，利益衡量的微观规范设计成为必要。

第一，资本多数决与股份平等的冲突，是利益衡量的微观规范构建的基础。资本多数决是《公司法》的基本原则，公司是在资本多数原则基础上组织和运作的。这也是要求大股东应承担更多风险和责任的基础。“股东之间对公司控制力的大小是通过其所持的表决权的享有数表现出来的。”[1] 而在资本的多数决原则面前，大股东的意志常常凌驾于小股东的意志之上。在收购过程中，当控制股东为实现自己所追求的利益，往往会利用其控股优势，将自己的意志变为公司的意志，特别是在道德风险下，更会损害中小股东的利益。面对大股东的骄盛、小股东的无助，只有在微观规范的基础上对他们的利益进行均衡保护。

---

[1] 梁上上：《论股东表决权——以公司控制权争夺为中心展开》，法律出版社，2005年版，第96页。

第二，利益主体之间存在的信息不对称，需要基于利益衡量的微观规范设计来保障信息的公开度。证券的特殊性决定了证券投资者不可能像购买其他商品一样，对商品的价值作出较为客观的评估。电子化时代的证券本身是没有价值的，购买者只能根据上市公司披露的有关信息估算上市公司经营信息，从而来确定目标公司股票的价值。此外，信息披露成本也导致上市公司不愿意披露公司的信息，而且，披露公司的有关信息有时会对公司的利益造成损害。而基于这些信息，往往可以获得更高的利益，这都造成上市公司缺乏信息披露的激励。许多信息是在“不愿、不能、不敢”等情况下被披露的。信息不对称主要表现在：其一，收购者与中小投资者之间的信息不对称。收购者收购行为的目的、收购开始的时间以及相关的影响等这些是中小投资者所难以知道的。其二，目标公司与中小投资者之间的信息不对称。目标公司的财务状况、经营状况、公司的潜力等中小投资者存在不对称。其三，收购人及目标公司的大股东与中小投资者的信息不对称。大股东因为持股数量较大，往往能够直接参与公司的经营活动从而了解公司的许多内幕信息，而对中小投资者而言，这些是难以做到的。其四，中介与中小投资者的信息不对称。中介作为专业机物，其获得的信息较中小股东更容易、更全面，对信息的分析也相对更加准确，因此对收购可能给目标公司的股价带来波动的预测也更准确。其五，证券监管机构及立法机关与中小投资者的信息不对称。[1] 信息的不对称决定了中小股东在上市公司收购中难以作出客观冷静的判断，无法充分保护其合法利益。信息不对称造成中小股东与其他主体在利益上的失衡，需要微观规范予以规制。

第三，公平与效率的冲突，是利益衡量的微观规范设计的客观

[1] 王枫：《要约收购中的信息披露义务》，载王保树主编：《公司收购：法律与实践》，社会科学文献出版社，2005年版，第205～206页。

需要。追逐利润是现代公司的天职。只有每个公司都实现自身利润的最大化，才有可能逐步积累更多的社会财富，不断促进社会和文明的发展。所以，从这一角度分析，凡是能够促进公司效率的制度都应是好的制度。资本多数决原则是为了避免公司陷入僵局而设计的制度安排，通过资本多数决原则，只要简单多数股东或者特定多数股东的同意，公司决定就能形成，公司的各种事务、业务就能进行，正常的商业活动就能开展。因此，确立多数决原则是公司法人性质的必然要求，也是法人开展经营活动、提高效率的必要条件[1]。但是，如果过分强调效率，就可能损害部分主体的合法利益，导致不公平。在这种对立关系中，必须要作出合理的权衡，在保证效率、维持资本多数决原则的同时，依法赋予少数股东一定的救济请求权，以避免其因无法制止决议作出而蒙受的不合理损失。由于近现代法律日益由单纯强调作为主体之自然人、法人的权利和自由向重视个体利益和社会公共利益的协调发展，《公司法》也必须在注重调整内部利益的同时，将微观规范的触角延伸至公司外部，在公司与社会之间寻求个体利益与整体利益的平衡。针对公司发展中产生的环境问题，相关公司立法必须在强调公司效率的同时，重视周围环境保护和可持续发展；针对消费者所处的弱势主体地位和维护权利时的举证困难，法律应当给予适当的救济途径和方法；针对公司的发展直接关涉公司所在地区的社会全局及该区域社会成员的就业问题，各国公司立法都十分注重对公司的适当干预，尤其涉及公司破产这种容易引起社会利益强烈震荡的立法往往会反复斟酌和权衡。各国立法、学说及判例均在不同程度上摒弃了股东利益最大化的单一目标，转而强调在追求股东利益时兼顾雇员、债

[1] 刘丹：《利益相关者与公司治理法律制度研究》，中国人民公安大学出版社，2005年版，第118～123页。

权人等非股东利益的实现，而这正是兼顾公平与效率理念的体现。[1] 从经济学研究的角度出发，利益最大化是每个利益主体追求的最终目标，公司实际上成为每个利益主体为实现其利益最大化的载体。“在公司制度成立的时候，社会气候要求公司不仅要考虑私人利益，也要考虑公众利益。现代社会同样要求公司在对个人承担责任的同时必须作为社会成员对其所在的社区承担责任。”[2] 因此，协调股东的利益冲突，既要考虑公平致力于通过公司法律制度来保障小股东的利益，又要考虑公司的经营效率，尽可能实现公平与效率的统一，避免顾此失彼，给公司和社会造成不必要的损害。[3]

第四，公开原则、公平原则和公正原则是利益衡量的微观规范产生的法律原则基础。公开、公平和公正原则是证券法的基本原则，公开原则要求证券市场具有充分的透明度，要实现市场信息的公开化；公平原则要求证券市场不存在歧视，参与市场的主体具有完全平等的权利；公正原则要求证券监管部门在公开、公平原则的基础上，对一切被监管对象给予公正待遇。[4] 赋予强者对弱者负有一定义务，对弱者进行制度保障。所谓“公平应主要是一种制度上均衡的公平。”[5] 所以，公司大股东处于优越的位置，所掌握的是中小股东所掌握不到的信息，但基于诚实信用原则，大股东不能损害中小股东的利益。但是诚实信用原则的考虑也要顾及对大股东的公平，不能矫枉过正。

利益衡量的微观规范的建构方法在上市公司收购中具有重大的

---

[1] 郝磊：《试论利益衡量的微观规范与我国公司立法》，载《甘肃政法学院学报》，2003 年第 4 期。

[2] 何美欢：《公众公司及其股权证券》，北京大学出版社 1999 年版，第 213 页。

[3] 林建伟：《股东利益的冲突与平衡——以有限责任公司为视角》，载《福建论坛》，2004 年第 12 期。

[4] 胡滨：《试论上市公司收购的基本原则》，载《现代法学》1999 年第 2 期。

[5] 张宪初：《控制股东在公司并购中的诚信义务》，载王保树主编：《公司收购：法律与实践》，社会科学文献出版社，2005 年版，第 230 页。

作用，主要表现在以下几个方面：

第一，利益衡量的微观规范是评判上市公司收购制度构建是否科学的一个重要标准。上市公司收购制度的构建是否科学与合理将会影响证券市场的发展。如果在上市公司收购中给予控制股东过重的责任，就会人为地加大其收购失败的风险，从而会阻止有优势和有潜力的收购人进入市场，最终将会影响资本的流动性，阻碍证券市场的发展。同时也会降低上市公司的效益，股东的收入会不同程度地受其影响。所以，必须在法律公平与市场效益之间寻求到一个合适的平衡点。利益衡量的微观规范制度设计应该满足这一需要，这是制度设计体现正义的必然要求，是制度存续的价值之维。[1]

第二，利益衡量的微观规范也是上市公司收购制度自身发展的需要。制度构建均有利弊，上市公司收购制度也不例外。微观规范的制度失位，不仅会损害各种制度规范的内在联系，而且对资本市场也会产生重大的影响。基于我国的国情，微观规范的构建应当充分考虑本土的特质，探寻针对我国国情、富有成效的利益衡量机制。

利益衡量不是“利益兼顾”，不是像摊大饼一样的无差别的平均化保护，而是在当时的社会条件下社会绝大多数成员所认可的相关各方权利义务规范。同质化的保护不是真正的保护。利益衡量的微观规范是保障上市公司正确运行的工具，也是检验上市公司收购制度的成败得失的一个标准。利益衡量的微观规范其实质就是公司法社会本位的体现。“公司法既要考虑公司赖以存在的社会整体利益，又要考虑作为社会经济细胞的公司的利益；既要照顾作为组织的公司的利益，又要兼顾作为个体投资者的利益。公司法的社会本

[1] 罗尔斯认为，正义首先是社会正义，是构成社会制度的基础原则。正义还包括用什么方式分配基本权利和义务及社会合作成果的问题，判断人们的行为公正与否要按基本的正义标准进行。参见罗尔斯《正义论》第5章“分配的份额”和第6章“义务和职责”。

位旨在实现国家、社会和个人利益的内在平衡。”❶

对相互冲突的利益给予平衡、分配和确认，是法律规范的基本功能。利益衡量作为上市公司收购制度设计及相应的司法活动所遵循的理念或宏观原则，它不是将各方利益做简单的数学意义上的等同，而是在综合考虑个案的具体情况之后，遵循实质公平作出利益的平衡与分配。利益衡量在许多规范中都有体现，它表现为具体的法律条文里的微观规范本身。从这个意义上讲，利益衡量是一种理念，是贯穿于规范中的原则和精神；同时，微观规范以具体的规范明确地宣示自己，以实在的规范设计安排利益主体之间权利的配置与义务的负担。在实践中，有权机关应对冲突利益进行微观规范的判断，避免作出有违实质正义和社会利益之裁判。所以，个案中的利益衡量既可以是微观规范，也可以是规范理念，这是在构建上市公司收购制度所要注意的问题。

❶ 刘丹：《利益相关者与公司治理法律制度研究》，中国人民公安大学出版社，2005 年版，第 103 页。

> 一种舒舒服服、平平稳稳、合理又民主的不自由在发达的工业文明中流行，这是技术进步的标志。
>
> ——赫伯特·马尔库塞[1]

第 2 章　强势主体利益衡量之微观规范

2.1　上市公司收购中的利益主体

上市公司收购的主体，一般是指上市公司收购的直接主体，即收购人和目标公司的股东。收购人是指向上市公司股东购买所持股票或发出股票收购要约，并向其支付收购价款的投资者。[2] 我国《股票条例》曾限制中国境内公民成为收购要约人，此规定不但严重违背证券市场上股东平等待遇原则，也不符合国际惯例。新《证

❶ ［美］赫伯特·马尔库塞：《单向度的人——发达工业社会意识形态研究》，上海世纪出版社 2014 年版，第 3 页。

❷ 叶林：《证券法》，中国人民大学出版社，2000 年版，第 183 页。

券法》[1] 继续发扬 1998 年《证券法》的先进之处，取消了对上市公司收购主体的限制，规定所有的投资者（包括自然人和法人）都能成为收购人。新《证券法》还首次引入一致行动人的概念，规定在收购中收购人与一致行动人持有的股份合并计算。[2] 收购的受要约人不是目标公司本身，而是目标公司的股东。

这里所讨论的上市公司收购的各利益主体不限于上述“上市公司收购的主体”，而是指上市公司收购中的利益关系人。公司收购是收购人与公司股东之间的股票交易行为，收购人和目标公司股东是股票交易的双方当事人，这是最直接的利益主体。由于上市公司收购会导致上市公司控制权的转移，因而也会影响到其他主体的实际利益，比如董事、经理等公司高管以及目标公司实际利益。因此，一般将收购人与目标公司股东界定为直接主体，而将其他主体界定为间接主体。在上市公司收购中，间接主体虽然并非上市公司收购的直接当事人，但其各有自己的利益主张、权利和义务，他们都是上市公司收购的各方关系人，上市公司收购的法律制度往往涉

[1] 根据 2004 年 8 月 28 日第十届全国人民代表大会常务委员会第十一次会议《关于修改〈中华人民共和国证券法〉的决定》，2005 年 10 月 27 日第十届全国人民代表大会常务委员会第十八次会议修订了《证券法》，新的《证券法》已于 2006 年 1 月 1 日开始实行。

[2] 徐明、黄来纪：《新证券法解读》，上海社会科学院出版社 2005 年版，第 126 页。《证券法》第 86 条、88 条。《证券法》第 86 条：“通过证券交易所的证券交易，投资者持有或者通过协议、其他安排与他人 共同持有一个上市公司已发行的股份达到百分之五时，应当在该事实发生之日起三日内，向国务院证券监督管理机构、证券交易所作出书面报告，通知该上市公司，并予公告；在上述期限内，不得再行买卖该上市公司的股票。投资者持有或者通过协议、其他安排与他人共同持有一个上市公司已发行的股份达到百分之五后，其所持该上市公司已发行的股份比例每增加或者减少百分之五，应当依照前款规定进行报告和公告。在报告期限内和作出报告、公告后二日内，不得再行买卖该上市公司的股票。”《证券法》第 88 条：“通过证券交易所的证券交易，投资者持有或者通过协议、其他安排与他人共同持有一个上市公司已发行的股份达到百分之三十时，继续进行收购的，应当依法向该上市公司所有股东发出收购上市公司全部或者部分股份的要约。收购上市公司部分股份的收购要约应当约定，被收购公司股东承诺出售的股份数额超过预定收购的股份数额的，收购人按比例进行收购。”

及了各方关系人之间的利益均衡。[1]

上市公司控制股东和公司高管掌握着收购的绝大多数权利，所以强势主体主要指公司的高级管理人员和控制股东；而弱势主体是指公司的中小股东和其他利益相关者，主要是债权人和职工[2]。上市公司收购的主体有收购公司、目标公司、收购公司的高管、收购公司控制股东和中小股东、目标公司的高管、目标公司控制股东和中小股东。其中，收购公司和目标公司是两个法人实体，作为一个组织体其本身并不具有自我的意志和思想，其行为只能由股东大会或董事会决策，代行其意思表示，在进行微观分析的时候，应当把利益主体落实到最终的利益承受者——公司高管和股东身上，而公司股东根据其在公司中的地位和权力，又可以分为控制股东和中小股东。

实际上，绝大多数上市公司都存在控制股东。据统计，我国上市公司中第一大股东基本上拥有绝对的股权优势，其中第一大股东处于绝对控股地位（控股数超过50％）的上市公司的比例达到了40.93％，上市公司中的第一大股东的平均持股比例为44.26％。我国上市公司不但股权极为集中，而且在集中的股权上，导致了董事会在上市公司中的“形骸化”。根据上海证券交易所的调查结果显示，我国上市公司几乎所有的董事会都事实上被控制股东所控制。[3] 所以，在我国现有的背景下，对强势主体的分析更多的是控制股东。但是因为董事会在形式上仍然作为上市公司的一个重要角色，而且，在没有形成控制股东的股份分散的公司，如果董事等公司的高管人员滥用权利，理应承担相关的责任，所以下文也对此一并进行微观规范解构。

---

[1] 陈忠谦：《上市公司收购》，法律出版社，2007年版，第20页。

[2] 陈忠谦：《上市公司收购》，法律出版社，2007年版，第26页。

[3] 邓小明：《控制股东义务法律制度研究》，清华大学法学博士学位论文，第58页。

2.2 高管与控制股东在收购中的强势地位

2.2.1 高管的强势地位之微观规范

对公司高管的定义，存在广义和狭义两种理解。按照《公司法》上的定义，公司高管是指公司的经理、副经理、财务负责人，上市公司董事会秘书和公司章程规定的其他人员。❶ 理论上通常所说的公司高管在外延上并不限于此，公司高管其实是公司经营者的代名词，包括董事、经理、副经理等。也有学者用了经理层这样的一个概念，“是指包括董事会、总经理（总裁）以及其他高级管理人员在内的整个领导、决策和执行班子。”❷ 所以，这里所说的公司高管其实是公司董事会和“公司法”第 217 条意义上的高管的合称，即公司的经营者或者经营管理者。

一般而言，公司董事会被委以业务经营和事务管理的权力。所有重大商业决策的权力都赋予董事会，尽管他们可以将许多决策权委托给公司经理或者其他高级管理人员。董事会有权选择或者更换公司经理等高级管理人员。董事会还可以聘用公司职员，尽管习惯上董事会总是将聘用低级职员的权力委任给公司经理。概言之，公司的权力由董事会行使，公司的事务由董事会管理。❸ 我国《公司法》第 47 条对董事会的职权作出明确界定：“董事会对股东会负责，行使下列职权：（一）召集股东会会议，并向股东会报告工作；（二）执行股东会的决议；（三）决定公司的经营计划和投资方案；

❶ 《公司法》第 217 条。

❷ 朱锦清：《证券法学》，北京大学出版社，2007 年版，第 234 页。

❸ 施天涛：《公司法论》，法律出版社，2006 年版，第 336 页。

(四)制订公司的年度财务预算方案、决算方案;(五)制订公司的利润分配方案和弥补亏损方案;(六)制订公司增加或者减少注册资本以及发行公司债券的方案;(七)制订公司合并、分立、解散或者变更公司形式的方案;(八)决定公司内部管理机构的设置;(九)决定聘任或者解聘公司经理及其报酬事项,并根据经理的提名决定聘任或者解聘公司副经理、财务负责人及其报酬事项;(十)制定公司的基本管理制度;(十一)公司章程规定的其他职权。"

在传统的公司法的规划中,公司经理的地位是有限的,他们只负责执行董事会的决策和作出的决议,自己并不是公司政策的制定者和公司决议的决定者,只有对董事会有明确授权的事项有决策权。这种法律规划的本质在于,公司内部的自由裁决权属于董事会,而不是属于公司经理人,我国公司法就采取这种权力架构❶。然后,实际上,公司经理人的实际地位和自由裁决权远远超出了这一法律规划的设想。有关董事会地位的现代法律改革间接地支持了这一发展趋势。❷

在上市公司收购中,公司高管处于显然的强势地位。就收购公司(在收购人是公司的情况下,这也是实践中最常见的情形)而言,是否作出收购另外一个上市公司的决策以及如何收购和收购过程的执行是由公司高管来决定的。从利益衡量的微观规范进行,支撑这一强势地位的原因有两个,即拥有公司信息的优势和掌握公司

❶ 如我国《公司法》第 50、114 条对经理的规定也就表现出这种特点。该内容规定"有限责任公司可以设经理,由董事会决定聘任或者解聘。经理对董事会负责,行使下列职权:(一)主持公司的生产经营管理工作,组织实施董事会决议;(二)组织实施公司年度经营计划和投资方案;(三)拟订公司内部管理机构设置方案;(四)拟订公司的基本管理制度;(五)制定公司的具体规章;(六)提请聘任或者解聘公司副经理、财务负责人;(七)决定聘任或者解聘除应由董事会决定聘任或者解聘以外的负责管理人员;(八)董事会授予的其他职权。公司章程对经理职权另有规定的,从其规定。经理列席董事会会议。"

❷ 施天涛:《公司法论》,法律出版社,2006 年版,第 352 页。

的控制权。对于资本市场的投资者而言，需要充分的信息来形成理性的预期与决策。在资本市场上，证券作为一种对公司未来收入的要求权，它的风险收益状况及其决定因素构成了投资者对相关信息的需求。投资者关注的信息分为两类，一类是决定证券基本价值的信息，如在不确定的环境下，公司的盈利项目、经营状况、商业前景等；另一类是在市场上可以致使价格偏离基本价值的各种交易信息。信息是稀缺的经济资源，由于上市公司治理中存在所有权和经营权的分离，委托代理关系的存在使得代理成本难以避免，虽然被要求信息披露的是上市公司，但是披露的决策者是公司的管理层。作为信息的供给方或者生产者，管理层在决定是否披露与披露多少时，拥有最终的决定权。这势必造成信息分布的不均衡，直接导致中小投资者较高的决策成本。强势和弱势的失衡是非常明显的，基于利益衡量的需要，微观规范应当在此场域积极建构。

作为公司的经营者，公司高管有一种不断扩大公司规模的癖好，而公司收购是扩大公司规模的最行之有效的方式。一次成功的收购不仅在于收购者控制了目标公司，还在于收购者可以通过对目标公司的经营获得比收购成本更多的利润。这就要求收购者对目标公司的价值有一个理智的精确估算。特别是在公司收购的法律规则日趋健全以后，对收购者信息披露的要求越来越高，加之对收购期限的限制越来越严格和明确，激烈的竞争，使收购者被迫付出了最高的价格，这增加了收购者犯错误的危险。紧张的竞争使收购者不可能有充足的时间做周密的考虑，就匆忙地提出更高的要约价格，这可能使一次收购得不偿失。“由于取胜者的要约价格是对目标公司最高的估价，因此往往比最佳的估价要高。”[1] 这就使收购者在以后对目标公司的经营中无法收回收购成本，甚至有因收购融资所

---

[1] Bernard S. Black, “Bidder Overpayment in Takeover”, 41 Stanford Law Review 597 (1989).

欠的债务无法清偿而被迫破产的例子。股东因此受到极大损失。学者把这种现象称为“胜者的诅咒”（winner's curse）[1]。然而，公司股东对于公司高管收购其他公司的行为往往是无能为力的。与目标公司的经营者不同，在公司收购中，收购公司的经营者被人们看作是监督同行的英雄，很少有人考虑到这些“英雄”的行为可能对本公司的股东利益有所损害。因此导致了法律在保护目标公司股东利益和保护收购公司利益上的失衡。在公司收购中，目标公司经营者的行为被许多义务所限制，而收购公司的经营者则很少受到限制。经营者不需要获得股东的批准就可以发起一次大规模的收购，同样不需要股东的批准就可以向外筹措大笔现款，信息公开的制度是为目标公司的股东设计的，而不是为收购公司的股东设计的。[2]

成功的公司收购常常导致目标公司领导层的更换，直接冲击公司高管的利益，收购使他们面临着从现任位置上离开的危险。在规制高管追逐私利的欲望上，存在利益衡量的微观规范之设计空间。董事作为目标公司的管理人员，同时又代表公司的整体利益或全体股东的利益，他们对公司负有“忠诚”和“勤勉”的义务，董事同时代表的这两种利益之间本身存在冲突。如果公司的董事出于公司利益考虑，建议接受收购要约，则须抛弃自己的利益，特别是当董事又是公司的控股股东时，这种利益冲突更为显著。事实上，目标公司的董事往往以维护公司利益为名，利用其在公司中的地位和职权在公司收购活动中为自己谋取私利，损害公司和全体股东的根本利益，以种种理由抵御收购，从而形成美国学者所说的“抵御癖”（the defensive propensities）”，这一点尤应引起收购立法者注意。[3]

---

[1] Roberta Romano，“A Guide to Takeovers：Theory，Evidence and Regulation”，European Takeover，Butterworths，1992. pp. 25～26. 转引自，张舫：《公司收购法律制度研究》，法律出版社，1998 年版，第 136～137 页。

[2] 张舫：《公司收购法律制度研究》，法律出版社，1998 年版，第 137-138 页。

[3] 官以德：《上市公司收购的法律透视》，人民法院出版社，1999 年版，第 90 页。

公司高管掌握着经营管理权，在商业判断原则的庇护下，对公司收购有着实质性的重大影响，这种强势地位对中小股东的利益影响巨大，需要相应的规则给予必要的规范制衡，而微观规范是具有普遍意义的选项。

2.2.2 控制股东的强势地位之微观规范

早期的公司法理论主要是依据股东持有公司股份的数量来判断是否形成控制权的，在资本多数决的框架下，理论上只有持有公司股份超过 50％才有可能对公司行使控制权，在此语境中使用的是控股股东的概念。[1] 控股股东有其在持股数量上的标准，所以有别于控制股东的概念。但伴随着公司的发展，股东持股也在日益分散，绝对多数的持股数量已无必要，相对多数持股即可形成控制得到理论和立法的承认。但随着现代公司与外部联系的更加紧密和股权的进一步分散，仅从持股数量上难以认定控制权的存在状态，对控制权认定采取实质关系审查已被各国逐渐接受。即便是在股权相对比较集中的大陆法系的德国也已采取实质标准，规定一公司如果已经接管了另一公司的管理机关，并因而能够决定后者的商业政策，即可被认定为控制股东。[2] 所以，控制股东“这一概念在实践中经历了从形式到实质，从绝对到相对的演变过程”[3]。我国公司法采用的是控股股东的概念，指出资额占有限责任公司资本总额 50％以上或者其持有的股份占股份有限公司股本总额 50％以上的股东；出资额或者持有股份的比例虽然不足 50％，但依其出资额

[1] 这里的控制股东，既包括收购公司的控制股东，也包括目标公司的控制股东。两者具有同质性。

[2] 施天涛：《关联企业法律问题研究》，法律出版社，1998 年版，174 页。

[3] 朱慈蕴：《资本多数决原则与控制股东的诚信义务》，载《法学研究》，2004 年第 4 期，第 67 页。

或者持有的股份所享有的表决权已足以对股东会、股东大会的决议产生重大影响的股东。[1] 这一概念实际上既涵盖了控股股东，同时也确认了认定控制权的实质标准。各国的公司法目前也大多采取类似的方法。我国《上市公司收购管理办法》中也使用了“控制权”的概念，该办法在涉及公司控制权时，使用的是“控制权”“实际控制人”“股权控制”等词汇，并没有使用《公司法》使用的控股股东的概念。所以，控制股东和控股股东的含义之间存在交叉，甚至在法律规范的层面上也有交替使用的情况，只是两者的侧重点有所不同。持股数量只是一个可以考量的因素，而非唯一的标准，“大股东与小股东是一组对应的概念，这对概念是由具体公司的股权反映出来的，它表明的是权力关系而不是单纯的固定的数字比例。”[2] 所以，控制股东应该是有能力引导或者操纵公司决策的股东。只要股东可以决定公司的意思表示，不管这种决定是依靠持有的股份还是通过其他安排，都应当被认定为控制股东。

与控制股东相对的概念是非控制股东，但是学界在讨论控制股东的时候使用的对应概念往往是中小股东，似乎控制股东与中小股东是相对的概念。这种划分是不够准确的。如学者所言：“控股与否，是以对公司的控制权为标志的。持股的数量和比例是判断控股的一个重要因素，但不是唯一的因素。偶尔，持股多而不控股，持股少却控股的情况也会有。例如，基金乙持有某公司股份的25%，为头号股东，但是乙的兴趣在投资及其增值，对公司的经营管理不感兴趣；而该公司的第二大股东甲公司，持有20%的股份，却控制着董事会，实际操纵着本公司的经营管理。这时，控股股东就是甲公司而不是基金乙。”[3]无论是控制股东还是非控制股东，其合法

[1] 《公司法》第217条。

[2] 齐斌：《股份有限公司小股东权益的保障》，王保树主编《商事法论集（第3卷）》，法律出版社，1999年版，第596页。

[3] 朱锦清：《证券法学》，北京大学出版社，2007年版，第234页。

权益均受法律保护，“保护中小股东利益”的提法主要是针对控制股东滥用其控制地位的场合而言。但鉴于“中小股东”的提法已经约定俗称，上文不拟用更加精确的“非控制股东”的概念来替代“中小股东”的概念，只是特别指出，此处所谓的“中小股东”实质上指的是行使控制权上处于弱势地位的股东，就其持股数量来说，其可能是大股东，如上文的例子，甚至可能是第一大股东，但却无法对公司形成控制。

公司法实践的常识表明，控制权之上附着了可观的商业利益，微观规范解构之下，一个公司的控制权所包含的权益应当包括共有权益和专属于控制股份本身的私有权益。前者是构成控制权的股份与其他股份所同样附着的利益，后者指控制股份本身单独产生的利益。利益冲突就集中存在于公司的控制权之中，需要进行利益衡量的微观规范建构，否则，在利益冲突的格局中难以实现对于各方利益的均衡的保护。美国公司治理专家 Schiller and Vishnu 指出，“当所有权超过每一点时，大股东几乎掌握了全部的控制权，足以利用企业去创造小股东无法分享的控制权私有利益”[1]。根据美国学者的解释，大股东愿意放弃投资多样化的收益，这主要是因为大股东因此可以用来获得对某一个公司的控制权，从而获得控制权的共享收益。因为在相同的条件下，大股东的所持股份的比例越高，就越有动力和能力去提高公司的价值，“公司价值的提高可能来源于大股东监督职能的充分发挥，也可能来自大股东对公司经营决策的正确影响。由于全体股东都能从公司的价值中获益，而且大股东的这部分收益以其现金流为限，因此，这部分收益称为控制权的共享收益。”但另一方面，“大股东不仅有提升公司价值的动力，而且利用公司资源为自己牟私利的动机，只有拥有公司控制权的大股东

[1] 张新：《中国并购重组全析：理论、实践和操作》（上），上海三联出版社，2004 年版，第 135 页。

才能得到的这部分利益称为控制权的私有收益”[1]。研究表明，“如果所有股东都按其持股比例从公司获得相应收益，即不存在控制权的私有收益，大宗股票就应该按市场价格交易，如果大宗股票的买者预期可以通过他掌握的投票权产生其他小股东得不到的利益，即存在正的控制权的私有收益，他所支付的就会高于市场价格，溢价部分大约等于控制权的私有收益的折现值，如果大宗股票的买者预期买入股票后给他带来的成本超过收益，即控制权的私有收益为负值，股票就会低于市场价格的折扣价成交。”[2] 控制权的私有收益也从另一个方面反映着控制股东的强势地位。

在控制股东控制公司高管的情况下，没有必要再单独讨论控制股东的强势地位，因为控制股东的强势地位已经通过公司高管的强势地位表现出来了。公司法传统理论认为，股东与公司是两个不同的法律主体，股东只对公司承担出资义务，并在出资范围内对公司承担责任，此外无任何其他义务，控制股东亦不例外。同时，公司将股东平等原则视为天然法则，对拥有同量同质股份的股东一视同仁，允许其享有同样的权利、获取同样的利益，因而公司不过是由股东出资构成、以股东平等原则为基础构建起来的拟制法人。但是实际运作中的公司却常常发生异化，股东之间本应平衡的利益关系常常发生倾斜，均衡的利益格局时常会被强势一方打破，彼此之间存在利益冲突的各方，需要利益衡量的微观规范给予明确的规制。控制股东往往利用其控制地位将自己的意志变为公司的意思表示，股东平等的理念也就无法维持。“人们往往抽象地谈论公司，说它是所有权与经营权的分离。但实际情况却不是这么单纯，控股股东经常直接执掌经营管理权，所有权与经营权是合一的。真正的两权

---

[1] 张新：《中国并购重组全析：理论、实践和操作》（上），上海三联出版社，2004 年版，第 135 页。

[2] 同上。

分离发生在广大的不控股的中小股东那里，因此，在上面所说的三方利益中（收购人、目标股东和目标经理层），控股股东与公司经理层实际上是合一和一致的。”[1] 我国上市公司一股独大现象严重，导致了控制股东可以随意操纵董事会，董事会成为控制股东的傀儡，或自己成为影子董事、事实董事，指挥公司的行动。同时，控制股东通过股东大会的表决权对公司经营决策施加影响，将公司变为自己获利的工具。这一切加剧了对中小股东利益的侵害，使控制股东与其他股东之间的利益失去平衡。以上市公司为例，控制股东滥权的行为有：（1）虚假出资；（2）操纵发行价格；（3）压榨小股东；（4）关联交易下的利益转移；（5）内幕交易；（6）篡夺公司机会；（7）恶意转让控制权。[2]

控制股东在上市公司收购中的强势地位突出表现在目标公司的控制股东在协议收购中的强势地位上。协议收购是由收购人和被收购公司的控股股东之间通过协议转让股权的方式完成控制权转移。[3] 协议收购一般发生在目标公司股权相对集中，尤其是目标公司存在控股股东的情况下。协议收购一般会得到目标公司经营者合作，表现为友好收购。与要约收购不同，协议收购的公开性和透明度都非常低，一个协议收购的成败，很大程度上取决于目标公司的控制股东是否与收购人配合。控制股东通过转让其具有控制权的股份，可以获得较高的控制权溢价，能够满足其自身利益的最大化，但是对于众多的中小股东来说，他们则不能得到控制权溢价的好处。虽然对控制权溢价的分配方式备受争议，但无论哪种分配方式都应当考虑利益衡量的需要。

公司高管和控制股东的强势地位意味着他们可能成为中小股东

---

[1] 朱锦清：《证券法学》，北京大学出版社，2007 年版，第 235 页。

[2] 朱慈蕴：《资本多数决原则与控制股东的诚信义务》，载《法学研究》，2004 年第 4 期。

[3] 彭冰：《中国证券法学》，北京大学出版社，2007 年版，第 279 页。

和其他弱势地位的利益相关者的侵权行为人，公司发展演进的过程也说明了这种可能性常常变为现实。基于利益衡量的考量，公司法在微观规范构建上对此作出的反应是，对处于强势地位的公司高管和控制股东课以信义义务，并明确其违信的法律责任；同时赋予弱势地位的中小股东及其他利益相关者相应的权利，以确保侵权行为发生时的必要救济。如此，强势地位者有法定义务的负担，弱势地位者有法定权利的赋予，权利和义务衡平的微观规范设计，体现的是在微观规范层面上利益衡量的价值向度。

2.3 信义义务之微观规范

2.3.1 信义义务中的利益衡量的微观规范

信义义务这一术语滥觞于英国衡平法，它是指当事人之间基于信义关系而产生的义务，信义关系从本质上看，它是指特定当事人之间的一种不对等的法律关系，受信人处于一种优势地位，受信人作为权力拥有者具有以自己的行为改变他人法律地位的能力，而受益人或委托人则必须承受这种被改变的法律地位且无法对受信人实施控制。法律为了保护受益人或委托人的利益，防止受信人滥用其权力，以确保双方的信任，就要求受信人对受益人或委托人负有信义义务。❶ 信义义务（fiduciary duty）❷ 是一种管理义务，主要适用于基于“委托—代理”关系所发生的“代理人”对“委托人”的

❶ 张开平：《英美公司董事法律制度研究》，法律出版社，1998年版，第151～152页。

❷ 关于Fiduciary duty，有学者将其翻译为“诚信义务”“受信义务”和“信义义务”，上文采纳了何美欢教授的译法，将其翻译为信义义务。参见何美欢：《香港代理法（上册）》，北京大学出版社，1995年版，第1章、第15章。另可参见，张开平：《英美公司董事法律制度研究》，法律出版社，1998年版，第150页。

管理责任。[1] 在公司法上，信义义务分为两种具体的义务，一是注意义务（duties of care）；二是忠实义务（duties of loyalty）。前者是指公司中的管理者应当以适当的注意管理公司以免损害公司利益；后者是指公司中的管理者以公司利益作为自己行为的准则，应将公司利益置于自己利益之上。信义义务源于对董事的要求，现在已经扩展到董事、监事、经理等整个公司的管理层以及控制股东。

第一，注意义务

董事的注意义务，又称董事的善管义务、勤勉注意和技能义务、注意和技能义务。[2] 我国公司法称之为“勤勉义务”。所谓注意义务，是指公司董事在管理公司事务和处理公司业务时，要采取合理的措施，防止公司利益受到损害。[3] 对公司董事课以注意义务，是为了强调当董事有义务对公司履行其作为董事的职责时，其行为必须是他合理地相信为了公司的最佳利益并尽普通谨慎之人在类似的地位和情况下所应有的合理注意。[4]《美国示范公司法》修正本第 8.30 条规定董事履行义务时必须“（1）怀有善意；（2）要像一个正常谨慎之人在类似处境下应有的谨慎那样去履行义务；（3）采用良好的方式，这是他有理由相信符合公司利益的最佳方式”。[5]

具体而言，董事的注意义务主要包括：（1）在技能上，董事只有履行了一个普通的谨慎的人在同样情况下处理同样的事务所应该尽到的勤勉、注意才能免责。例如，一名律师作为公司的董事，在对一项可能会导致违反法律的交易表决时，他却没有提出异议，则

---

❶ 施天涛：《公司法论》，法律出版社，2006 年版，第 379 页。

❷ 刘俊海：《股份有限公司股东权的保护》（修订版），法律出版社，2004 年版，第 429 页。

❸ 张民安：《公司法的现代化》，中山大学出版社，2006 年版，第 446 页。

❹ 张开平：《英美公司董事法律制度研究》，法律出版社，1998 年版，第 295 页。

❺ 虞政平译：《美国公司法规精选》，商务印书馆，2004 年版，第 75 页。

他可能因此承担责任，而其他非律师董事在相同的情形下却无须承担责任，这是由于该董事具备了相应的法律技能，而他应该在这种情形下提出自己的专业观点。（2）董事并不负有对公司事务给予持续关注的义务。董事的义务具有非持续性，并在定期的董事会议以及任何他参加的委员会会议上予以履行。但董事并不被要求参加全部的此类会议，他只对能够参加的场合负有参加的义务。（3）董事的行为必须是善意的。如果董事明知其行为将会产生对他人或公司不利的后果，而故意放任或由于疏忽大意而使后果发生，则视为董事对注意义务的违反[1]。简言之，注意义务要求董事基于善意，尽其所能对公司事务予以关注。

第二，忠实义务

忠实义务指董事、监事、经理管理经营公司业务时，应毫无保留为公司最大利益努力工作，当自身利益与公司整体利益发生冲突时，应以公司利益为先。[2] 与注意义务不同，忠实义务要求董事在经营业务时，若其自身利益与公司的利益一旦发生冲突，则董事必须以公司的最佳利益为重，不得将自身利益置于公司利益之上。[3]一般而言，董事对公司的忠实义务主要是为了解决在“利益冲突”交易过程中，如何保证董事积极维护公司利益，禁止其从事损害公司利益的行为的问题。对于利益冲突和董事忠实义务之间的关系，学者认为：“利益冲突”交易本身并不就是一种犯罪、侵权或必然地侵害公司利益，它只是一种“事务的状态”，或者说是一种潜在的风险。事实表明，在许多情况下，尽管交易事项存在利益冲突，

---

[1] 《公司法》第148条规定，“董事、监事、高级管理人员应当遵守法律、行政法规和公司章程，对公司负有忠实义务和勤勉义务。董事、监事、高级管理人员不得利用职权收受贿赂或者其他非法收入，不得侵占公司的财产。”这是公司法关于董事、监事、高级管理人员信义义务的共通性规定。

[2] 赵旭东：《新旧公司法比较分析》，人民法院出版社，2005年版，261页。

[3] 倪建林：《公司治理：法律与实践》，法律出版社，2001年版，第70页。

公司和股东仍然是这项交易的受惠者。因此，董事的忠实义务并不意味着他必须完全排除利益冲突交易的存在，而是要求这种利益冲突交易对公司而言必须公正。[1]

因此，忠实义务要求建立起一种规范机制以保证存在利益冲突的交易在运作过程中的公正，微观规范的建构成为必要。英美公司法通过对“利益冲突”交易类型化的办法分别确定参与该交易的董事所应负的义务。克拉克将利益冲突归纳为四种模型：(1) 基本自我交易；(2) 经理报酬的确定；(3) 占有公司或股东的财产；(4) 具有混合动机的公司行为。[2] 我国《公司法》第 149 条以列举的方式对董事、高级管理人员违反忠实义务的行为进行了专门的规定，董事、高级管理人员不得有下列行为：（一）挪用公司资金；（二）将公司资金以其个人名义或者以其他个人名义开立账户存储；（三）违反公司章程的规定，未经股东会、股东大会或者董事会同意，将公司资金借贷给他人或者以公司财产为他人提供担保；（四）违反公司章程的规定或者未经股东会、股东大会同意，与本公司订立合同或者进行交易；（五）未经股东会或者股东大会同意，利用职务便利为自己或者他人谋取属于公司的商业机会，自营或者为他人经营与所任职公司同类的业务；（六）接受他人与公司交易的佣金归为己有；（七）擅自披露公司秘密；（八）违反对公司忠实义务的其他行为。

董事违反忠实义务可导致交易无效，但认为违反忠实义务导致交易一概无效的做法并不一定有效地保护公司的利益。对董事违反忠实义务的行为，笔者认为应该进行区分，如果董事违反忠实义务的行为为其他董事所批准，并且没有欺诈公司或者该行为并没有对公司不公平，那么该合同仍然是有效的。但如果该公司的大多数的

[1] 张开平：《英美公司董事法律制度研究》，法律出版社，1998 年版，第 238 页。

[2] ［美］罗伯特·C. 克拉克，胡平等译：《公司法则》，工商出版社，1999 年版，第 115 页。

董事都与所交易的行为具有利益冲突，那么，尽管该交易行为是对公司公正有利的，也是无效的。美国公司法在长期的发展中总结出的“安全港规则（safe harbor rule）”，该规则认为，董事与公司间的交易如果能够满足三个条件之一那么该行为则有效：其一，利益关系人将利益情况及交易情况向董事会做充分地披露并得到董事会中无利害关系董事的大多数批准（但不能少于两个董事）；其二，利益关系人将利益情况及交易情况向股东会做了充分披露并有适格股份的持有者的大多数在善意的基础上给予批准；其三，该交易对公司而言在当时是公平的。[1] 我国公司法规定，董事、高级管理人员违反前款规定所得的收入应当归公司所有[2]。这似乎并没有完全否认董事违反忠实义务的效力。

第三，注意义务和忠实义务的关系

董事的信义义务包括注意义务和忠实义务，前者从积极的方面要求董事要为公司的利益而行为，主要解决董事“懈怠”的问题，是对“勤”的要求；而后者从消极的方面禁止董事从事有害公司的行为，重点解决董事“不忠”的问题，是对董事“德”的要求。从信义义务的起源理论原型“信托”来看，注意义务和忠实义务是信托关系的具体化。信托之“信”，意指忠诚，信托之“托”意指行为的高度谨慎。从信托制度的历史沿革来看，没有受托人的忠诚，就不会有信托制度。只有当事人之间建立了信任，才有可能实施信托行为。信托的发展是行为先行，法律规则在后。当事人在没有法律规则保障的情况下，只有相互的信任与忠诚才会进行信托行为。所以在信托关系中，“信”是“托”的基础，“托”以“信”为存在前提。注意义务与忠实义务相比，忠实义务应该更基本，或称为第

---

[1] 邓小明：《控制股东义务法律制度研究》，清华大学法学博士学位论文，第73～76页。

[2] 《公司法》第149条。

一性的义务或者源生性的义务；而注意义务是以忠实义务为基础的，是在忠实义务的基础上的对高管技能的要求，这是在微观规范建构时的不同要求。

2.3.2 高管信义义务之微观规范

第一，收购公司高管的信义义务

收购公司高管的信义义务首先表现在收购公司不得借收购之机损害公司的利益以满足自己的私欲，有关收购的决策首先要考虑公司的利益，即全体股东的利益，这是收购公司高管的忠实义务的基本内容。注意义务则表现为，评估有关收购的资料信息、作出收购上市公司的决策、采取的收购策略以及步骤必须具备适当的注意，经过合理的调查和周密的策划，审时度势，综合把控，在关乎公司和股东利益的重大决策上保持足够的谨慎，尽力争取股东利益最大化。

第二，目标公司高管的信义义务

目标公司高管的忠实义务表现在，不得为了自身的私利（如保留自己在目标公司的高管职位和丰厚的薪水等），轻率地决定实施反收购策略；也不得接受收购人的好处而与之通谋欺骗股东，鼓动或者故意误导股东去出卖自己的股份。其注意义务表现在，通过调查、分析和计算，全面评估收购计划，判断此次收购是否有利于本公司和股东的利益最大化，并及时把相关信息充分披露给目标公司股东，以帮助股东及时作出理性的决定；运用高管的优势条件，尽快给目标公司股东专业性的意见，基于诚信给股东客观合理的决策建议；理性决定是否采取反收购策略，以及采取何种反收购策略，并及时告知股东。

第三，高管信义义务与商业判断规则

商业判断规则（business arrangement rule）是现代美国公司

制定法和公司判例法所确立的有关董事作出决议时就其过失行为是否承担责任的判断标准，指董事高管在作出某种决议时，是基于合理的资料而为的合理行为，即使此种决议就公司来看是十分有害的，甚至是灾难性的，董事也不对公司承担法律责任。美国法学会公司治理纲要（The Corporate Government Project of the American Law）第4.01（A）规定："商业判断规则（原则）应具备以下条件：第一，董事之决议或行为是基于善意作出的；第二，董事在作出决议时没有违反对公司承担的义务，没有与公司从事财产转移行为或签订其他合同等自我交易行为；第三，他意识到了他的商业判断所及的主旨，而该主旨使他完全有理由相信他依据具体情况所作出的商业判断是完全适当的；第四，他完全相信，他的商业判断是为了公司的最好利益。"[1] 上述四个条件是必备的，否则董事对公司的责任将不得免除。这一规则也是利用了美国法上"利益与否"的判例，使得商业判断规则在内容上更加具体化。"关于商业判断规则的表述众多，但这并不重要，重要的是其中存在一条独特的顺从路径（deferential approach）"[2]，即董事高管在履行了对公司的信义义务以后，其经营行为将免受司法审查。这一规则可使董事为了公司的利益勤奋工作，又使那些在其能力和知识范围内尽了最大努力而仍无法避免公司损害发生的董事高管的责任得以免除。商业判断规则是美国法上的一个重要贡献，它不仅较为合理地解决了公司企业在特殊情况下交易的公平性判断问题，而且有效地解决了公司董事、经理、股东履行忠实义务与勤勉义务的判断评价问题，此外它对公司在诉讼中所涉及的当事人举证责任也提出了较为合理的划分标准。[3] 目前该规则已经成为世界各国公司法借鉴的重要内容。

[1] 张民安：《公司法的现代化》，中山大学出版社，2006年版，第444～445页。

[2] ［美］弗兰克·伊斯特布鲁克，丹尼尔·费希尔，张建伟、罗培新译：《公司法的经济结构》，北京大学出版社，2005年版，第105页。

[3] 丁丁：《商业判断规则研究》，吉林人民出版社，2005年版，第10页。

我国公司法目前尚无商业判断规则的明确地位。从利益衡量的角度看，商业判断规则是与股东的诉讼权相对应的，是在股东诉讼中对董事高管的经营行为正当性的审查标准。这里存在微观规范的设计层面的互相制衡。我国公司法已经建立了股东诉讼机制，而与之对应的商业判断规则却处于制度失位，这不利于公司法利益衡量的微观规范构建。笔者认为，在上市公司收购中也应当以此种标准来判断公司高管的行为是否符合其所负有的注意义务、是否是基于合理的谨慎而作出的，在司法实践中体现出信义义务与商业判断的规范平衡。

2.3.3 控制股东的信义义务之微观规范[1]

2.3.3.1 立法的演进

控股股东的信义义务是由董事的义务扩大、延伸适用转化而来的。[2] 传统的公司法理论中，信义义务只针对董事及高级管理人员而不涉及股东，股东完全可以通过对股权的合理行使以追求自身最大利益，没有义务顾及其他股东的利益。但随着控制股东通过滥用控制权而侵害少数股东利益案件的不断发生，理论界逐渐开始将信义义务的承担主体从董事、经理等主体扩展到控制股东，并通过在法律上对控制股东课以信义义务，来规范其权利的行使。

控制股东对少数股东的信义义务起源于美国最高法院 1919 年 Southern Pacific Co. 诉 Bogart[3] 一案。法院认为并强调，控制股东实质上是少数股东利益的受托人，根据公司法和衡平法的原则，

---

[1] 刘凯：《控制股东信义义务及违信责任》，载《政法论坛》，2009 年 3 月，第 2 期。

[2] 郭富青：《公司收购中目标公司控股股东的诚信义务探析》，载王保树主编：《公司收购：法律与实践》，社会科学文献出版社，2005 年版，第 243 页。

[3] 250 U. S. 483 (1919).

控制股东进行控制时，不论其利用方法如何，必须对少数股东履行信义义务，就像公司董事和公司高层管理人员一样。到 1969 年，Jones v. H. F. Brahmanism & Co. [1]一案的判决以及加州最高法院的维持判决，都宣称控制股东不仅对公司承担信义义务，而且直接对少数股东承担信义义务。确定控制股东信义义务的里程碑判例是 Donahue v. Odd Electrotype Co. 案。[2] 在本案中，公司收购了一名控制股东的部分股份，但却拒绝了另一小股东要求公司以同样价格收购其股份的请求。上诉法院对此强调公司所有股东都应对其他股东负有严格的最大善意和忠实义务，特别是控制股东不可以利用自己的地位为其股份创造一个排外的市场，就是说，公司不能只收购控制股东的股份而拒绝其他股东按同样条件出售股份的要求。所以，上诉法院判决被告公司要么废除该项内部交易，要么以同样价格收购原告小股东的股份。在司法实践中率先确立了控制股东的信义义务后，美国立法也进一步规定了控制股东应承担信义义务。而在英国，对控制股东课以信义义务，有普通法上的措施，也有公司法和其他制定法上的措施。大陆法系的德国，为给公司少数股东提供保护，1965 年《股份公司法》第二篇的“关联企业”将关联企业分为合同型关联企业和事实型关联企业，分别规定了控制股东的信义义务（主要由《股份公司法》第 309 条和第 317 条规定）。而在此以前，他们以违背股东有限责任原则且法律上无明显规定为由否认股东的信义义务，一直援用股东平等、公序良俗理论来保护少数股东的利益。[3] 直到 1988 年，德国联邦最高法院才明确承认

[1] 250 U. S. 483 (1975).

[2] 328 N. E. 2d 505 (Mass. 1975).

[3] ［韩］李井杓：《少数股东的保护问题—以韩国商法为中心》，《南京大学法律评论》，1999 年春季号，第 58 卷。

控制股东对少数股东负有信义义务。[1] 在法国，虽对少数股东如何给予法律救济存在争论，但对控制股东违反信义义务，仍有一般法律上的救济手段，如宣布无效、损害赔偿等。而我国台湾地区“公司法”第 369 条之 4、之 5 的规定，均对控制股东课以信义义务。

我国新修改的《公司法》规定，董事、监事、高级管理人员应当遵守法律行政法规和公司章程，对公司负有忠实义务和勤勉义务。勤勉义务是新颁布的《公司法》对董事、监事、高级管理人员明确提出的要求，董事、监事、高级管理人员违反这一义务的形式有两种，一种是董事、监事、高级管理人员在执行职务时单独作出的行为违反这一义务；另一种是董事在董事会决议时共同作出的决议违反这一义务。前者的根据在于新《公司法》的第 185 条；[2]后者的根据在于新《公司法》的第 113 条第 2 款。[3] 公司法之所以对董事课以信义义务，就是因为他们受托经营公司财产，在本质上与股东之间是一种信义关系[4]。但在公司实际运作中，控制股东往往可以通过各种手段操纵董事会，使董事会成为自己的傀儡，或自己成为影子董事、事实董事，指挥公司的行动，董事成为控制股东的手，所以，控制股东很容易通过董事高管侵害到其他股东的利益。为了回应现实中这一问题，各国立法在微观规范上逐渐将信义义务的承担主体扩展到控制股东，以实现对控制股东权利行使予以规范

---

[1] 何美欢：《公众公司及其股权证券（中册）》，北京大学出版社，1999 年版，第 855 页。

[2] 该条规定：“董事、监事、高级管理人员执行公司职务时违反法律、行政法规或者公司章程的规定，给公司造成损失的，应当承担赔偿责任。”

[3] 该条规定“董事会应当对会议所议事项的决定做成会议记录，出席会议的董事应当在会议记录上签名。董事应当对董事会的决议承担责任。董事会的决议违反法律、行政法规或者公司章程、股东大会决议，致使公司遭受严重损失的，参与决议的董事对公司的负赔偿责任。但经证明在表决时曾表明异议并记载于会议记录的，该董事可以免除责任。”

[4] 罗培新：《公司法的合同解释》，北京大学出版社，2004 年版，第 270～289 页。

的目标。

尽管不同法系和不同国家法律体系中控制股东信义义务的内容是不尽相同，且不断发展变化的，但从总体来看，信义义务所指的基本意思是大致相同的，即要求控制股东在行使其权利时，除了考虑自己的利益外，还负有考虑公司利益和其他股东利益的义务。

在微观规范层面上解构控制股东的信义义务时，应当注意到以下几个问题：

第一，信义义务的对象。在理解控制股东信义义务含义时，信义义务的对象问题是不能忽略的。该问题理论界素存争议。从美国公司法的规定来看，控制股东信义义务的对象仅指公司和中小股东，而不包括公司债权人；对于公司债权人，应依赖其他法律制度进行保护。对于这一规定，笔者持赞同态度。具体而言，当控制股东和公司发生交易时，信义义务的直接对象是公司，间接对象是中小股东。换言之，由于控制股东和公司交易排除了中小股东，损害了公司利益，中小股东的利益也会间接受损。当控制股东通过章程变更改变股东之间的权利时，一般并不影响公司的利益，其信义义务的直接对象是中小股东。

第二，股份有限公司与有限责任公司控制股东的信义义务在要求上并不完全相同。股份公司的公众性和有限公司的人合性决定了控制股东在股份公司和有限公司中所负信义义务的差异。有限责任公司（close corporation）具有闭锁性，人合的特征十分明显，是在各股东相互信赖的基础上组建的，这一点有别于股份公司，股份公司的许多股东甚至从来就互不认识，而且从来也互不联系。各国公司立法规范对有限公司控制股东义务基本参照合伙人之间的义务加以规则的，要求有限公司股东相互之间互负最大善意义务及忠实义务。而股份有限公司（public corporation）具有较强的公众性，股权比较分散且流动性强，许多股份在公开市场上处于交易状态，缺乏稳定性，其控制股东的信义义务比有限责任公司弱化一些。因此，由于两类公司股权存在的差异，微观规范对有限公司中控制股东的行为有着更高的要求，在信义义务上也要求更高。

第三，在信义义务的内容及范围上有限责任公司和股份有限公司也有不同。控制股东义务的内容通常就是中小股东合理预期的内容，因此两类公司控制股东信义义务的差别主要就是中小股东预期上的差别。在有限责任公司中，受到法律保护的中小股东合理预期的范围要比股份有限公司中中小股东合理预期的范围要宽。有限责任公司的闭锁性使得股东通常参与公司的管理并领取报酬，这种利益在有限公司中通常会得到法律的保护，而在股份有限公司中几乎是不可能的。德国法规定，如果控制股东严重违反信义义务，中小股东可以请求法院对控制股东除名，这在股份公司中是不可能的。

综上所述，我们不难发现，控制股东信义义务微观规范设计经历了一个从无到有、逐渐扩展深入、不断完善的过程，到目前已在两大法系得到了广泛的确认。总体而言，控制股东信义义务的法律规范有利于公司治理的完善和中小股东的利益保护，是对传统公司法理论中的资本多数决原则和表决权自由行使原则的制约和修正，也是传统公司法中股东民主理念的新发展，是信义义务适用范围的理性拓展。寻觅公司法发展的轨迹，我们不难发现，每一次宏观的理念反思和微观规范的创新都反映着利益衡量的规范思维。

2.3.3.2 控制股东信义义务的内容

控制股东的信义义务的内容包括注意义务和忠实义务两个方面，这一点已在学界达成共识。其中注意义务属于积极信义义务，而忠实义务则属于消极信义义务。所谓积极信义义务是指违反信义义务并不意味着一定承担法律责任；而消极意义上的信义义务则是指违反有关诚信的法律规定，应承担相应的法律责任。两者在微观规范建构上存在不同的规范向度等。

2.3.3.2.1 控制股东的注意义务

控制股东的注意义务系指控制股东在处理公司事务时，应尽如同一个谨慎的人处于同等地位与情形下对其所经营的事项所给予的谨慎义务。[1] 注意义务要求控制股东在处理公司事务和涉及少数股东的事务时，像一个普通的谨慎之人在相似情况下对他们自己的事情慎重地、恪尽勤勉地给予合理注意，“运用一个正直的、负有责任心的领导人的细心”。[2] 客观而言，“合理的注意”只是一个原则性标准，因为在公司法领域，控制股东在行使权利时所面对的情况是复杂的，因此不能用一个单一的标准来衡量，必须根据控制股东信义义务的理论，结合具体实际情况，综合考量控制股东所处的特定环境后，再来判断是否构成对注意义务的违反。原则上，判断是否有违注意义务，应当从以下几个方面予以衡量：第一，控制股东在行使权利时应出于善意（good faith）。要求控制股东应当从公司和全体股东的利益出发行使权利，不能仅仅考虑自身的利益实施对公司长远发展和其他少数股东利益有害的行为，应考虑对各方利益的平衡。第二，控制股东应以一般的谨慎之人应有的谨慎、勤勉去履行义务。在控制股东从公司的整体利益出发作出某项经营行为时，根据自身在当时条件下的知识水平和经验，应认为是对公司最有利的行为，即使事后该行为导致公司受损，也不应追究该控制股东的责任。第三，控制股东在行使权利时，应采用良好的方式。良好的方式，就是对公司整体利益最为有利的方式。控制股东在出售控制权、对所属的关联公司下达指示以及监督董事等经营管理者时都负有注意的义务。

实践中，如何判定控制股东是否尽到了注意义务，微观规范的

---

[1] 王保树、杨继：《论股份公司控制股东的义务与责任》，载《法学》，2002 年第 2 期，第 63 页。

[2] 阎小龙、邓海兵：《论控制股东的诚信义务》，载《北京政法管理干部学院学报》，2003 年第 1 期。

设计应当视不同的情况而定。首先，控制股东通过股东会进行决议的模式。此时控制股东的注意程度应当低于董事、经理应尽的注意程度，原因在于在股份公司中存在的所有权和管理权的分离，公司的股东和董事经理的任职条件是不同的，股东只用缴纳出资就可以成为公司的股东，往往不须具备管理才能；而董事或经理往往要求具备经营管理能力。如果将适用于董事的专家义务之注意标准简单适用于公司股东，无疑会过于苛刻。因此，控制股东的注意义务应当理解为“通常交易上的注意义务”即可。其次，控制股东利用其影响力对公司的董事会进行控制的模式。控制股东的注意义务等同于董事的义务，适用董事注意义务的判断标准。这时，此时的控制股东虽然表面上看不是公司的董事或经理，但可以凭借其持有的股份对董事会实施干预，直接介入公司的经营事务。此时的董事高管已经成为控制股东的工具，董事会的决议实际上就是控制股东的意思表示。英国称这种情形下的控制股东为影子董事，法国称为事实董事。因此，此时应以董事的注意义务标准要求之。

2.3.3.2.2 控制股东的忠实义务

忠实义务是道德义务的法律化，要求受信人在处理相关事务时不得为个人利益而损害或牺牲委托人或受益人之利益。而控制股东的忠实义务是指控制股东在行使控制权时，除了考虑自己利益外，还必须考虑公司利益和其他股东的利益，不得使自己的利益与之发生冲突，符合行为公正的要求。[1]

忠实义务禁止控制股东不讲信用和自我交易，尤其是在管理活动中和行使表决权时。控制股东在行使表决权和管理中应该全心地、真诚地忠实于公司和公司最佳利益，而不能只考虑自己的个人

---

[1] 朱慈蕴：《资本多数决原则与控制股东的诚信义务》，载《法学研究》，2004 年第 4 期。

利益。此时的控制股东应以公司最佳利益作为决策的依据，不得把自身利益凌驾于公司利益之上。负有忠实义务的人不能利用自身的受信地位去谋取私利而损害委托人的利益。因此，控制股东应以公司的利益优先考虑，当自身利益与公司利益发生冲突时应予以充分公开和披露并谋求与公司的沟通与妥协，而不得利用其控制地位为自己或他人牟取利益。

由此可见，忠实义务的产生同样意味着控制股东没有绝对表决和行使影响力的自由，在这一点上是与注意义务的要求完全相同的。忠实义务是维护公司利益的主要手段，也是控制股东对少数股东承担的信义义务的主要内容。控股股东的注意义务应当伴随在公司的整个经营运作过程之中，即整个公司的存续过程中。公司在面临收购时，各方的利益冲突会集中表现出来，此时尤其需要控制股东的信义义务起作用，以便对控制股东的行为予以约束。具体来说，公司收购过程中，目标公司控制股东的行为在以下几个方面要受到注意义务的约束与规则。

a. 控制股东在公司收购过程中作出行为应基于善意。当控股股东自身的利益和其他利益主体的利益发生冲突时，应对其他利益主体的利益予以充分考虑，而不能仅仅考虑自身的利益，实施对公司其他利益主体利益有害的行为。避免在收购中以牺牲其他主体利益为代价谋取自己的私利。

b. 以正常的谨慎之人应有的谨慎去履行义务。控制股东在收购中作出的有关决策和行为，应当达到一个谨慎之人在类似的情况下的注意程度。

c. 控制股东在公司收购过程中作出行为时必须采用合理的方式，即以最有利于公司的方式履行其注意义务。目标公司控制股东在公司收购过程中利用其控制地位及实际操纵公司管理层的优势，能够控制公司有关决策并决定采取何种方式或态度应对收购，如是否决定采取反收购措施等。信义义务从本质上要求控制股东在作出行为时，必须以合理的方式作出，即以最有利于公司的方式作出行为。如果实施反收购可以使公司和中小股东利益最大化，控股股东就不能只为自己的利益阻碍采取反收购措施，否则即可认定为违反了注意义务。

微观规范上，公司收购中控制股东的忠实义务表现在如下几个方面：

第一，欺诈行为之禁止。控制股东的欺诈行为一般有三种方式，(1) 侵吞公司财产；(2) 侵吞公司其他成员财产；(3) 对违反董事义务的行为不予追究。[1] 上市公司收购过程中控制股东为欺诈行为并不鲜见，目标公司控制股东的欺诈行为表现如违反信息披露规则、操纵目标公司股价等方面。这些行为将严重影响其他利益主体在收购过程中的决策和行为选择，并直接或间接损害其利益，而控制股东往往据此中饱私囊。依照忠实义务之本质，微观规范应当明确规定目标公司控股股东在公司收购过程中，不得为欺诈行为。

第二，限制关联交易。关联交易（connected transaction）是关联企业或关联人之间形成的交易行为，一般而言指某一特定公司或其附属公司与其关联企业或关联人之间形成的交易。我国财政部1997年制定的《企业会计准则——关联方关系及其交易的披露》及该准则关于关联交易的披露指南，都把关联交易称为“关联方交易”，国际会计准则《IAS24——关联方披露》中称为“关联者之间的交易。”其基本含义是相同的，即指“在关联方之间发生转移资源或义务的事项，而不论是否收取价款。”司法实践中，我国最早对关联交易加以规则的是《股票发行与交易暂行条例》。[2] 随着公司法律规则的体系更新，我国《企业所得税法》《税收征收管理法实施细则》《商业银行与内部人和股东关联交易管理办法》《保险

---

[1] 赵旭东：《新旧公司法比较分析》，人民法院出版社，2005 年版，第 59 页。

[2] 见该条例第 59 条。

公司关联交易管理暂行办法》，以及我国新修订的《公司法》对关联交易给予比较系统和全面的规定。但是，由于我国长期以来实行的计划经济体制，缺乏市场经济的运作经验，在关联交易的有关规则上也没有成熟的实际经验，导致关联交易的立法存在许多漏洞，如对企业集团内部的管理交易没有规定、对公司高管无偿占用公司资产及内部职工的非市场化关联交易也没有加以规范等，从而导致“使公司或下属企业不公平地负担了机会成本”❶。

关联交易有别于一般的市场交易行为，它在实践中表现出的复杂性使得判断是否构成关联交易的标准备受争议。实践中逐渐认识到，判断关联交易的核心在于对交易背后控制权的认定。从关联交易的行为特征和行为本质分析，这种交易行为带有以下特点：

首先，控制人意志操纵下的基本自我交易。关联交易中虽有双方或多方当事人，但是始终是控制人的意志在主导交易的过程，交易形成的合同、协议及具体的交易行为只是体现了控制人的意志和愿望。所以，关联交易尤其是不公平的关联交易（实际的关联交易行为极少具有公平性），违反了平等与自愿真实的合同原则。《法国民法典》第1108条规定了契约有效的四个条件，首先就是“分担债务的当事人的同意”。各国民法的规定大多如此。关联交易中当事人受控于控制人的单方意志，没有平等的地位，也谈不上自愿真实的意思表示。同时，关联交易违反了双方代理原则。“代理人为本人而与自己为法律行为，或一人为两者之代理人而为法律行为者，为双方代理。双方代理，利益必相冲突，故就原则上而言，应为法律所不许。”❷ 典型的关联交易是在控制人的安排下达成的，此种交易犹如控制人左手与右手之间的交易，应属无效。另外，关

❶ 何美欢：《公众公司及其股权证券（上册）》，北京大学出版社，1999年版，第538-540页。

❷ 梅仲协：《民法要义》，中国政法大学出版社，1998年版，第144页。

联交易从根本上违反了合同或双方法律行为的基本含义，“合同是当事人之间产生、变更、终止民事权利义务关系的意思表示一致的法律行为”[1]。表面上看，关联交易是发生在两个或两个以上的当事人之间，但实际只是控制人一方的决定，控制人的意志取代了交易对手方的意愿，从根本上违反了合同的基本法律含义。所以，“关联交易表面上发生在两个或两个以上当事人之间，实际上却只有一方决定”[2]。故属于“基本的自我交易”[3]。

其次，本质上的非市场交易行为。关联交易行为需要市场行为作为掩盖其内容违法的方式，在市场交易行为的外表下避开意思表示一致的交易过程。所以，大多数对关联交易进行法律控制的国家均将关联人权益公开和信息披露作为基本的控制方法，学界也认为这样可以有效控制关联交易的数量和不公平程度。

本质而言，关联交易是关联企业或关联人之间利益冲突的行为，因此其公平性需要法律规则予以保障。上市公司收购过程中，目标公司控制股东有可能通过关联交易损害其他利益主体的利益。虽然我国现行的有关法律法规对公司关联交易尤其是上市公司关联交易作了较为详尽的规定，如关联交易的信息披露等，但现实中，对公司中小股东、债权人等其他利益主体来说，并不能完全掌握控制股东及收购人的背景，不能知晓二者之间的关系。[4] 关联交易方出于业务整合、转移资产或其他目的，往往实施相互收购行为。为了达到其目的，在实际收购过程中，往往采用规避法律的行为，进

---

[1] 王利明、崔建远《合同法新论·总则》，中国政法大学出版社，2000 年版，第 7～8 页。

[2] ［美］罗伯特·C. 克拉克，胡平等译：《公司法则》，工商出版社，1999 年版，第 117 页。

[3] ［美］罗伯特·C. 克拉克，胡平等译：《公司法则》，工商出版社，1999 年版，第 126 页。

[4] 姜玉梅、邱泽龙：《公司收购中目标公司控股股东的信义义务研究》，载王保树主编：《公司收购：法律与实践》，社会科学文献出版社，2005 年版，第 237 页。

而可能损害其他利益主体的利益，如限制其他收购者的进入、拒绝采用反收购措施等，但控制股东并没有告知其他利益主体，这显然违反了其所负有的忠实义务。基于利益衡量，控制股东在关联交易中应当负有保证公平交易的义务，微观规范应当对此明确配置。在关联交易时，微观规范要求控制股东须保证关联交易对公司是公平的，或者控制股东得到了无利益关系的股东的事先授权或者在向无利益关系股东披露了该交易的利益冲突情形后得到了他们的批准，并且该交易也没有构成对公司财产的浪费。[1] 这对于避免控制股东利用关联交易损害公司或中小股东的合法权益是必要的。

2.4 违信责任之微观规范

有学者认为，在《上市公司收购管理办法》通过前，我国法律对董事在反收购中的信义义务并没有作出实质性规定[2]。事实上，对于董事高管的该项义务的微观规范设计，我国修改前的《公司法》和《证券法》中虽然没有采取专条的形式集中规定，但是在某些法条中也包含了英美公司法中所规定的董事义务，如修改前的《公司法》第 103 条规定了股东大会的职权范围，从而间接地对董事的职权作出限制：股东大会决定公司的经营方针和投资计划（这使董事高管不通过股东大会决议无权擅自处分公司重大资产）；对公司增加或者减少注册资本作出决议（董事高管无权擅自决定增发新股或者股份回购）；修改公司章程（董事高管无权修改公司章程为公司收购设置障碍）。这些规定表明，董事高管在面临收购时，

---

[1] 邓小明：《控制股东义务法律制度研究》，清华大学法学博士学位论文，第 77 页。

[2] 范旭斌：《论对目标公司管理层反收购行为的法律规则》，载《江苏教育学院学报（社会科学版）》，2000 年第 1 期。

应当依法履行其信义义务，而不能为求自保，超出自身权限任意采取反收购措施。在 2006 年《上市公司收购管理办法》通过后，我国立法对规则董事义务做了进一步完善。该《上市公司收购管理办法》第 32 条明文指出，目标公司董事会可以通过发布建议股东是否采取接受收购要约的公告进行反收购；第 33 条对董事会的职权进行具体解释，对董事反收购的权限作出了原则性的界定。这些原则性的规则都表明，目标公司董事在采取反收购措施时，应受其对公司相应义务的限制。中国证监会在《〈上市公司收购管理办法〉修订说明》中指出，对于管理层存在《公司法》第 147 条、第 149 条规定不履行信义义务情况的，禁止收购上市公司。[1]

然而，我国公司立法对董事高管的信义义务的微观规范仍不够完善，在有些地方甚至存在立法盲点。如新《公司法》在第 148 条规定董事和经理等高级管理人员的忠实义务："董事、监事、高级管理人员应当遵守法律、行政法规和公司章程，对公司负有忠实义务和勤勉义务。不得利用职权收受贿赂或者其他非法收入，不得侵占公司的财产。"但此条文的第 2 款只是规定了忠实义务，缺乏对注意义务的详细规定，这不利于董事高管信义义务的全面履行；《上市公司收购管理办法》虽制定了反收购的诸多条款，但与我国股份全流通时代的公司收购的发展趋势相比仍显滞后；该《上市公司收购管理办法》规定了目标公司的董事不得针对收购行为采取损害目标公司及股东合法权益的做法，但对其他相关反收购措施的运用及董事相关义务如何履行都没有具体的规定，实务中明显缺乏有操纵性的微观规范。违信责任制度的弱化和缺失，可能导致董事高管信义义务的虚无化。微观规范的滞后，必然导致对目标公司董事制约方法的弱化，不利于我国公司治理的完善，也不利于对上市公

[1] 中国证监会：《〈上市公司收购管理办法〉修订说明》，载《中国证券报》，2006 年 5 月 23 日，第 A19 版。

司收购的法律控制。对控制股东的违信责任的规定存在同样的问题。

从微观规范的建构而言，要解决公司的高管和控制股东因强势地位而可能带来的滥用权力的问题，在对其课以信义义务的基础上还应明定违反该义务所招致的违信责任，以有利于主体之间的利益衡量。但怎么确定这些控股制东的责任呢？笔者认为，对公司高管与控制股东的违信责任的承担，以坚持过错与连带责任为前提。公司高管与控制股东的违信责任以过错为基础，主要是这些人员的在收购中因故意或者过失未尽到信义义务而导致对中小股东利益损害。连带责任的规则路径是考虑到实践中公司高管与控制股东协同行动的关系，即由于故意或过失未尽到信义义务导致的中小股东利益损害，控制股东与公司高管的行为常常是协同的，所以应当承担连带责任。我国《证券法》第 69 条在立法上已经采纳这一理念，该条规定："发行人、上市公司公告的招股说明书、公司债券募集办法、财务会计报告、上市报告文件、年度报告、中期报告、临时报告以及其他信息披露资料，有虚假记载、误导性陈述或者重大遗漏，致使投资者在证券交易中遭受损失的，发行人、上市公司应当承担赔偿责任；发行人、上市公司的董事、监事、高级管理人员和其他直接责任人员以及保荐人、承销的证券公司，应当与发行人、上市公司承担连带赔偿责任，但是能够证明自己没有过错的除外；发行人、上市公司的控股股东、实际控制人有过错的，应当与发行人、上市公司承担连带赔偿责任。"

控制股东违信责任的认定标准如何界定呢？学界对控制股东的责任依据何种标准存在争议，主要有四种标准：一是欺诈标准。该标准认为，控制股东在行使控制权过程中必须具有欺诈行为或其他不道德的商业行为的意图或者动机。二是商业判断规则，即只要控制股东的行为是依据合理的理由作出的，控制股东就应该免责，否则要承担民事责任。三是合法程序标准。该标准要求控制股东行使控制权时必须符合程序的规定，违反程序规定就构成权力滥用。四是利益损害标准。该种标准认为追究控制股东的责任应该以控制股东履行信义义务造成其他利益主体损害为依据。这几种标准各有存在的道理[1]。笔者认为，对控制股东责任的确定，要看到尽管他也是出资人，不同于公司董事高管，但他是公司的实际控制者，对这种责任的认定不能完全依据公司董事的标准，但也不能对其责任的标准处罚太轻，否则会导致他对控制权的滥用。所以如何在二者找到一个平衡，是微观规范构建所要解决的问题。基于此，以“利益损害”作为标准似乎较为妥当，因为如果控制股东对中小股东没有造成利益损害，即使存在滥用控制权的情况，也难以追究其责任。

2.5 信义义务之规范初衷

信义义务及违信责任的微观规范构建对于在公司收购中维持各个主体的利益衡量起到重要作用，是在利益冲突剧烈的收购活动中实现实质正义的基本的制度平台。公司高管“并非总是追求投资者利益的最大化”[2]。控制权转移可以带来许多预期收益，如通过对控制权的转让，可以让买方在新公司中安排自己的管理人员，从新的公司治理中继续获得自己的收益。所以，买方更愿意获得公司的控制权，收购人及其公司高管更愿意促使收购交易的成功。由于公司中存在的委托——代理机制，传统公司法认为董事才是公司的实际控制人，因此认为只有限制公司董事高管在不公正的利益冲突中的行为才能防止损害公司和中小股东的利益，法律却对控制股东的

❶ 姜玉梅、邱泽龙：《公司收购中目标公司控股股东的信义义务研究》，载王保树主编：《公司收购：法律与实践》，社会科学文献出版社，2005 年版，第 238 页。

❷ ［美］弗兰克·伊斯特布鲁克、丹尼尔·费希尔，张建伟、罗培新译：《公司法的经济结构》，北京大学出版社，2005 年版，第 126 页。

行为没有详细要求。但是公司控制股东的地位是不可忽视的，在控制股东行使控制权时，董事高管只是其代言人。因此，控制股东对公司的信义义务类推于董事对公司的义务要求。制度构建更应该考虑到控制股东在上市公司中所应承担的义务与责任。如果将损害中小股东的赔偿责任主体限定为公司的高管人员，这仅仅是事情的表象，控制股东作为实际侵权人躲在高管的身后，这恰恰是控制人愿意看到的情况。而且，实践中董事高管也很难对此进行赔偿，实务中也缺乏可操作性，不利于赔偿责任的真正实现。所以，笔者认为，在存在控制股东的公司，对他们的滥用控制权的行为，当然应该由控制股东承担对公司股东的赔偿责任。以关联交易为例，美国法院的判例认为：对于关联企业从事的不正当交易行为来说，仅控制股东才属于真正的责任承担人，“由于股份的全部或大部分由特定股东所有，公司的营业政策、财务、运营只是处于该控制股东的完全控制下，从而在有问题的交易中公司不具有自己独立的意思和存在；……控制股东的这种控制力用来欺诈、犯罪和其他法律上义务的违反或者侵害对方权利的不公正行为上”，故其行为后果应当归于“该控制股东”。[1]

对公司高管和控制股东而言，信义义务是制衡其强势地位的微观规范设计。公司在资本多数决原则的基础上运作的，控制股东比中小股东在资本运营中承担了更大的风险，自然也要求享有更多的权利。如果信义义务在公司中规定过于苛刻，势必会影响控制股东在公司中的决策，影响公司的经营运作进而影响资本市场的发展，此时的信义义务成为挥舞在控制股东头上的大棒。反之，如果信义义务规定得过于宽松，无法起到对公司高管和控制股东的制衡作用，就可能成为控制股东装饰门面的花瓶。在这两者之间，微观规

[1] 董安生、何以等：《关联交易法律控制问题研究》，中国政法大学出版社，2012年版。

范需要作出利益衡量的综合考量。针对控制权人的信义义务规则仅仅是关联企业行为控制制度的基础，并且它只具有概括调整作用；它仅以抽象的方式说明：控制权人以不公平关联交易方式或者利益冲突方式从事不当行为的义务违反之本质。因此，对于违反信义义务行为的实际法律控制还必须求助于更为具体的法律规则和制度。[1] 从利益衡量的微观规范建构而言，应当积极完善相关的微观规范设计、建立切合实际的控股股东的责任与义务体系以及相关的公司客观行为的评估体制、完善公司的监事制度、建立真正有效的监督体系，这些都是今后在微观规范建构中需要完善的内容，也是一个利益衡量的建构方向。

[1] 董安生、何以等：《关联交易法律控制问题研究》，中国政法大学出版社，2012年版。

一个人相信可以通过腌制，而另一个人相信通过泡制来使自己的思想长久；似乎两个人都没有打错算盘。

——弗里德里希·尼采[1]

第3章 弱势主体利益衡量之微观规范

3.1 中小股东之微观规范

上市公司收购的实质在于目标公司控制权的转移，从经济学的角度看，控制权的转移本质上就是公司控制利益的转移。在这个重大利益的转移过程中，无论是在收购公司还是目标公司，中小股东都处于明显的弱势地位。收购公司的股东相对于公司高管而言无疑处于弱势的地位，如果经营者盲目地通过收购扩张公司规模而不计公司收购的成本—收益核算，在收购失败之后，最后是收购公司的股东为此买单。但是，对于收购公司股东的弱势地位只能从加强公司内部监督管理、完善公司治理的角度予以救济，而规则上市公司收购的法律制度不仅不能救济收购公司的股东，反而可能由于实行了收购者信息

[1] ［德］弗里德里希·尼采：《尼采全集》，中国人民大学出版社，2014年版，第411页。

公开和强制要约期间制度而使得竞争更加激烈，使收购者被迫付出最高的价格，因而增加收购者犯错误的危险。[1] 从而导致收购公司股东被迫为收购行为承担更高的风险。本书主要讨论的是上市公司收购微观规范对于维护主体之间利益平衡所起到的作用，而不是专门探讨公司治理，所以下面重点讨论目标公司的中小股东的弱势地位。

如前所述，目标公司的股东可以分为控制股东和非控制股东，我国公司法理论界已经习惯于把目标公司股东分别称为控制股东和中小股东。中小股东，一般指持股比例相对较低，无法决定公司董事会的部分或者全部人选，也无法决定公司的经营管理或者难以对公司的经营管理产生重大影响的股东。某种情况下，某些大股东如机构投资者，也可能因为不关心经营而不属于控制股东，所以也可以归入这里的中小股东的范畴里面。中小股东在公司经营管理中的弱者地位，在公司收购过程中也同样存在。“在证券市场高度发达的今天，公众投资者日益增多，他们往往没有足够的时间、精力和财力去获取上市公司的信息，从而成为证券市场中的弱者。”[2] 在上市公司收购中，目标公司的广大中小股东更是处于严重的信息不对称之中。目标公司的中小股东在信息的拥有以及投资的判断能力上与收购人及目标公司的控制股东都存在很大差别，具体表现在以下方面：第一，在信息的占有上，目标公司的中小股东没有收购人掌握的信息资料充足。收购人在作出收购目标公司的决策以前，往往动用各种必要的手段对目标公司进行细致的调查，尽力获取目标公司的各种信息以帮助收购人作出客观理智的判断。这就使收购人掌握了大量的目标公司信息。反观目标公司中小股东，常常对迫在眉睫的收购一无所知，理性的漠然和股东之间“搭便车”现象使得中小股东对收集公司信息缺乏激励。第二，在对信息的分析能力上，

---

[1] 张开平：《英美公司董事法律制度研究》，法律出版社，1998 年版，第 136～139 页。

[2] 吴高臣：《论上市公司收购中一致行动的法律规则》，载《法律科学》，2001 年第 4 期，第 85 页。

收购人也明显处于优势。在收购过程中要对目标公司的股票价值作出一个较为准确和客观的估价，必须对各方面的信息作精心的分析，而这需要大量的专业知识和技能，因此，收购人在决定采取收购之前大多聘请金融、投资、法律、市场策划及评估等方面的专家作为顾问，对目标公司的各种信息作详细分析，所以，当收购人决定发动收购时，对目标公司的股票价值往往就有了一个较为准确的判断。而目标公司的中小股东作为普通投资者，其本身的专业知识有限，而其财力及其所持有的股份的数量都使其不可能聘请专家做顾问。[1]另外，大多数中小股东由于自身原因往往对上市公司的控制能力和欲望比较小，普遍存在“搭便车”的从众心理，也不想参与上市公司的经营管理；中小股东人数众多，比较分散，持股数量往往也不大，很多时候难以形成统一的意见和行动。信息缺失而又怠于收集，更不愿对信息研究和分析，这种不对称使目标公司中小股东在收购中几乎没有机会作出自己的选择，更多的是希望与公司高管对收购的建议相协调，或者看看其他股东的态度。这种信息状态与收购人的强大（信息优势及精心安排的收购计划）相比，只能是弱者。当然中小股东中也不乏关注并研究公司信息者，但是就总体而言，中小股东显然处于弱者地位。基于此，微观规范的构建应当充分体现利益衡量的规范价值。

3.2 中小股东权益之微观解构

3.2.1 中小股东在收购中的失衡地位

在整个上市公司收购过程中，收购人和目标公司经营管理者双

[1] 张舫：《公司收购法律制度研究》，法律出版社，1998年版，第100页。

方围绕目标公司的控制权展开了一场激烈的争夺战。在这场错综复杂的交易背后，目标公司的中小股东与收购人及公司高管相比，在地位上已经失去了平等。首先，在对收购采取何种态度至关重要的信息占有和分析能力上，收购者与目标公司股东之间存在着不公平。前文已述，不再赘言。其次，在讨价还价的能力上，目标公司股东之间存在不公平。不管是公开的恶意收购，还是私下的协议收购，目标公司的大股东凭借其持股的优势，有较强的与收购者讨价还价的能力，而中小股东却没有这种力量。[1] 中小股东对收购人更是无法进行价格谈判，面对收购他们好像只有随波逐流。最后，在对待收购的态度上，目标公司高管与中小股东之间存在着不公平。收购的成功与否，关系到现任董事高管地位的去留，董事高管为了保住自己的已有的高位，往往不惜采取有损中小股东权益的措施来阻止收购，而中小股东对这样滥用控制权的行为却无能为力。同时，高管代表着目标公司控制股东的利益，常常与控制股东的要求协同一致，在收购中只谋求控制股东的利益最大化而牺牲中小股东的利益。可见，公司收购带来的利益冲突，原有的规范对于权利义务分配不足以保护中小股东的权益，有必要对收购中地位不平等、权力失衡的状况构建更为具体的微观规范，以实现各方总体上的利益衡量。

3.2.2 中小股东的利益损害

中小股东在收购中利益受损是与其弱势地位密切相关的。利益冲突的格局中，弱势地位主体的利益承受着更大的风险，这种风险往往比资本市场本身的系统性风险来得更突然，给中小股东造成的利益损害也更大。上市公司收购的发展历程也充分说明了这一点。

[1] 张舫：《公司收购法律制度研究》，法律出版社，1998 年版，第 101 页。

具体而言，中小股东所遭受的利益损害有以下两种。

3.2.2.1 收购中的利益损害

首先，中小股东无法决定股份的价格，也难以选择出售股份的合适时机。弱势地位使得中小股东无法了解手中股份的真实价值，也无法与收购人讨价还价，基本处于被动地位。尤其是当控制股东以协议方式出售股份时，中小股东无法获得同样的优惠待遇和较高的收益。与强势地位的主体相比，中小股东很难做到在高价位出售股份以实现利益的最大化，反而会由于对形势的错误判断而错过许多良机。

其次，对目标公司高管的行为缺乏制约手段，尤其是在目标公司管理层发动反收购的情况下。收购行为发生后，面对目标公司管理层滥用控制权、浪费公司资源和商机、实施不利于公司发展和中小股东利益的反收购行为时，中小股东往往只能做一个旁观者。[1]

3.2.2.2 收购完成后可能的损害

收购人完成了对目标公司的收购后，成为目标公司新的控制人，目标公司中未出售股份的中小股东可能受到“新主人”的侵害。在资本多数决的表决机制下，股东的表决权与其所持股份的数量成正比，拥有多数股份的控制股东当然拥有了更多的发言权。控制股东凭借股东大会表决形成决议，将自己的意志合法地变为公司的意志。控制股东往往不惜牺牲公司与中小股东的利益，实现其自身利益的最大化。尤其是涉及利益分配时，控制股东会想方设法对没有接受收购要约出价的中小股东进行利益排挤，以达到自己最大限度地享有权益。法律规定此时“收购人有义务收购目标公司的剩

---

[1] 宋一欣：《涉及上市公司的收购行为与中小股东的权益保护》，王保树主编《公司收购：法律与实践》，社会科学文献出版社，2005年版，第201页。

余股份。"[1] 我国证券法也规定，当收购期限届满，上市公司股票终止上市交易的，其余仍持有被收购公司股票的股东，有权向收购人以收购要约的同等条件出售其股票，收购人应当收购。[2] 这从法律上规定了收购完成后对中小股东的保护。但也应该看到，虽然我国《公司法》中股东诉讼制度与相应的民事赔偿制度等微观规范的建构有了很大改进，但仍显不足，这导致了中小股东在自身权益受到非法侵害时，无法得到法律上有效的救济。

3.2.2.3 中小股东权益保护的必要性

我国《证券法》第 85 条规定："投资者可以采取要约收购、协议收购及其他合法方式收购上市公司。"表面看，收购只是一种证券买卖行为，但在资本多数决原则下的公司决策机制中，股份数量的积累会带来质的变化——获得对公司的控制权。上市公司收购就意味着公司控制权的转移。我国新修订的《公司法》《证券法》及《上市公司收购管理办法》都以控制权转移作为基本的规范构建的立法路径。在公司控制权转移的过程中，收购人与目标公司的中小股东地位的失衡、目标公司的大股东与中小股东的实质不公平以及目标公司高管为求自保而侵害中小股东权益的现象经常发生。中小股东的弱势地位意味着其合法权益容易受到侵害，对于中小股东的保护必须以微观规范作为依托。所以，保护中小股东利益是上市公司收购微观规范中一个重要的场域。

股东是构成公司的组织细胞。股东出资并参与公司经营活动，其根本目的在于实现资本增值，实现利益最大化。在股份日益分散的状况下，中小投资者已经成为资本市场的重要组成部分，如果忽视对中小股东权益的保护，势必挫伤广大中小投资者的积极性，使

---

[1] 施天涛：《公司法论》，法律出版社，2006 年版，第 494 页。
[2] 《证券法》第 97 条。

许多有投资意愿的人望而却步，从而在根本上危及公司的股份制并阻碍资本市场的健康发展。市场经济首先是法治经济，理性的市场主体应当在法律规则的范围内依法合规经营。保护中小股东的利益就是保护资本市场本身。上市公司收购制度无疑是涉及中小股东权益保护问题最多的制度之一，因此，必须对上市公司收购中目标公司中小股东的权益保护给予足够的重视，赋予中小股东应有的权利，通过微观规范的设计来平衡各方的利益冲突，以维护资本市场的稳定与繁荣。

首先，中小股东所处的弱势地位需要给予必要的保护。目标公司的控制股东和中小股东之间地位失衡，而中小股东难以通过有效的自我救济维持与控制股东基本的利益均衡，需要从微观规范设计上给予特殊的保护。

其次，对中小股东合法权益的保护是保护资本市场的需要。通过对处于弱势地位的中小股东的权利保护实现对投资者的保护，促进资本市场的健康发展。尽管中小股东在股份公司中所持股份比例相对较少，但是，正是这些大量的分散资金一定程度上支持了大规模的股份公司的运作。因此，为了保护投资者的信心和利益，就必须保护中小股东的合法权益。作为投资者中占很大一部分的中小股东，他们的投资权益如果得不到有效的保障，从资本市场中得不到收益，就会丧失投资热情，从而退出参与市场资金的融通。在我国，目前大多数公司中的大多数中小股东都是普通的工薪阶层，他们的投资资金都是从消费资金中省吃俭用积累起来的，有的人投资资金甚至是多年的积蓄。如果他们的合法权益受到非法侵害而得不到有效的保护，必然会影响他们投资的积极性，不利于资本市场的发展壮大。[1]

最后，保护弱势群体是现代法治的价值取向。现代社会中对弱

[1] 杨健：《上市公司收购中的中小股东保护研究》，吉林大学硕士论文，第16页。

势群体的利益表现出更多的人文关怀，在法律规则上也更多地体现了这种价值取向。尤其是当弱势群体与强势群体利益冲突的时候，微观规范应当在设计上进行规范控制，以实现权利和义务的总体平衡。在上市公司收购中，中小股东处于明显的弱势地位，其利益保护的问题自然也应受到关注。中小股东虽然人数众多，但在股份数量、对信息的占有与分析能力、权利的自我救济等方面处于相对弱势地位，需要在微观规范上给予必要的保护。

总之，上市公司收购中目标公司中小股东的权益保护至关重要，关系到社会公众对资本市场的支持和信心。为了保障我国证券资本市场的健康发展，使经济良性、健康地发展，必须建立并加强中小股东利益保护机制，在利益衡量的微观规范基础上实现公平与正义。

3.3 微观规范的中小股东权利配置与救济

目标公司的股东享有的权利可以概括为五种，即知情权、公平交易权、股份买取请求权，股份出让自由权以及诉权（直接诉权与股东代表诉讼的权利）[1] 在利益冲突的格局中，对中小股东的上述权利给予制度层面的强调是必要的，因为控制股东自有其主张权利的优势和便利，而中小股东主张权利往往要承受许多的不便与障碍。中小股东的知情权，有信息披露制度予以保障，这为《证券法》和《上市公司收购管理办法》等相关法律所认可和强化，信息披露义务贯穿了上市公司收购的全过程。从条文看，信息披露的法律规则是比较健全的。但值得指出的是，每一次收购都获得股东大

[1] 刘俊海：《公司收购与中小股东保护》，载王保树主编：《公司收购：法律与实践》，社会科学文献出版社，2005 年版，第 14 页。

会的核准，无论从收购成本还是收购成功的可能性方面考虑都是不切合实际的，因此《香港公司收购与合并守则》只规定了以下两种情况的收购需要出价人股东的核准：其一，如果收购人的任何一名董事具有利益冲突，应当同执行人员进行磋商，而且依出价和冲突的重要性而定，可能需要独立的咨询意见和独立的股东核准；其二，在公司打算出价收购其控股公司股票的情况下，适用同一程序[1]。所谓公平交易权，指目标公司的中小股东与控制股东在公司收购中应当处于平等的地位，包括形式意义和实质意义上的平等。英国《城市守则》第 3 条第 2 款规定："如果在公开收购要约期间，收购者或一致行动的人以高出公开收购要约的价格购买了被收购公司的股份，那么收购者必须马上宣布修改收购要约，修改后的要约价格不能低于此价格。"其第 6 条规定："当一个要约被合理的认为是在收购的意图之中时，如果潜在的收购要约者获得潜在的被收购公司的股份，那么任何随之而来的收购者或一致行动的人，或以收购者的利益，对同一等级的股东发出的一般要约，应不少于这些有利条件。"即在公开要约收购以前，收购者有收购一个公司意图的股份购买行为，也受此原则的限制。在强制要约发生时，《城市守则》对这一原则的规定更为明确："在本条规定下发生的收购要约，就包含其中的每一等级的股份而言，必须是不比在这以前 12 个月内被收购者或一致行动人付给同一等级的股份低的现金或现金替代物。"[2] 我国《证券法》第 88 条的规定也体现了对中小股东公平交易权的保护："通过证券交易所的证券交易，投资者持有或者通过协议、其他安排与他人共同持有一个上市公司已发行的股份达到百分之三十时，继续进行收购的，应当依法向该上市公司所有股东发出收购上市公司全部或者部分股份的要约。收购上市公司部分股份

[1] 《香港公司收购与合并守则》第 2.4、2.5 条。

[2] 张舫：《公司收购法律制度研究》，法律出版社，1998 年版，第 116～117 页。

的收购要约应当约定，被收购公司股东承诺出售的股份数额超过预定收购的股份数额的，收购人按比例进行收购。”股份买取请求权，我国《证券法》第 97 条规定，收购期限届满，被收购公司股权分布不符合上市条件的，该上市公司的股票应当由证券交易所依法终止上市交易；其余仍持有被收购公司股票的股东，有权向收购人以收购要约的同等条件出售其股票，收购人应当收购。所谓股份转让自由权就是股份的转让自由，但值得注意的是，这种转让权利是属于中小股东的个人权利[1]。上述微观规范的设计都是为了保障中小股东的权利，也是证券市场的持续健康稳定发展的基本要求。对中小股东而言，在上市公司收购中最现实的是确保自己手中的股份获得公平的价格，同时，在自己的合法利益遭受侵害时选择有效的救济方法保护自己的权益，所以，从微观规范而言，股东的股份收买请求权、强制收购请求权以及诉权对中小股东具有更现实的意义，下文分述之。

3.3.1 异议股东股份收买请求权之微观规范

3.3.1.1 股份收买请求权的概念及其特征

所谓“异议股东股份收买请求权”（repurchase rights for dissent shareholders），又称为“异议股东评估权”（appraisal rights for dissent shareholders），或者称为“评估权”（appraisal rights），是指不同意某些公司重大交易（major corporate transactions）的股

[1] 在“郑百文”的重组案件中，收购人的资金紧缺，控制股东与董事会串通一气签订协议要求中小股东无偿转让所持股份的 1/3 给控制股东。笔者认为，该协议是违法的，股东大会无权处分股东个人所持有的股份；同时也违反了中小股东股份自由转让的原则，侵害了中小股东的权利。关于此分析也可参考刘俊海：《公司收购与中小股东保护》，载王保树主编：《公司收购：法律与实践》，社会科学文献出版社，2005 年版，第 14 页。

东，请求公司以司法程序确定的反映股份价值的价格购买其股份的权利。[1] 公司的重大交易通常是指公司的合并、章程修改和股份交换。

作为保障股东合理的退出权的机制，异议股东股份收买请求权具有以下特征：[2]

第一，法定性。异议股东收买请求权的法定性，是指异议股东股份收买请求权的适用范围须由法律明文规定，只有在法律明文规定时才适用异议股东股份收买请求权。这表明，不是在任何情况下股东都享有异议股东股份收买请求权，只有在特定交易中，股东才享有这种权利。异议股东股份收买请求权的法定性体现在两个方面：一是异议股东股份收买请求权适用范围的法定性，即在什么情况下股东才可能享有异议股东股份收买请求权；二是异议股东股份收买请求权行使程序具有法定性，即股东在行使异议股东股份收买请求权时必须依照法定的程序，否则可导致异议股东股份收买请求权的丧失。

第二，公平性。异议股东股份收买请求权的公平性，是指通过法定程序对股东股份的价值予以公平评估。异议股东股份收买请求权的实质是股东要求公司以公平价格回购其股份的权利。当公司发生特定交易时，这种交易须得到股东大会同意。如果某一股东或者某些股东或者某类股东对公司的特定交易表示反对，不同意的股东可以要求公司以公平价格回购其股份，从而退出公司。

第三，排他性。异议股东股份收买请求权的排他性，是指异议股东一旦选择了异议股东股份收买请求权作为救济手段后，一般情况下不能再提起公司行为无效的诉讼。即是说，有权行使异议股东股份收买请求权而从公司获得对其股票的现金支付的异议股东，不得再次对引起其异议股东股份收买请求权行使的公司行为提出异议。排他性规定的好处在于，它可以阻止少数股东滥用诉权破坏公

[1] Robert Charles Clark, Company Law, Little Brown Company, 1986, p443.

[2] 施天涛：《公司法论》，法律出版社，2006 年版，第 554 页。

司的预期目标。但是异议股东股份收买请求权的排他性也不是绝对的，而是有条件和有限制的。如果公司行为具有违法性或者欺诈性，异议股东股份收买请求权的行使并不排斥其采取其他救济手段，如提起公司行为无效之诉。譬如，在公司合并交易中，如果合并行为本身是违反法律或者具有欺诈性时，已经行使了异议股东股份收买请求权的异议股东仍得针对该交易提起无效之诉。

3.3.1.2 股份收买请求权的理论基础

赋予异议股东以股份回购请求权，对其理论基础学界有如下主要观点。

第一种，期待利益落空说

即股东对公司进行投资后，有权期待公司的人格及特定的经营特征保持一种持续性，如果公司的人格及特定的经营特征发生根本改变，股东的期待就会落空，因此持异议的股东有权退出。

第二种，剩余财产分配权说

即股份回购请求权来源于公司解散时的剩余财产分配权。在公司合并中，股东选定的投资对象（被合并公司）将不复存在，股东依据公司解散时的剩余财产分配权，理应有收回投资的权利，至于是否接受另一公司的股份，股东有权为独立的意思表示，多数股东不能代之选择。

第三种，不公正行为救济说

即公司发生合并时，股东可能会受到不公正对待，为了克服这种风险，应当赋予异议股东以股份回购请求权。

第四种，悔改机会说

异议股东的股份回购请求权，可对经营者的不良商业决策起警戒的作用。公司经营者对公司合并的安排，有时并不以公司的最佳利益为目的。股份回购请求权的存在，可使经营者重视持异议的小股东的意见，对其不良商业决策重新予以考虑。

上述学说各自有其道理，也各自存在缺陷与不足。剩余财产分配权说不能解决公司合并原有公司财产转移的情形，一概地认为是依据公司解散时的剩余财产分配权，显得勉强。不公正行为救济说似乎完全割裂了股东投资于公司的基础，也不符合实际情况。而且，在很多情况下，股东投资于公司，并不参与公司的经营与管理，将会受到不公正待遇也就无从说起。而悔改机会说也是人为地臆想公司的所有兼并或者分立等行为都是不以公司最佳利益为目的，误导了在很大程度下公司兼并与分立乃是为了公司长远发展的事实。对于这些学说，笔者更倾向于赞同期待利益落空说。因为这种请求权的行使具有特殊性，即该请求权是在公司合并或者分立、资本的减少等情形中发生的。无论公司分立还是合并、还是增资与减资，[1] 都会对公司经营造成一种风险，基于这种风险的存在，股

[1] 我国《公司法》第 75 条规定了有限责任公司中的异议股东股份回购请求权："有下列情形之一的，对股东会该项决议投反对票的股东可以请求公司按照合理的价格收购其股权：（一）公司连续五年不向股东分配利润，而公司该五年连续盈利，并且符合本法规定的分配利润条件的；（二）公司合并、分立、转让主要财产的；（三）公司章程规定的营业期限届满或者章程规定的其他解散事由出现，股东会会议通过决议修改章程使公司存续的。自股东会会议决议通过之日起六十日内，股东与公司不能达成股权收购协议的，股东可以自股东会会议决议通过之日起九十日内向人民法院提起诉讼。"《公司法》第 143 条规定了股份公司收购自己股份的例外情形，"公司不得收购本公司股份。但是，有下列情形之一的除外：（一）减少公司注册资本；（二）与持有本公司股份的其他公司合并；（三）将股份奖励给本公司职工；（四）股东因对股东大会作出的公司合并、分立决议持异议，要求公司收购其股份的。公司因前款第（一）项至第（三）项的原因收购本公司股份的，应当经股东大会决议。公司依照前款规定收购本公司股份后，属于第（一）项情形的，应当自收购之日起十日内注销；属于第（二）项、第（四）项情形的，应当在六个月内转让或者注销。公司依照第 1 款第（三）项规定收购的本公司股份，不得超过本公司已发行股份总额的百分之五；用于收购的资金应当从公司的税后利润中支出；所收购的股份应当在一年内转让给职工。公司不得接受本公司的股票作为质押权的标的。"其中，第 1 款第（四）项所针对的是股份公司的异议股东股份收买请求权的规定。同对有限公司的规定相比，股份公司的异议股东股份收买请求权的适用范围仅仅限于股东大会作出的公司合并、分立决议持异议的情形。

东有权改变原来投资行为。但是，因为在法定期间内股东的自由转让股份的权利被中断，只有向收购者行使股份收购请求权。

3.3.1.3 股份收买请求权在我国现行法上的适用

如上所述，异议股东的股份收买请求权仅仅限于股东大会作出的公司合并、分立决议持异议等法定情形。在上市公司收购中可能涉及的也只是股东大会作出的公司合并的决议。为此，需要先分析公司合并和公司收购的关系。[1] “合并是将两个以上的公司按照法律规定及契约约定变成一个公司的法律行为。”[2] 根据我国《公司法》第 173 条，“公司合并可以采取吸收合并或者新设合并。一个公司吸收其他公司为吸收合并，被吸收的公司解散。两个以上公司合并设立一个新的公司为新设合并，合并各方解散。”与合并类似的概念是“兼并”（merger），《大不列颠百科全书》对兼并解释为：“两个或更多独立的企业、公司合并组成一家企业，通常由一家占优势的公司吸收一家或多家公司。公司合并的方法：A、用现金或证券购买其他公司的资产；B、购买其他公司的股份或股票；C、对其他公司股东发行新股票以换取其所持有的股权，从而取得其他公司的资产和负债。”[3] 1989 年 2 月 19 日国家体改委、国家计委、财政部、国家国有资产管理局联合颁布的《关于企业兼并的暂行办法》规定：“本法所称企业兼并，是指一个企业购买其他企业产权，使其他企业失去法人资格或改变法人实体的一种行为，不通过购买办法实行的企业之间的合并，不属于本法规范。企业兼并主要有以下几种形式：① 承担债务式，即在资产与债务等价的情况下，兼并方以承担被兼并方债务为条件接收其资产；② 购买式，

[1] 官以德：《上市公司收购的法律透视》，人民法院出版社，1999 年版，第 6～9 页。

[2] 江平：《公司法教程》，法律出版社，1987 年版，第 65 页。

[3] 北京思源兼并与破产咨询事务所：《中国企业兼并与破产手册》，经济管理出版社，1993 年版，第 4 页。

即兼并方出资购买被兼并方企业的资产；③ 吸收股份式，即被兼并企业的所有者将被兼并企业的净资产作为股金投入兼并方，成为兼并方企业的一个股东；④ 控股，即一个企业通过购买其他企业的股权，达到控股，实现兼并。”

通过对上述“兼并”的解释，可以得出以下微观的解构结论：首先，兼并的结果是占优势的企业吸收其他企业，使后者失去法人资格，显然，兼并就是我国《公司法》第 173 条规定的“吸收合并”；其次，通过购买其他企业的股份达到控股可以实现兼并。可见，如果被兼并企业是上市公司，又是通过公开要约或私下协议方式购买其股份，则这种控股式兼并就是我国《证券法》规定的上市公司收购。由此可见，上市公司收购只有在出现公司合并的情形下，才能够适用《公司法》第 173 条的规定，而且，需要股东对股东大会作出的公司合并的决议不服才可以要求公司收购其股份。我国《证券法》第 99 条规定：“收购行为完成后，收购人与被收购公司合并，并将该公司解散的，被解散的公司原有股票由收购人依法更换。”此时的被收购公司股东也可以行使股份收买请求权。

3.3.2 强制收购请求权之微观规范

我国《证券法》第 97 条规定：“收购期限届满，被收购公司股权分布不符合上市条件的，该上市公司的股票应当由证券交易所依法终止上市交易；其余仍持有被收购公司股票的股东，有权向收购人以收购要约的同等条件出售其股票，收购人应当收购。收购行为完成后，被收购公司不再具备股份有限公司条件的，应当依法变更企业形式。”该条第 1 款规定了股东的强制收购请求权，又称强制受让股份提起权。强制受让股份提起权，是指收购期限届满，被收购的上市公司股权分布不符合上市条件，股票在证券交易所终止了上市交易，其余仍持有被收购的上市公司股票的股东向收购人提出以收购要约的同等条件出售其股票，收购人必须收购的权利。

当收购人持有或者通过协议、其他安排与他人共同持有的被收购的上市公司的股份使该公司的股权分配不符合上市的时候，即公开发行的股份低于公司股份总数的25%，这意味着收购人已经完全控制了被收购的上市公司。此时仍持有目标公司股票的股东，已经处于明显的少数。收购人作为被收购的上市公司的控制股东或者实际控制人，有可能会利用优势地位损害目标公司中小股东的利益。本条规定收购期限届满，被收购的上市公司股票分布状况不符合上市条件，股票在证券交易所终止了上市交易，其余仍持有被收购的上市公司股票的股东向收购人以收购要约的同等条件出售其股票，收购人必须收购。从微观规范而言，这就给少数股东提供了合法有效的退出机制，有利于保护目标公司中小股东的利益。

强制受让股份提起权行使的条件是被收购的上市公司的股票终止了上市；行使的时间是收购期限届满后；行使的主体是收购期限届满后仍持有被收购的上市公司的股票的股东；强制受让股份提起权行使的内容是向收购人提出以收购要约的同等条件出售其股票给收购人；强制受让股份提起权行使的法律效力是收购人必须依收购要约的同等条件收购股东的股票。[1]

《证券法》第97条的规定虽然有利于保护中小股东，但没有规定中小股东行使该权利的时间期限，这样显然不利于实践操作。《上市公司收购管理办法》对期限是这样规定的："在收购行为完成前，其余仍持有被收购公司股票的股东，有权在收购报告书规定的合理期限内向收购人以收购要约的同等条件出售其股票，收购人应当收购。"[2] 这里的"合理期限"是以收购报告书规定的合理期限为

---

❶ 徐明、黄来纪：《新证券法解读》，上海社会科学院出版社，2005年版，第150～151页。

❷ 《上市公司收购管理办法》第44条。

准的。但是，2002 年 11 月 28 日我国证券监督管理委员会发布的《公开发行证券的公司信息披露内容与格式准则第 16 号——上市公司收购报告书》中并没有对“合理期限”的强制性规定，只是在第 39 条笼统地规定应当披露“是否计划继续购买上市公司股份，或者处置已持有的股份”。这就意味着对收购人对合理期限的披露是可以选择的，可以定一个期限，也可以不定。2014 年 5 月 28 日，中国证监会修订的《上市公司收购报告书（2014 年修订）》中，后读计划的期限为 12 个月。[1] 如果收购人没有对强制收购请求权指定一个合理期限，目标公司中小股东主张权利就没有依据。笔者认为，这不仅与《上市公司收购管理办法》规定合理期限的宗旨相违，同时也会造成实务中操作的困难，需要在微观规范上尽快予以明确。

3.3.3 股东诉权之微观规范安排

微观规范设计中，股东的诉讼权利包含有两种：股东直接诉讼的权利和股东间接诉讼的权利。

3.3.3.1 股东直接诉讼

所谓股东直接诉讼，是指股东为了自己的利益向公司或其他侵犯自己利益的人（包括公司的大股东、董事、监事和职员）提起的诉讼。我国《公司法》对股东直接诉讼和间接诉讼都作出了规定。《公司法》第 20 条规定，公司股东应当遵守法律、行政法规和公司章程，依法行使股东权利，不得滥用股东权利损害其他股东的利益。公司股东滥用股东权利给其他股东造成损失的，应当依法承担赔偿责任。这里虽然没有明确规定股东可以提起诉讼，但该条规定

[1] 参见中国证监会〔2014 年〕25 号公告。

显然已经为股东提起损害赔偿之诉提供了足够的诉讼理由。[1]《公司法》第 153 条规定，董事、高级管理人员违反法律、行政法规或者公司章程的规定，损害股东利益的，股东可以向人民法院提起诉讼。该条是关于股东直接诉讼的法律依据。

3.3.3.2 股东代表诉讼[2]

股东代表诉讼（Shareholders' Representative Action）在英美法系习惯上称之为股东派生诉讼或股东衍生诉讼（Shareholders' Derivative Action），是指当公司合法利益受到侵害而又怠于或拒绝以诉讼手段追究侵害人的责任时，适格股东以自己的名义代表公司对侵害人进行的诉讼。它为普通法系首创，经大陆法系吸纳从而具有了世界影响。普通法系的法官历史上曾经把这种诉讼看作是双层的复合之诉，即股东对公司之诉与对损害公司利益的第三人之诉的双重诉讼。延宕至今，实务中虽然作为一案审理，但仍习惯于把公司列为诉讼被告。股东代表诉讼确认了以下责任机制：股东有权代表公司提起诉讼，追回第三人给公司造成的损失。各国公司法对此制度几乎都有设计，虽然规则内容各有千秋，立法本意却如出一辙：为股东权益提供法律救济，客观上也有助于公司治理的完善。秉承这一理念，我国新《公司法》第 150 条和第 152 条相互衔接，确立了股东代表诉讼制度，无疑是我国公司法建设的里程碑。但该制度的设计也同时暴露了内在的缺陷性，给实务操作带来困难，主要表现在有关规则原则性太强，不利于实务中操作适用；相应的司法解释没有及时跟进，造成法律适用上的局部空白。

股东代表诉讼作为一种使侵权行为人对公司承担赔偿责任的诉讼机制，制度设计的功能主要体现在事后权利救济和事前监督两个

---

[1] 施天涛：《公司法论》，法律出版社，2006 年版，第 436 页。

[2] 刘凯：《股东代表诉讼配套制度的完善》，载《法学杂志》，2008 年第 2 期。

方面。一是事后权利救济功能。当公司受到不法行为的侵害，而公司却又怠于行使诉权时，符合法定条件的股东即可以自己的名义对不法侵害人提起诉讼，以维护公司的利益并间接地维护股东自己的利益，从而实现其救济功能。二是事前监督功能。现代公司在“所有”与“经营”相分离的运营下，实际上成为了“董事的公司”“经理的公司”或者“控制股东的公司”，广大的小股东则被排除在公司的权力运作之外。没有了其他股东的掣肘，这些公司的控制者常常有为所欲为，滥用权力谋一己之私。确立股东代表诉讼制度，通过司法权对公司的权力活动进行审查，有利于抑制上述人员滥用权力谋取不当利益，促使其恪尽职守，从而最大限度地为公司牟取利益，起到了监督公司经营的作用。从二者的关系来看，事前监督功能是事后权利救济功能的延伸。随着股东代表诉讼日益成为公司中小股东保护自身利益的一项重要诉讼机制，各国已逐渐认识到了股东代表诉讼制度的功能，并不断推动其在理论和实践中的发展，使之成为“公司监控之利器”。❶

我国公司法要适应国际上公司法的现代化和统一化的发展趋势，要为公司参与国际经济的竞争提供强有力的保护，就应该顺应当代公司法在中小股东权益法律保护问题上的发展态势，借鉴、吸收和消化两大法系国家公司法的成功经验，明确规定对中小股东的各种微观规范。我国公司法的修订已经迈出建立股东代表诉讼制度的第一步，新修订的《公司法》第152条规定：“董事、高级管理人员有本法第150条规定的情形的，有限责任公司的股东、股份有限公司连续180日以上单独或者合计持有公司百分之一以上股份的股东，可以书面请求监事会或者不设监事会的有限责任公司的监事向人民法院提起诉讼；监事有本法第150条规定的情形的，前述股东可以书面请求董事会或者不设董事会的有限责任公司的执行董事

❶ 刘连煜：《公司法原理》，中国政法大学出版社，2002年版，第103页。

向人民法院提起诉讼。监事会、不设监事会的有限责任公司的监事，或者董事会、执行董事收到前款规定的股东的书面请求后拒绝提起诉讼，或者自收到请求之日起 30 日内未提起诉讼，或者情况紧急、不立即提起诉讼将会使公司利益受到难以弥补的损害的，前款规定的股东有权为了公司的利益以自己的名义直接向人民法院提起诉讼。他人侵犯公司合法利益，给公司造成损失的，本条第 1 款规定的股东可以依照前两款的规定向人民法院提起诉讼。”可以说，此规定从一定程度上弥补了我国相关微观规范的空白，建立了我国股东代表诉讼制度的雏形。该条款在股东代表诉讼制度的以下几个方面作出了规定：其一，原告股东的资格条件。该法第 152 条第 1 款对派生诉讼中作为原告的股东作出持股期限和持股比例的限制，即派生诉讼的原告必须是有限责任公司股东、股份有限公司连续 180 日以上单独或者合计持有公司百分之一以上股份的股东。实际上，对有限责任公司股东和股份有限公司股东是区别对待的，前者所有股东都有权提起股东代表诉讼，而后者则必须满足持股期限和持股比例的要求。其二，对股东代表诉讼的被告范围进行了规定。在派生诉讼中，为了保护股东正当权益，派生诉讼被告规定的一般比较宽泛，既包括公司的董事、监事、控制股东，也包括公司内部的高级管理人员，还包括公司之外的第三人。其三，该法对股东诉讼的前置程序进行了规定。即股东在向人民法院提起派生诉讼之前必须先以书面形式请求监事会、不设监事会的有限责任公司的监事向人民法院提起诉讼；监事执行公司职务时违反法律、行政法规或公司章程的规定，给公司造成损失的，股东可以书面形式请求董事会或不设董事会的有限责任公司的执行董事向人民法院提起诉讼。基于微观规范的设计，我国新构建的股东代表诉讼应当注意以下几个方面。

第一，股东代表诉讼的前置程序。股东代表诉讼的前置程序也称“竭尽公司内部救济原则”，是指股东在提起诉讼前，必须向公司董事会、监事会或监察人提出请求，要求公司提起直接诉讼，只有在董事会、监事会或监察人接到该请求，经过法定期间而未提起诉讼的情况下，股东才有权提起代表诉讼。在提出股东代表诉讼之前，股东负有向公司提出请求，要求公司对侵权行为人提起诉讼的义务。公司只有在怠于或者拒绝行使诉权的前提下，股东才可代位行使诉权。前置程序表明，股东代表诉讼是代位诉讼和代表诉讼的统一。问题的关键可能是由谁来控制公司的起诉权和追诉权，是股东还是董事会？在微观规范的设计上，依照公司法上所有权与经营权相分离的原则，如果允许股东不需要理由就越过董事会迳行起诉，势必侵犯其经营权，也有悖于商业判断规则的法理基础。然而，由于两大法系国家公司法的规定不同，股东在向公司提出正式请求时的要求存在差异。

在英美法系国家，由于法律规定对致害人提起诉讼的主体是公司董事会和公司股东会，股东在代位公司提起股东代表诉讼之前，必须首先向公司董事会提起请求，要求他们对致害人提起诉讼；如果董事会不能或不愿以公司名义起诉的话，则应向股东会提出请求，要求对致害人提起诉讼。只有董事会或股东会不愿行使诉讼提起权时，股东始可代表公司提起股东代表诉讼。美国联邦程序法第 23.1 条规定：起诉者尤其要宣称，他已经作出了努力，去获得公司董事会或其他类似的权力机构对此种诉讼的许可，以及他没有获得此种许可或没有努力获得此种许可的理由。[1] 美国《示范公司法》第 7.42 条规定：股东在满足下列两个条件之前，不得启动股东代表诉讼程序：(1) 已向公司提出要求其采取适当措施的书面请求；(2) 自发出书面请求后经过了 90 日，除非公司提前通知该股东请求已被拒绝，或者等待 90 日届满将会给公司带来难以弥补的损害。

要求股东在提起股东代表诉讼之前首先向公司、董事会提出相

[1] [美] 罗伯特·C. 克拉克，胡平等译：《公司法则》，工商出版社，1999 年版，第 532 页。

应请求，主要是基于如下四点理由：（1）根据现代公司法所有权与经营权相分离的理念，公司事务的经营决策权集中由董事会来行使，公司的经营管理是委托给董事会而不是股东，一般而言，是否对他人提起诉讼属于董事商业判断（business judgment）的事项，如同公司决定是引进牛奶还是啤酒生产线一样。（2）符合诉讼经济的原则。一方面，经股东请求，董事会有可能采取诉讼外的其他救济措施来达致救济的效果，即采取非诉讼的纠正措施，从而避免不必要的诉讼；另一方面，如果董事会关于决定不予起诉的经营判断产生法定约束力的话，则法院就避免了对董事经营判断权力范围内的事项进行不必要的审查。这两种情况均可导致诉讼成本的降低。（3）使董事免受有讼癖的股东之滋扰，这些股东对正常的商业决定可能也要指手画脚，股东非理性的诉讼行为可能给公司带来直接的经济损失或者造成公司品牌价值之减损。（4）有利于阻却纯为个人目的的“strike 诉讼”，即那些企图通过私了而肥自己腰包的无理由的诉讼。[1]

英美法学者认为：“起诉前的请求程序旨在‘首先给公司接管以其自身名义提起的诉讼的机会，进而使董事得以恢复其作为公司事务管理者的正常地位。’允许公司接管股东代表诉讼也有一些操作上的好处：公司管理阶层可能处在一个更有利的地位来寻求其他替代救济，使问题不必通过费时、费力的诉讼得到解决。对董事会判断和决策的尊重，也会阻却那些纯为私利而提起的在实体上根本站不住脚的诉讼。另外，若诉讼确实可行，公司也因其财力和对有关交易更为了解的优势，从而能在提起和继续诉讼方面做得更好”。[2] 不过，对于股东而言，如果受到控告的不适行为人控制了董事会，或者，如果董事会对有关事项有重大利益，则对董事提出

[1] ［美］罗伯特·C. 克拉克，胡平等译：《公司法则》，工商出版社，1999 年版，第 532 页。

[2] Lewis v. Graves，701 F. 2d 245，247-48（2d Cir. 1983）. 转引自张明远：《股东代表诉讼法律制度研究》，法律出版社，2002 年版。

正式请求的要件即可免除；如果不适行为人占有公司的大多数股份，实现有利于股东的行为是不可能的，或者如果股东的数量特别多，要求股东承担在毫无希望的情况下所支出的费用是不合理的，或者，所诉行为是不能由股东予以追认的行为，向股东们提出正式请求毫无用处的，所以向股东会提出正式请求的要件可免除。对此，大陆法系国家一般都有更加明确的微观规范，例如，日本商法第 267 条规定：如果因为经过前置程序所要求的期间而有发生对公司的不可恢复的损害之可能时，股东可以直接提起代表诉讼。

我国新《公司法》第 152 条的微观规范也设计了提起代表诉讼的前置程序：即对董事、高级管理人员主张损害赔偿，原告股东需书面请求监事会或者不设监事会的有限责任公司的监事向人民法院提起诉讼，对监事主张上述赔偿责任，原告股东需书面请求董事会或者不设董事会的有限责任公司的执行董事向人民法院提起诉讼，只有在上述被请求主体收到前款规定的股东书面请求后拒绝提起诉讼，或者自收到请求之日起 30 日内未提起诉讼时，原告股东才能为了公司的利益以自己的名义直接向人民法院提起诉讼。在微观规范的设计上，新法规定股东提起代表诉讼前要先竭尽内部救济，同时规定了 30 日的等待期，而且还规定了前置程序免除的情形：情况紧急、不立即提起诉讼将会使公司利益受到难以弥补的损害时，可以免除前置程序。只是何谓“情况紧急、不立即提起诉讼将会使公司利益受到难以弥补的损害”，仍需作进一步的解释，以便于适用。对此应有具体的司法解释予以界定，而且应尽可能用列举的方式把需要界定的免除前置程序的情形明确化，尽可能避免用比较抽象的原则性规定，以增加实务中的可操作性。

第二，股东代表诉讼制度的诉讼担保问题。股东代表诉讼制度是为了维护股东的利益所创设的制度，如同其他制度一样，该项制度也有其相反的一面，即也会出现股东为了妨碍公司的运作而提起股东代表诉讼，使公司疲于应付，造成股东代表诉讼之滥用。各国为了防止股东滥用代表诉讼提起权又创设了费用担保制度，即在股东代表诉讼中，法院根据被告的申请要求某些具备一定条件的原告股东交存公司或者其他被告一定金额的、为应付诉讼所可能支付的合理的费用（包括律师费）的保证金。原告股东提起代表诉讼后，视具体情况法院可应当事人的请求，命令原告股东为公司或被告参加诉讼的费用提供担保，一旦原告败诉，则公司或被告为参加该诉讼而支付的费用可以从原告提供的担保金额中获得赔偿。微观规范上，设立诉讼费用担保制度的目的在于运用利益的调节机制来抑制股东滥诉，避免那些对公司毫无价值的诉讼的发生，以确保公司的正常经营，也是一种利益衡量的规范思维。

目前，美国大约有三分之一的州已经制定出微观规范，要求股东代表诉讼的原告可能要为被告的花费提供担保，公司法或有关担保方面的法律一般要求股东为有关诉讼方面的费用（cost）提供担保，包括公司因为对被告承担责任而花费的赔偿以及有关代理律师的费用。例如纽约等几个州以原告股东的持股比例及所持股份的市场价值为标准，规定了原告股东应提供诉讼费用担保的最低界线，而加利福尼亚州则规定仅在有限的几种情形下原告股东需提供诉讼费用担保。即使如此，有时费用还是数额惊人，达到上千万美元。为此，公司法允许小股东寻求其他小股东的帮助，让他们介入有关的诉讼，共同为有关的诉讼费用提供担保，或者能够达到美国 1969 年《示范公司法》所规定的股份额，即拥有股份已超过股份总额的 1%或 25 000 美元而免除其担保责任。美国修订示范公司法废除了 1969 年示范公司法之规定，认为担保之提供仅在法庭认为有必要时才需要提供。所以现在诉讼担保一般依照被告的请求和法院的判定而发生。[1]

---

[1] 罗伯特·C. 克拉克，胡平等译：《公司法则》，工商出版社，1999 年版，第 557 页。

日本法与美国加利福尼亚州法相似，日本商法第267条规定：被告在证明股东提起诉讼系出于恶意时可以请求法院命令原告股东提供担保。所谓恶意，应当理解为明知不存在侵害公司利益的行为而提起诉讼。诉讼费用的担保同样是出于防止滥用股东代表诉讼提起权的目的而规定的。我国台湾地区“公司法”第214条第2款规定，法院因被告之申请，得令起诉之股东提供相应的担保。股东提起诉讼时，如因败诉，起诉之股东，对公司负赔偿之责。如所依事实显属虚构，经终局判决确定时，提起诉讼之股东对被诉董事因此所受损害负责赔偿。如所依事实属实，经终局判决确定时，被诉董事对起诉之股东因此诉讼所受损害负赔偿责任。相比较而言，我国台湾地区“公司法”中将是否责令原告股东提供担保的主动权完全交给了被告，被告无需证明原告有恶意或其他事实即可提出申请，这对于保护股东代表诉讼权的正当行使十分不利。

基于利益衡量的要求，股东代表诉讼中的费用担保制度应该在保护股东权益和防止滥讼之间予以平衡，不能人为地提高股东代表诉讼开始的门槛，将广大的中小股东拒之于权利保护的门外。在以上诸立法例中，美国加利福尼亚州和日本的立法模式更为可取。我国在对股东代表诉讼制度完善时宜参考该模式对诉讼费用担保制度规定如下：股东提起派生诉讼时，法院根据被告的申请，可以责令原告股东提供相应的担保，但被告提出这种申请时应当证明存在下列情况之一：(1) 原告所提起的诉讼不存在使其所在公司或其股东受益的合理可能性；(2) 原告所在公司之外的被告根本没有参与任何被起诉的行为；(3) 原告提起诉讼时具有恶意的其他情形。总之，在股东代表诉讼制度中适用诉讼费用担保制度，应当慎之又慎，从严掌握。我国新《公司法》没有诉讼费用担保制度，但《公司法解释草稿》第47条建议规定：“股东提起代表诉讼后，被告在答辩期间内提供证据证明原告存在恶意诉讼情形，申请人民法院责令原告提供诉讼费用担保的，人民法院应予准许，但担保数额应当相当于被告参加诉讼可能发生的合理费用。”此条微观规范同于日本立法例，对于防止诉讼权利的滥用有一定的作用。若能通过，对公司法无疑是一个有益的补充。但是，应当明确“合理费用”认定标准或者费用的范围，以便于遵照执行。同时，对原告存在“恶意”的认定也应当明确界定标准，防止因标准模糊导致股东诉讼无门，对公司治理和股东权益保护造成潜在的长期的不利影响，严重挫伤中小股东的积极性，对此，我国有许多教训值得汲取。

第三，股东代表诉讼的诉讼费相关问题。

首先是诉讼费用的计算标准问题。在股东代表诉讼中，如何计算诉讼费用，如何确定诉讼费用的负担问题，是与原告股东的利益休戚相关的重要问题，也关乎股东代表诉讼制度能否发挥其应有的作用。就世界其他国家和地区关于股东代表诉讼的诉讼标的额的计算问题而言，美国和我国台湾地区对其未作明确规定，日本在 1993 年修改《商法典》之前，对股东代表诉讼以财产请求权来收取诉讼费用，其导致的结果就是“股东代表诉讼自 1950 年被导入日本之后至 1993 年这段较长期间内没有被广泛的利用”，“究其原因有很多，其中最大的一个原因是代表诉讼定位财产请求权诉讼，原告股东起诉时须向法院支付较高额的案件受理费”。[1] 为了解决股东代表诉讼难的问题，日本在 1993 年修改的《商法典》的第 267 条中新设了第 4 项，该项规定“计算股东代表诉讼的价额时，应将诉讼请求看作是非财产上的请求。其诉讼费统一规定为 8200 日元”。

笔者认为，尽管股东代表诉讼涉及的多是损害赔偿诉讼，但在微观规范上，应该将其界定为非财产诉讼，而不是财产诉讼。因为股东代表诉讼作为民事诉讼的特殊形式，原告股东在起诉时应该预

---

[1] 周剑龙：《日本的股东代表诉讼制度》，载王保树主编《商事法论集》第 2 卷，法律出版社，1997 年版。

缴案件受理费和相关的诉讼费用。就案件的受理费而言，如果将股东代表诉讼视为财产案件并依据原告的请求额计算受理费的话，那么必然会增加原告起诉的难度，导致一般股东对代表诉讼望而却步，从而在客观上妨碍股东代表诉讼提起权的行使。而且，代表诉讼制度维护的是公司利益，即使代表诉讼获胜，原告股东也只能与其他股东和债权人共同间接地受益。法律若要求原告股东按其诉讼标的金额为准计算并预缴诉讼费用，那么，请求金额越高，原告股东的负担就越重，代表诉讼制度就会在事实上被否定。即使原告股东胜诉后，诉讼费用由被告承担，原告股东预缴的诉讼费用可以返还，一个小股东要临时筹借一大笔预缴的诉讼费用仍非易事。

在微观规范上，为减轻原告的负担，有效地解决起诉难的问题，我国有必要借鉴日本《商法典》的规定，将股东代表诉讼视为非财产案件，并规定原告股东只需缴纳少量定额的案件受理费。这样可以减少阻却诉讼提起的事由，鼓励股东提起股东代表诉讼。建议类推适用最高人民法院审判委员会第 411 次会议通过的《民事诉讼收费办法》关于非财产案件的规定。也许有人会担心此种做法会助长股东滥用代表诉讼制度，但这种担心是不必要的。因为代表诉讼原告资格制度、诉讼前置程序制度、诉讼费用担保制度等足以预防和减少股东无理滥诉，而不必在诉讼费用问题上再为原告股东增设一道门槛。

其次是诉讼费用的承担问题。一般而言，有关诉讼费用的通常原则是当事人各自承担自己的费用，但对股东代表诉讼而言则不同。原告胜诉后得到的补偿通常会归公司而不是作为原告的股东，再考虑到巨额的诉讼费用，股东很少会有激励提起代表诉讼。因此，股东代表诉讼费用的承担各国都采取有别于普通诉讼的特殊原则，总体而言，从各国、各地区公司法的规定看，都遵循了这样一个原则：如果原告胜诉，则由公司承担。例如，德国《股份法》第 147 条第 2、3 项规定，法院许可股东提起股东代表诉讼的，由公司承担诉讼费用。日本《商法典》第 268 条之 2 款规定：对于股东代表诉讼在胜诉的场合，被认为是为诉讼之必要而支出的非诉讼费用，包括律师费用，股东可以请求公司在其费用额度范围之内支付相当的数额。尽管公司不是股东代表诉讼中的原告，但由于原告通过诉讼为公司带来了金钱赔偿或者其他类型的实质利益，公司作为受益者，这样规定也是合理和公正的。同时，由于作为原告的在胜诉的情况下，可不必承担相关费用，所以在一定程度上也起到了鼓励股东行使诉权的作用。

那么，在原告败诉的场合，诉讼费用以及聘请律师的费用又如何承担？德国《股份法》第 147 条第 4 项规定：“少数股东请求主张赔偿请求权，并且公司因在诉讼中全部或部分败诉而应负担诉讼费用的，以费用超出因诉讼所取得的利益为限，此少数股东对公司负有偿还费用的义务。公司全部败诉的，此少数股东也对公司负有偿还公司因选任第 2 项第 3 款或第 3 项第 1 款的特别代理人所发生的诉讼费用以及偿还现金垫款和特别代理人的报酬的义务。”从该条的规定来看，在德国，如果提起股东代表诉讼的原告败诉的，诉讼费用实际上是由提起诉讼的股东承担的。除德国之外，其他各国的法律对此规定的不是十分明确，但从立法的精神来看，一般是由提起诉讼的股东自己承担的。但是，这样规定的合理性是值得怀疑的，一方面，善意的股东提起代表诉讼的目的并不在于谋求私利，而在于公司的利益或者说是全体股东的共同利益，因而在败诉时由提起诉讼的股东个人承担诉讼费用缺乏合理性，因此，这一规定没有考虑到作为原告的善意的股东在代表诉讼中败诉时的利益衡量的微观规范；另一方面，由原告股东承担诉讼费用，小股东也许会慑于高额的诉讼费用及律师费用的压力而不敢起诉，因为在法院作出判决之前，谁也不能保证己方定能胜诉。而一旦败诉，就要承担巨额的诉讼费用及律师费用，这在客观上无法为小股东提起股东代表诉讼提供激励，从而在根本上损害了股东代表诉讼制度创设之初衷。基于以上两点考虑，败诉时完全由原告股东承担诉讼费用是不可取的。当然完全由公司承担也有其弊端，因为这会导致一些小股东滥用诉权。在微观规范设计上，比较可取的方法是，审查小股东起诉时是否存有主观恶意，如果存有主观恶意，则应判其承担所有费用，否则，则应由公司承担一定比例的费用。建议我国公司法吸纳这一规则，或者在司法解释中给予必要的扩张解释。

再次是诉讼费用补偿制度问题。在民事诉讼中，原告胜诉时，其所缴纳的案件受理费等诉讼费用可由被告承担，但原告支出的律师费和其他合理费用，是无权要求被告补偿的。由于股东代表诉讼中原告胜诉时，利益直接归属于公司，这可能会对股东提起代表诉讼的积极性产生消极影响。为了调动原告股东提起诉讼的积极性，美国的司法判例首创了“诉讼费用补偿制度”，即只要诉讼结果给公司带来了实质性的财产利益或者成功地避免了公司所可能遭受的损失，原告股东就有权就其诉讼行为所支付的包括律师费用在内的合理费用请求公司给予补偿。[1] 目前该制度不仅为美国《模范公司法》所确认，而且也为修订后的日本《商法典》所借鉴。修改后的日本《商法典》第268条之第1、2款规定：对于股东代表诉讼在胜诉的场合，被认为是为诉讼之必要支出的非诉讼费用，包括律师费用，股东可以请求公司在其费用额度范围之内支付相当的数额。

我国新《公司法》尚欠缺诉讼费用补偿微观规范设计。笔者认为，为充分调动广大股东监督公司经营的积极性，有效地维护公司和股东的合法权益，在代表诉讼获胜时，原告股东除有权依据《民事诉讼法》从败诉的被告手中获得法定诉讼费用的补偿外，还有权请求公司支付律师报酬及其他必要费用，从而填补原告股东为获得

[1] 周剑龙：《日本的股东代表诉讼制度》，载王保树主编《商事法论集》第2卷，法律出版社，1997年版。

胜诉判决而支出的财产利益。至于公司对于胜诉原告的补偿，是否应以公司从胜诉判决中获得的财产金额为限？除非原告股东对于代表诉讼之提起心存恶意，为了获得可观的个人利益而就较小的诉讼标的而起诉，公司对于胜诉原告诉讼费用的补偿不应以公司获得的财产金额为限，这是由鼓励代表诉讼制度充分发挥功能的价值取向所决定的。尤其是当公司从胜诉判决中获得非财产性利益（如阻止侵害公司利益的非法行为）时，更无法对公司补偿原告的费用金额设定上限。至于公司补偿胜诉原告的费用，除包括律师报酬外，尚应包括交通费、食宿费、误工损失、复印费、电话费、电报费和电传费等不能从败诉被告获得补偿的费用。由公司补偿的费用必须是原告股东为获得胜诉判决而必须支付的合理费用。考虑到作为原告的股东胜诉，使得公司在整体上受益，即全体股东都从中受益，原告合理的费用可以由公司予以补偿。这样不仅解决了股东代表诉讼中的搭便车问题，而且符合公平的理念，因为所有股东都分享了原告胜诉的收益，因此也该分担该诉讼的成本。

发端于普通法系的股东代表诉讼制度（Shareholders' Representative Action）已经随着新《公司法》的颁行移植我国。从微观规范的内容安排可以看出，立法者力图把本土情况与该制度尽可能完整地结合起来从而减少法律成本，但仍有明显局限。适时出台相关的司法解释或许是可以考虑的选项之一，但在具体的可操作性的微观规范设计时，应当体现出利益衡量的规范价值。股东代表诉讼是对董事信义义务外部监督的重要措施，也是股东权利救济的方法。这一微观规范的设计，需体现出股东利益和董事职责间的利益衡量，既可以给股东在权益受损时以足够的救济，又要避免因股东诉讼给公司高管的经营运作带来负面影响，在利益衡量的微观规范设计中实现公司利益的最大化。

3.4 其他利益主体的权利配置之微观规范

3.4.1 利益视域中的利益相关者

利益相关者哲学认为，每个人都应当在他们与他们国家的未来之间保持一定的利害关系，都应该有奉献的机会，都应该有允许他们为自己和家人贡献一切的机会。对于个人乃至于社会来说，赢得这种利害关系是有好处的。尽管该利益相关者的内涵扩大了，不过，它的着眼点仍是经济组织。“利害相关道路向经济组织提供了一个重要原则：在制定长期投资决策时，必须努力验明所有受到决策影响的利益和个人。”[1] 利益相关者理论自其诞生就是和公司紧密地联系在一起的，据多德考证，公司应当对利益相关者负责的观念早在 1929 年就由通用电器公司的一位杨姓（Owen D・Young）经理在该年 1 月份的演说中反映出来，他认为不仅股东，而且雇员顾客和广大公众都在公司中有一种利益，而公司的经理有义务保护这种利益。

在关于利益相关者理论的讨论中，公司治理问题是最突出、最具有争议性的议题。人们积极探讨，公司为了什么而存在？它代表和应该代表谁的利益？谁是实际上的利益相关者？进而提出更重要的问题：现代公司管理者应该对谁负责？对于利益相关者的大多数倡导者来说，答案是必须包括比股东范围更广泛的利益相关者。“公司的目标不能只追求股东价值的最大化，还应考虑除了股东之外的其他利益相关者，如债权人、雇员等多方面的利益关系，因为

[1] ［英］加文·凯利、多米尼克·凯利、安德鲁·甘布尔，欧阳英译：《利害相关者资本主义》，重庆出版社，2001 年版，第 104 页。

他们都是特殊资源的拥有者，而这些资源对公司来说是举足轻重的，公司可视为人力资本和物质资本的联合体。”[1] 对于一个成功的公司来说，应该保证它们重要利益相关者的长远利益。公司应该从它的所有的利益相关者（而不仅仅是股东）的利益出发采取行动，这一观点是利益相关者理论社会概念的核心内容。人们不断从理论上探讨公司管理者应该追求什么的公司治理模式与目标，利益相关者一词最终在 20 世纪 60 年代得以产生。自此之后，大量利益相关者的理论以不同的政策形式得到发展。

将利益相关者理念运用到公司法中，使得利益相关者语境下的公司不同于传统的公司。在传统的公司中，董事的主要职责是对股东负责，股东是公司剩余索取权和控制权的绝对拥有者，公司的目标是实现股东利益最大化。利益相关者公司是基于以下认识：公司不单纯是实现股东利益最大化的工具，而且是将不同利益相关者群体的利益寓于其中的组织。在通常意义上，利益相关者公司的主要特点是，在这个公司里，所有与公司有利害关系的集团或个体在公司决策和确定发展方向时，都有发言权。利益相关者原则强调，公司应该在与利益相关者保持长期关系上进行投资，以便让所有与公司相关的人员都参与到公司活动中去，并为公司的成功作出贡献。

利益相关者理论的核心内容是，公司是各种投入的组合，是由不同要素提供者组成的一个系统。股东仅仅是资本的提供者，除此之外，债权人、经营者，特别是公司职工对公司都作出了专门化的特殊投资，他们提供的投资有许多是公司的专用资产，例如专用性人力资本，他们是公司的利益相关者，因而，他们对公司享有所有权并有权参与公司治理。公司经营除了要考虑股东利益外，还要考虑其他利益相关者的利益。公司经营不仅仅是为股东利益最大化服务，也应为利益相关者创造财富服务。利益相关者的理论基于公司

[1] 转引自刘俊海：《公司的社会责任》，法律出版社，1999 年版，第 35 页。

的社会责任理论。现代公司社会责任理论认为，公司不能仅以最大限度地为股东们赚钱作为惟一存在目的，还应考虑公司其他利害关系人的利益。其理论依据在于公司的经济力量及其推动社会权实现的社会义务。公司的社会责任，既包括商法上的社会责任，也包括商业伦理上的社会责任。前者的内容是有限的，后者的内容是无限的。正确处理公司社会性与营利性之间的辩证关系是推动公司法不断变革的动力。[1] 因此，被传统公司理论奉为金科玉律的“股东是公司所有者，公司经营者只对股东负责”的信条，被利益相关者理论打破了。这一理论体现着利益衡量的规范理念。公司在运作过程中与其他利益主体维系着彼此之间的利益关系，这一关系不仅仅关乎股东，其他的主体也与公司利益攸关，公司的经营目标和价值取向不能只是关注公司股东，也应当对其他主体的利益给予平衡的关切，尤其是在上市公司收购中，各种主体的利益在控制权转移中冲突剧烈，微观规范的设计也应当全面考虑各个主体的利益，尤其是对弱势主体的利益给予足够的保护，以实现规范层面的利益衡量。20 世纪 80 年代以来，随着利益相关者理论不断发展，该理论在公司治理和公司战略管理方面取得了一定成就。这使得我们可以采取一个全新的视角看待公司及其应负的责任，同时也可以深刻地体味到蕴含其中的利益衡量的微观规范构建理念。

3.4.2 债权人之微观规范

上市公司收购对目标公司债权人的利益有着重要影响。新控制股东的经营能力、经营业绩、经营策略、诚信度等，都与目标公司债权人的债权能否如期充分实现直接相关，特别是对那些未设立担

[1] 刘俊海：《公司法修改中的重大问题》，载《民商法前沿论坛第 3 辑》，2004 年 3 月第 1 版。

保的债权以及只设立信用担保的债权而言。债务人的变更对债权人债权的实现关系密切。但毕竟目标公司是以自身的资产对其债权人承担责任，因此，目标公司的债权人债权的实现与目标公司股东的资信关系不大，除非收购人收购并进而兼并目标公司，否则，即使债权人对新的控制股东缺乏信任，也没有理由要求提前清偿债务或要求提供额外的担保。公司收购中对债权人利益的保护主要体现在两个方面：第一，法律赋予债权人异议权；第二，法律规定因合并而消灭的公司的债权债务由合并后的存续公司或者新设公司概况承受；[1] 第三，赋予债权人监督公司经营的权利。公司经营的好坏将会对债权人的利益造成重大影响，所以，债权人对公司的收购活动的监督的动机是存在的，美国哥伦比亚大学教授斯蒂格利茨(Glitzy) 即持此观点。[2] 在公司收购中，债权人不能参与合并表决，因而，如果公司决定进行收购的话，债权人没有可以采取的法律措施制止合并。因此，法律为了保护债权人的利益赋予债权人异议权，规定债权人有权对公司合并提出异议，债权人提出异议时，公司应进行清偿或提供相应的担保。《公司法》第 174 条规定："公司合并，应当由合并各方签订合并协议，并编制资产负债表及财产清单。公司应当自作出合并决议之日起 10 日内通知债权人，并于 30 日内在报纸上公告。债权人自接到通知书之日起 30 日内，未接到通知书的自公告之日起 45 日内，可以要求公司清偿债务或者提供相应的担保。"可见，只要债权人按程序提出异议，该异议权就当然成立，公司即应对债权人债权进行清偿或提供担保。如果公司不适当履行债权人保护程序，将阻碍收购的进行。《公司法》第 175 条规定，公司合并时，合并各方的债权、债务，应当由合并后

[1] 施天涛：《公司法论》，法律出版社，2006 年版，第 525～526 页。

[2] 刘丹：《利益相关者与公司治理法律制度研究》，中国人民公安大学出版社，2005 年版，第 91 页。

存续的公司或者新设的公司承继。这就是说，因合并而消灭的公司，其权利义务应由合并后存续或新设的公司概括承受。所谓概括承受，指被合并公司全部资产和义务，包括动产、不动产、债权、知识产权及其他负债等，全部由存续公司或新设公司承受，承受公司无权进行选择，不得对债务的承受附加条件，更无权拒绝承担债务。微观规范上，被合并公司的作为债务人是以收购人和被收购的公司的所有资产作为其承担债务的保证，这样实际上是扩大了其债务责任财产的范围，债权获得了更大的受偿保证，实现了利益平衡，所以总体上对债权人来说是有利的。

3.4.3 职工权利之微观规范

目标公司员工利益在公司收购中也是极易受到影响的，这不仅是就业问题，更重要的是新控制股东可能带来的效益变化和职工利益直接相关。但一般来说，各国较少在意目标公司职工在公司收购交易中的地位。[1] 作为利益相关者的职工的利益存在被忽视的现象。公司不仅要追求股东利益，同时要维护利益相关者的利益，利益相关者最密切的要数员工。目前维护职工利益的有效办法就是让员工进入董事会、监事会，进入公司的内部控制的核心，直接参与决策管理与监督。所以，对职工的权利配置也是在上市公司收购中需要密切关注的问题。对职工权益配置的理论依据是劳动力产权理论。劳动力产权理论认为，生产资料的所有者和劳动力的所有者，他们都是生产要素的所有者，都是公司存在和发展不可缺少的基本成分。公司资本与人力的完美结合，股东拥有的是物质资本，即公司股份，劳动者支配的是人力资本。职工拥有的专业知识和专业技

[1] 刘俊海：《公司法修改中的重大问题》，载《民商法前沿论坛第 3 辑》，2004 年 3 月第 1 版。

能对公司是来说是特殊的人力资本，为公司创造了巨大的价值，而职工自身承担“专用性”技能难以转移的风险，因此职工应当得到应有的尊重和回报，应当参与公司的治理。劳动者与公司的关系不是雇佣关系，而是成员关系，都享有剩余索取权，这种权利配置有助于达成劳动者和投资者之间的利益平衡。[1]各国在微观规范上，都对职工参与公司中的地位与权利进行了规定，如德国的职工大会和企业委员会，瑞典的工厂委员会，美国的劳资委员会和工人委员会，日本的劳使协会，印度的工厂委员会和联合管理委员会等。这些机构可分为两类：一类是由劳资双方共同参加的劳资委员会或工厂委员会之类的组织，主要起沟通、咨询、协商作用；另一类是企业职工代表组成的，主要是对工资、福利、劳动安全等涉及劳动者切身利益的问题参与决策，也有不少国家规定职工可以对企业经济发展规划、财务等非劳动权益问题通过职工大会与企业取得沟通。现行《公司法》在公司并购时，对公司债权人的利益进行了较为全面的保护，在法律责任中，对收购公司课以较重的法律责任，即如若不按照《公司法》的规定通知或者公告债权人的，责令改正，对公司处以 1 万元以上 10 万元以下的罚款。[2] 但《公司法》对职工权益却没有设计微观规范。上市公司收购中，公司是否应该通知工会、职工，如何通知、收购对原劳动关系是否有影响、收购结束后公司对职工的后续安排以及收购如果给职工带来损失是否应予赔偿、如何赔偿及赔偿标准等涉及职工切身利益的问题皆未提及。在公司控制权转移过程中，各个利益主体的利益都不同程度地受到影响，弱势地位的职工也是如此，因此需要在微观规范的构建上给予保障，但相关制度微观规范的失位可能会对职工的利益带来消极影响。

---

❶ 施天涛：《公司法论》，法律出版社，2006 年版，第 525～526 页。

❷ 施天涛：《公司法论》，法律出版社，2006 年版，第 525～526 页。

笔者认为，上市公司在收购的制度构建中，职工的以下权利需要给予微观规范安排以保证其利益：

第一，知情权之微观规范。职工对公司收购中的重大经营决策的知情权和建议权，即通过定期举行的职工代表大会对包括企业资产重组方案、经营方向的重大调整、生产经营计划及其具体实施安排、公司财务预算和决算、企业中长期战略规划等重大经营决策具有知情的权利，对重大的收购行为具有建议的权利。收购中的具体安排如果涉及职工的切身利益，收购人和目标公司高管负有告知义务，应将有关事项及时告知职工并听取反馈意见，并据此适当调整关乎职工利益的行为和计划，以保障职工利益在收购中不受非法损害。

第二，参与决策权之微观规范。公司职工作为股东之外的利益相关者加入公司董事会，参与公司经营决策。职工董事、监事在任期内与其他董事和监事享有同等的权利，董事会不仅要对股东的利益负责，还要对职工等其他利益相关者的利益承担责任。董事会要确保对职工董事、监事的决策公开，不得对其隐瞒重大信息。股东并非公司的唯一利益关系人，非股东利益团体有权影响公司决策，有权分享公司的利益。因为长期的利益关系，也使得工人能够获得财产权利。[1] 上市公司收购中，职工对涉及自身利益的制度、规章应当具有决定权，对职工工资待遇、福利基金等有关职工生活福利重大事项的审议也应当具有决定权。《公司法》第 17、18 条规定：公司职工依法组织工会，开展工会活动，维护职工的合法权益。公司应当为本公司工会提供必要的活动条件。公司必须保护职工的合法权益，依法于职工签订劳动合同，参加社会保险，加强劳动保护，实现安全生产。国有独资公司和两个以上的国有企业或者其他两个以上的国有投资主体投资设立的有限责任公司，依照宪法和有

---

[1] 李炳安：《我国〈公司法〉的完善与职工权益保护》，载《福建论坛》，2005 年第 4 期。

关法律的规定，通过职工代表大会和其他形式，实行民主管理。董事会成员中应当有公司职工代表，由职工代表大会选举产生。职工依法通过工会和职工代表大会等机构了解公司的经营状况，并向公司提出意见和建议。工会参与公司管理有利于职工权利的维护，如职工的工资、福利、安全生产以及劳动保护等涉及职工切身利益的问题。职工代表大会有权获得公司经营状况的信息，参与公司决定生产经营的重大问题和制定重要的规章制度。职工董事、监事因故不能出席董事会、监事会会议时，有权委托其他董事、监事代为行使职权。决策参与权可以使职工了解公司的基本经营状况及未来的发展趋势，使公司的发展与职工利益更紧密地相互结合，真正实现公司利益与职工利益的平衡。

第三，监督权之微观规范。监督权是职工参加公司的监事会行使其监督公司决策的权利。《公司法》第 118 条规定："股份有限公司设监事会，其成员不得少于三人。监事会应在其组成人员中推选一名召集人。监事会由股东代表和适当比例的公司职工代表组成，具体比例由公司章程规定。监事会中的职工代表由公司职工民主选举产生。"职工代表进入到监事会后，行使监事的职责，和其他非职工监事拥有同样的监督权，有权检查了解公司财务，对公司董事高管执行职务的行为也有权进行监督等。监督权的行使有利于落实其他的职工权利，有利于及时制止侵害职工权利的行为，从而有利于在公司治理中体现职工利益，保障职工的合法权益。

3.5 公司乃利益之束

伴随着公司在市场经济中的迅速发展，公司法理论也在不断完善与更新。现代企业理论以合同或契约为切入点，以交易成本的节约为主要思想线索，对企业、公司法和证券法进行理论解构，试图发现微观规范背后的效率含义。这种研究路径为传统的公司法理论提供了一个全新的视角，引起理论界对公司法本质的争论和再认识。新制度经济学审视公司法的观点伴随着弗兰克·伊斯特布鲁克和丹尼尔·费希尔对公司法的经典论述迅速传播："从公司合同理论进行考察，公司法实际上就是一个开放式的标准合同，它补充着公司合同的种种缺漏，同时也在不断地为公司合同所补充。"[1] 他们把公司法视为合同法在公司法领域的延伸，或者说是合同法的特殊形式。公司是一系列合同的连结，包括同卖方签订的供应合同，同职工签订的雇佣合同，与银行和债权人的借贷合同以及与买方签订的销售合同等，这些合同可以是书面或口头的，也可以是明示和默示的。这就是对公司和公司法的合同解读。然而，把公司法置于合同的视野中，需要关注的是合同各方的利益，在微观规范构建上需要体现合同各参与方的利益。但是现实中的公司却并非仅仅与合同各方利益相关。公司作为社会的经济体，附着了许多利益关系，公司的经营运作和规划发展与他们利益攸关。仅仅给予合同的定位尚不能概括公司之上的利益关系，一个更为现实的视角是把公司看作各种主体结成的利益共同体。应当把公司相关主体的利益置于公司这个利益共同体中综合考量，对其中的利益冲突给予必要的微观上的平衡，对各方利益均体现合理的关怀，以实现利益衡量。公司不只是股东实现利益最大化的工具，不仅仅只是一个合同束。现代公司不仅是单一合同的产物，涉及多种利益主体，利益相关者概念的出现，打破了传统公司只是合同的观念。[2] 公司涉及多种利益主

[1] ［美］弗兰克·伊斯特布鲁克、丹尼尔·费希尔，张建伟、罗培新译：《公司法的经济结构》，北京大学出版社，2005 年版，第 28 页。

[2] 其实，公司合同论者，并不只是认为公司就是合同，而是将公司合同理论作为一个解释公司的本质的方法。正如学者所说，公司合同理论，"与其是解释了公司的本质，还不如认为它提供了一种解释公司的方法。"罗培新：《公司法的合同解释》，北京大学出版社，2004 年版，第 31 页。

体的结合，公司自成立起就是一个组织体，而且会作为承载许多利益关系的组织体继续存在，它是社会的一个组织细胞，应该负起必要的社会责任。基于利益衡量的规范视域，只有在微观规范上对各个利益主体给予均衡的利益关怀，才能实现公司利益的最大化，从而更好地在社会的和谐发展中实现公司的价值目标。

在这些众多的利益当中，无论是股东的利益、职工的利益、还是债权人的利益，都应该给以平衡的关注以实现公司利益最大化。不能只以某一利益的保护而损害其他的利益相关者。[1] 从微观规范的建构上看，“现行公司法表现出偏重和强化对债权人保护和对社会秩序的维护，而忽略和弱化对公司尤其是对股东利益保护的状态。从公司设立制度到公司管理制度，从资本制度到财务会计制度等绝大多数法律规则，往往都是基于对债权人的保护和交易安全的需要，而不必要地限制和约束了公司和股东的行为与选择。尤其是在最低资本额、法定资本制、股东出资形式和比例、股权退出与股份回购、公司减资等规定上表现得尤为明显”[2]。如果片面保护某种利益而忽视其他利益，可能造成其他主体利益的损害。西方国家的公司制度已经存在了四百年之久，“控制股东与非控制股东之间在漫长的博弈历程中逐步发现了各自的恰当位置和权利的内涵与外

[1] 当一个公司的董事会面临敌意收购时，有可能采取反收购措施，但股东认为收购将会导致股价攀升，而如果采取反收购则会导致收购不能成功，所以股东建议不采取反收购。但董事会虑及自己的位置的替代，所以以公司的员工、社区的工人等为借口开展反收购，这时董事会的借口是否成立呢？笔者认为，这就涉及利益衡量的微观问题。各利益相关者的利益是平等的，不能以某种利益反对另外一种利益的存在。而且，利益相关者的利益应该服从于更高的即公司的利益发展。刘俊海：《公司收购与中小股东保护》，载王保树主编：《公司收购：法律与实践》，社会科学文献出版社，2005 年版，第 16 页。

[2] 赵旭东：《公司法修订的基本目标与价值取向》，载王保树主编：《转型中的公司法的现代化》，社会科学文献出版社，2003 年版，第 66 页。

延”[1]。而我国的公司法制度的发展才历时短短的三十年历史，立法经验与技巧也相对滞后；同时又面临向市场经济转轨过程中各种利益冲突和制度惰性，法律移植也需要本土化的消化过程。这些都是我国公司法的微观规范构建所面对的场域。在保护股东利益和实现公司目标的原则下，对公司之上的各种利益给予平衡的规范调整，尤其是设计适当的利益衡量的微观规范，是对我国公司法规范设计的现实要求。

[1] 甘培忠：《公司控制权的正当行使》，法律出版社，2006年版，第3页。

鉴于效率原则在作为公平的正义中处于从属地位，我们就用不着特别担心对市场完善的不可避免的偏差。

——约翰·罗尔斯[❶]

第4章 要约收购利益衡量之微观规范

要约收购最早产生于英国，通常称为“Take-Over Bid”，在美国称为Tender Offer。布莱克法律词典解释为“一公司以取得另一公司的控制权为目的，根据自己需要购买的最少或最大的股份数量，通过报纸或邮寄（要约人如果能够获得他公司的股东名册，才能采用这种方式，这通常是在友好的要约收购情况下才可能发生）等形式直接向他公司股东作出的购买股份的要约”。[❷] 英国学者Weinberg认为它是“经常被用来实现收购或兼并的一种方式，它以要约的形式来购买一个公司的所有股份”。[❸]英国1986年《金融服务法》将收购要约简要定义为：收购一个公司的全部股份或者全部某一类或某几类股份（在要约之日已经为要约人持有的股份之

❶ ［美］约翰·罗尔斯：《正义论》，中国社会科学出版社，2006年，第310页。

❷ Black Law Dictionary，fifth edition，West publishing Co.，p. 1316.

❸ 江平、商文江：《我国公司收购的研究》，载《证券市场专家谈》，中国政法大学出版社，1994年版，第117页。

外）的要约，要约的条件对于要约所针对的所有股份应是相同的，或者当要约针对不同种类的股份时，对于每一类的所有股份应是相同的。英国《收购与兼并城市法典》（City Code on Takeovers and Mergers）第9.1条规定，收购人在下列情况下必须向目标公司所有股东发出收购要约：“（1）任何人获取（或与和他共同行动的人获取或持有的股份一起计算时获取了）一家公司30%或30%以上的表决权股份时；或（2）任何人（与和他共同行动的人一道）持有一家公司不少于30%但不多于50%的股份时，如果在12个月内独自或与共同行动者一道取得了超过2%有表决权的股份”。[1] 美国虽然通过《威廉姆斯法》对要约收购进行了专门规则，但缺乏明确的立法定义。杜克大学法学院Debonair A. Demote教授则认为：“美国规范收购的联邦法律提到的是Tender Offer，但它并没对这一术语作出定义。习惯上一个Tender Offer被理解为一个要约（a Public Offer）。这个公开要约不是协商达成的，而是一个购买某个公司一定数量或一定比例股份并在一定期间开放的要约。”[2] 英国和美国都是判例法发达国家，但对要约收购的范围界定并不相同。英国要求要约收购应针对目标公司全部之股份，强调要约的平等适用；而美国则认为要约收购目的是为取得目标公司控制权，可以只针对目标公司一部分股份。[3]

从理论上讲，要约收购是收购人在证券交易所的集中竞价系统之外，直接向股东发出要约购买其手中持有股票的一种收购方式。相对于通过交易所集中竞价系统购买的方式，要约收购在时间和成

---

[1] 汤欣：《公司治理与上市公司收购》，中国人民大学出版社，2001年版，第200页。

[2] 官以德：《上市公司收购的法律透视》，人民法院出版社，1999年版，第5页。

[3] 中国证监会：《〈上市公司收购管理办法〉修订说明》，载《中国证券报》，2006年5月23日，第A19版。

本上都有所控制。因此，在收购实践中也得到了广泛采用。[1]“合约最大化了私人价值。但它是否同时最大化了社会福利？这取决于合约方在获取合约收益的同时，是否承担了交易的成本。”[2] 要约收购，分为强制要约收购和自愿要约收购。我国《证券法》也允许收购人采用自愿要约方式进行收购。《上市公司收购管理办法》第23 条规定：“投资者自愿选择以要约方式收购上市公司股份的，可以向被收购公司所有股东发出收购其所持有的全部股份的要约（以下简称全面要约），也可以向被收购公司所有股东发出收购其所持有的部分股份的要约（以下简称部分要约）。”

自愿要约收购是收购人的一项权利，任何人只要有足够的资金能力，并遵守法律规定的程序，都可选择适当时候发出部分或全部要约。从《上市公司收购管理办法》的规定来看，自愿要约收购具有如下特征：[3] 一是收购人发出要约并不以持有目标公司股份达到一定比例为前提，或者说，自愿要约收购没有强制要约收购的持股比例限制，收购人对目标公司在任何持股比例下（甚至还没有持有目标公司股票）都可以对其股东发出收购要约，只是根据《上市公司收购管理办法》第 25 条的规定，要约“预定收购的股份比例均不得低于该上市公司已发行股份的 5%”。二是自愿要约收购中，由于持股人的收购目的在要约中已经载明（即收购目标公司），因而无论持股人对目标公司的持股比例为多少，均具有收购人的法律地位。三是无论收购人在何种持股比例下发出收购要约，均需要按照《证券法》的有关规定进行持股披露，即持有目标公司已发行股份达到 5%的比例时，就应当履行“举牌”程序。

微观规范上，2005 年修订的《证券法》对上市公司收购制度

---

[1] 彭冰：《中国证券法学》，北京大学出版社，2007 年版，第 271 页。

[2] ［美］弗兰克·伊斯特布鲁克、丹尼尔·费希尔，张建伟、罗培新译：《公司法的经济结构》，北京大学出版社，2005 年版，第 189 页。

[3] 周友苏：《新证券法论》，法律出版社，2007 年版，第 329～330 页。

所作出的重大调整，将强制性全面要约收购制度，调整为强制性要约方式，收购人可以根据自己的经营决策自行选择向公司所有股东发出收购其全部股份的全面要约，也可以通过主动的部分要约方式取得公司控制权，从而大大降低收购成本，减少收购人规避动机，避免复杂的审批程序，有利于活跃上市公司收购活动。这一微观规范的转变体现了鼓励上市公司收购的立法价值向度。从微观规范的设计而言，要约收购中利益冲突的平衡机制主要是信息披露规则和和强制要约规则。

4.1 信息披露之微观规范

所谓信息披露规则，也称为公开制度或者公示制度，是指上市公司以招股说明书、上市公告书以及定期报告和临时报告等形式，依法把与证券有关的各种重大信息予以真实、准确、完整和及时地向投资者和社会公众公开。要约收购中的披露义务人也应履行信息公开义务。在微观规范上，信息披露制度是要约收购的核心监管措施和关键规范，是保护股东尤其是中小投资者利益的重要手段。不论是大量持股及其变动还是强制要约收购，信息披露制度贯穿始终。

4.1.1 信息披露之价值取向和立法现状

信息披露是公开哲学的核心，在要约收购中体现为收购人应依照有关规定和格式将与要约收购有关的重要信息或实质信息充分、及时、准确披露，使目标公司股东能够自行作出有根据的决定。学界和实务界大多认为信息披露是抑制各种欺诈和不诚实行为的最有效手段，当然也有不同的声音，如弗兰克·伊斯特布鲁克和丹尼尔·费希尔就认为："要对信息披露立法的效果展开研究相当困难，因为即使是低效的市场也会产生大量的信息"，所以，"至少缺乏有力的证据证明，披露规则有利于优质证券的发行"。[1] 但信息披露的作用已经得到立法和理论界的认可，正如美国最高法院大法官路易斯·布兰代斯（Louise D. Brandeis）所言"公开被推荐为消除社会和工业弊病的补救方法。阳光是最好的杀菌剂，灯光是最有效的警察"[2]。美国《威廉姆斯法》被认为是规则信息披露的法律，使"充分披露的市场哲学"代替了"买方自行小心的市场哲学"。[3] 信息披露制度基本价值取向是，法律只要求收购相关主体对收购进行真实、全面、及时的描述，通过法律规定的公开方式将与收购相关的重要信息传递给社会公众，以保护投资者的利益。投资者是否根据所公开的信息作出正确的投资判断，或者能否依据这些公开的信息取得市场上的赢利，则不是法律所担保的。保护投资者是证券法之首要目的，信息披露制度是达至的手段。信息公开是保护投资者的前提和基本手段，也是防止证券欺诈的重要方法。法律的意图是"证券监管者不应当为投资者在投资机会的选择上承担责任，但有义务保证投资者的选择是建立在适当事实上和没有欺诈的全面披露之基础上的"。[4]

我国要约收购立法已初步确立了信息披露制度，并确定了相关的微观规范。从早期《股票条例》《公开发行股票公司信息披露实施细则（试行）》（以下简称《披露细则》）及其配套格式文书中有关"股份变动报告书""收购报告书""要约收购报告书"等对披

[1] ［美］弗兰克·伊斯特布鲁克、丹尼尔·费希尔，张建伟、罗培新译：《公司法的经济结构》，北京大学出版社，2005 年版，第 355 页。

[2] ［美］路易斯·布兰代斯著，胡凌斌译：《别人的钱》，法律出版社，2009 年版，第 53 页。

[3] SEC v. Capital Gains Research Bureau，Inc. 375 U. S. 180，186（1963）.

[4] 郑琰：《中国上市公司收购监管》，北京大学出版社，2004 年版，第 79 页。

露时间、内容、程序等问题的规定，到目前《证券法》《上市公司收购管理办法》及配套格式文书《公开发行证券的公司信息披露内容与格式准则》第 15 号《上市公司股东持股变动报告书》、第 17 号《要约收购报告书》、第 18 号《被收购公司董事会报告书》、第 19 号《豁免要约收购申请文件》等中有关信息披露的微观规范。基于利益衡量的微观规范视域，现行立法中仍有不少值得商榷之处。下面，就信息披露的主体、内容等从微观规范的建构视域加以解构。

4.1.2 信息披露主体之微观规范

研究信息披露主体的主要目的是为了确定信息披露义务承担者。要约收购不仅仅是收购人单方的投资行为，而是一个多方（包括目标公司及其股东、其他利益相关者）参与博弈的市场行为。因此，信息披露义务的承担者至少应包括收购人和目标公司。但以前的收购规则信息披露制度主要是以上市公司（即目标公司）为信息披露义务人进行设计，对投资者、收购人在收购过程中应履行的信息披露义务却不甚明了。最近实施的有关收购规则对收购人的信息披露义务进行了较为详细的微观规范设计，但由于多个义务主体概念的出现，如投资者、信息披露义务人、股份持有人、股份控制人、一致行动人、收购人等，在实际操作中易引发混乱，可能导致信息披露义务承担者的缺位，或不完全履行信息披露义务，因此，有必要对上述概念加以区分，并明确有关信息披露主体。[1]

4.1.2.1 信息披露义务人与收购人

信息披露义务人（持股变动信息披露义务人）是《持股变动办

[1] 桂玉娟：《上市公司要约收购法律制度研究》，华东政法大学硕士论文，第 29～30 页。

法》中的信息披露义务承担者，指持有、控制一个上市公司的股份数量发生或者将要发生的变化达到规定比例，应当履行信息披露义务的股份持有人、股份控制人和一致行动人。信息披露义务人是一个包含性的集合体概念，由以下人员组成。[1]

一是股份持有人，指在上市公司股东名册上登记在册的自然人、法人或其他组织。一般理解为，直接持有目标公司股份者。

二是股份控制人，指股份未登记在其名下，通过在证券交易所股份转让活动以外的股权控制关系、协议或者其他安排等合法途径，控制由他人持有的上市公司股份的自然人、法人或者其他组织。一般理解为间接持有目标公司股份者。

《收购办法》中信息披露义务承担者是“收购人”，但未对其进行明确定义。信息披露义务的首要承担者是收购人（或潜在收购人），但由于我国立法中将大量持股变动和要约收购分开进行规则，即《持股变动办法》下的信息披露义务承担者是信息披露义务人，而《收购办法》规定的是收购人。信息披露义务人如存在控制或意图控制目标公司目的时，其主体身份变更为潜在要约收购人，应受《收购办法》规范，而在该办法中却找不到有关潜在要约收购人（即持股 5%以上 30%以下）的信息披露规定，因此造成了主体衔接上的漏洞，客观上缩小了在要约收购过程中信息披露义务承担者的范围，在某些情况下，将导致本应当承担信息披露义务的人可以免去义务。笔者认为，在微观规范设计上应当克服此缺陷，在《收购办法》中明确信息披露义务的承担者是否参与收购为准，不应以主体名称不同而有所差异，关注该主体行为是否具有收购意图，客观确定信息源生者，以弥补《持股变动办法》与《收购办法》在立法衔接上的空白。当然也可以在《持股变动办法》中增设有关潜在

---

[1] “信息披露义务人、股份持有人、股份控制人、一致行动人”概念来源于《持股变动办法》第 6～9 条。

收购人的信息披露义务之规定，以实现两办法之间有关披露主体的制度过渡。

4.1.2.2 信息披露义务人与投资者

《持股变动办法》将持有或者控制上市公司股份5%以上者称为信息披露义务人。信息披露义务人应当合并计算其所持有、控制的同一上市公司股份。而将持有或者控制未达到上市公司股份5%以上者称为投资者。两者承担不同的信息披露义务，但在微观规范上，这种界定也存在问题。例如以下三种情况。

第一种：甲持有A公司7%的股份，此时，他为信息披露义务人。

第二种：甲持有A公司股份3%，通过乙控制了A公司4%股份，此时，由于甲持有或控制上市公司股份比例（持有3%、控制4%）均未达到承担信息披露义务要求的5%，不需要合并计算，其身份仍为投资者，不必履行披露义务。

第三种：甲持有A公司5%的股份，并通过乙控制了A公司2%的股份，此时，由于甲持有上司公司股份已达到了5%，其身份应界定为信息披露义务人，在此情况下，要将其持有或控制的股份进行合并计算。

上述三种情况，甲能够实际控制的股份都是A公司股份的7%，但在被界定为不同的主体。客观而言，甲对A公司可以施加的影响却不无本质的不同。尤其是在第二种情况下，如果不要求甲履行信息披露义务，与收购规则之立法本意似有相违。因此，两个办法应当明确“控制”的具体含义及认定标准，明确是否包含单独持有、单独控制或合并持有、控制之意，以防止被有意规避。

4.1.2.3 信息披露中的一致行动人

一致行动人的概念舶来于西方。微观规范上，美国把一致行动人称为“群体视为一人”（group as a person），对其认定并不要求有一致的购买行为或书面协议存在，只要有足够的事实证据证明达到一致行动合意即可。在英国，一致行动人称为 persons acting in concert，即通过协议或谅解、安排等形式，由其中任何一人取得目标公司的投票权，一起积极合作以取得或巩固对该公司控制权的人。[1] 台湾地区学者认为，一致行动人，乃是指两个以上的投资者，以共同的合意为目标，合作收购他公司以取得经营控制权人。[2] 香港地区《公司收购及合并守则》的规定，一致行动人包括依据一项协议或谅解，通过其中任何一人取得一家公司的投票权，一起积极合作以取得或巩固对公司的控制权的人。美国《证券法》中与"一致行动"类似的概念是"受益股权"，即两个以上的股东直接或间接地通过任何形式的合同、协议，或达成某种默契、某种关系等取得对某一股票的控制股权。《威廉姆斯法》第 13 条 d 项第 3 款规定："两个或两个以上合伙、有限合伙或其他企业集团形态，以取得、处分或持有目标公司股份为目的而行动，应视为一个人，受该法之拘束。"日本《证券法》第 27 条规定："共同持有人（即此之一致行动人）系指基于合意，与股票发行公司或其他股东等股票持有者，共同取得、转让该股票或行使股权的股票持有人。"从各国规定看，"一致行动人"一般包括关联人以及有一致行动的契约关系的人。"一致行动人"的持股数量合并计算，他们有着共同的目标（获得目标公司经营控制权），并共同行使表决权。"一般的，一致行动人需要具备以下条件：一是具有从事控制行为的合意；二是要有相互合作获得该公司股票以达获取公司经营控制权目的之行为；三是二人所持股份相当于一人所持股份，同时受相关法律的规范。"[3]

---

[1] 王劲松：《论上市公司收购中的一致行动问题》，载《当代法学》，2003 年第 4 期。

[2] 林德瑞：《两岸公开收购制度之比较》，载王保树主编：《公司收购：法律与实践》，社会科学文献出版社，2005 年版，第 158 页。

[3] 王劲松：《论上市公司收购中的一致行动问题》，载《当代法学》2003 年第 4 期。

法律对“一致行动人”的关注，在于收购人持股达一定比例时，应当履行信息披露义务或强制要约收购义务。有些收购人为逃避法定义务的约束，往往采取联手共同行动以规避法律。如果对这种一致行动听之任之，那么信息披露制度将成为一纸空文，不能起到规范收购人行为、保护股东权益之功用。因此，在微观规范构建上，各国收购立法均将采取一致行动股东所持有的股份看作为一人持有，当持股数合并达到法定比例时，应当履行信息披露或强制要约收购等义务。

我国对一致行动人的微观规范相对较晚，原公司法和证券法对一致行动人没有规定，《股票条例》中曾出现过“间接持有”等类似概念，规定任何法人“直接或间接”持有上市公司发行在外的普通股达到5%时，应当进行信息披露。实践中上市公司收购案例出现要早于有关的法律规定，1993年的“宝延风波”，实际上就是通过一致行动人收购上市公司。

《持股变动办法》首次对“一致行动人”做了明确定义，指通过协议、合作、关联方关系等合法途径扩大其对一个上市公司股份的控制比例，或者巩固其对上市公司的控制地位，在行使上市公司表决权时采取相同意思表示的两个以上的自然人、法人或者其他组织。上述定义仍然存在一定缺陷，试想，如果一致行动人没有行使上市公司表决权，或者在行使表决权时对某些非重大的问题刻意采取不同意思表示，是否就不能被认定为一致行动人？笔者认为，一致行动人的实质在于通过一致行动对上市公司进行控制，而上市公司控制权表现形式不仅仅局限于行使表决权，以表决权行使代替获得上市公司控制权的立法本意，徒生歧异而容易被有意规避。2006实施的新《上市公司收购管理办法》对此进行了进一步完善。该办法第83条规定：“本办法所称一致行动，是指投资者通过协议、其他安排，与其他投资者共同扩大其所能够支配的一个上市公司股份表决权数量的行为或者事实。”使得一致行动人的概念在自身逻辑上得以周延，2014 年，该管理办法修改时，维持了对一致行动的微观规范释义。

《上市公司收购管理办法》对“一致行动人”采取列举式规定，包括：投资者之间有股权控制关系、投资者受同一主体控制、投资者的董事、监事或者高级管理人员中的主要成员，同时在另一个投资者担任董事、监事或者高级管理人员；投资者参股另一投资者，可以对参股公司的重大决策产生重大影响；银行以外的其他法人、其他组织和自然人为投资者取得相关股份提供融资安排；投资者之间存在合伙、合作、联营等其他经济利益关系；持有投资者 30% 以上股份的自然人，与投资者持有同一上市公司股份；在投资者任职的董事、监事及高级管理人员，与投资者持有同一上市公司股份；持有投资者 30% 以上股份的自然人和在投资者任职的董事、监事及高级管理人员，其父母、配偶、子女及其配偶、配偶的父母、兄弟姐妹及其配偶、配偶的兄弟姐妹及其配偶等亲属，与投资者持有同一上市公司股份；在上市公司任职的董事、监事、高级管理人员及其前项所述亲属同时持有本公司股份的，或者与其自己或者其前项所述亲属直接或者间接控制的企业同时持有本公司股份；上市公司董事、监事、高级管理人员和员工与其所控制或者委托的法人或者其他组织持有本公司股份；投资者之间具有其他关联关系。并且，该办法规定投资者认为其与他人不应被视为一致行动人的，应当承担举证责任。这种微观规范的构建方式对于刚刚建立一致行动人制度的环境而言是必要的，可以避免理解上的偏差，也有利于实务中的具体操作。

在微观规范设计上，法律对一致行动人明确了相应的义务，尤其是信息披露的义务。一致行动人收购时所持股份应合并计算，并应履行信息披露义务。但在责任的承担方面，对“一致行动人”的有关规定尚需完善。根据香港《证券（内幕交易）条例》第 395 章第 23 条规定，一致行动的人进行内幕交易可能承担以下责任：

(1) 5 年内不得担任目标公司董事，不得以任何方式参与公司的经营管理；(2) 没收内幕交易所得或者所避免的损失；(3) 处以内幕交易所得或避免损失的 3 倍罚金。另外根据第 14 条的规定，交易不得只因它是内幕交易而属无效或可使无效。我国在设计有关一致行动人法律责任时，香港的做法足可借鉴。

4.1.2.4 信息披露中的目标公司董事

表面上看，要约收购只是收购人与目标公司股东之间的股份交易，与目标公司的董事无关，但由于上市公司收购会导致控制权的转移，其直接后果往往意味公司经营者的更换和经营策略的变化，这对目标公司原经营者及股东的利益都至关紧要。实践中，目标公司管理层为了维护自己的控制利益，会采取各种措施来干预收购，这种干预会对目标公司股东的合法权益产生实质性影响。同时，目标公司股东在决定是否接受收购要约时，目标公司经营者的态度，往往起到非常重要的作用。

因此，信息披露微观规范要求目标公司董事会公开其对收购所持的意见和理由，这是防止目标公司董事借收购之际谋取私利的有效措施，也是对董事会成员的一种强有力的监督方式。此外中小股东处于信息弱势地位或囿于能力有限，为保持交易之公平，目标公司管理层基于信托义务，也应履行相应信息披露义务。[1]

4.1.3 信息披露内容之微观规范

信息披露制度是保护股东知情权的重要措施，信息披露义务承担者所实际披露的内容，对信息披露制度的真正实施和股东权益的

---

[1] [美] 罗伯特·C. 克拉克，胡平等译：《公司法则》，工商出版社，1999 年版，第 115 页。

切实保护具有实质性影响。从各国立法实践看，信息披露微观规范由两大内容组成：大量持股及其变动（潜在要约收购）信息披露规范和要约收购信息披露规范。

4.1.3.1 大量持股及其变动的信息披露

该制度所规定的信息披露之意图在于使广大投资者对因大量持股的变动可能发生公司控制权转移等情形引起必要关注，对所持股票的真正价值重新加以评估。因此，信息披露主要围绕持股人相关持股信息展开。美国《威廉姆斯法》规定，大量持股及其变动采用13D表格进行以下披露：（1）对买入证券及其发行人的说明；（2）填表人身份和背景；（3）购买证券的资金或其他对价的数量、来源；（4）交易目的，包括收购人任何可能导致重组或营业合并的计划，或者在该栏中说明其购买股票仅为投资；（5）在目标公司之证券中的权益；（6）包含对合同，安排或收购人与目标公司证券之间关系的披露和说明；（7）列举作为证据的资料和文件。此后，持股增减变动1%，即视为重大变化，填表人应及时对13D表格中信息进行修正。[1]

微观规范上，我国《股票条例》《证券法》以及《上市公司收购管理办法》（以下简称《收购办法》）中均规定了大量持股及其变动，《证券法》第86条规定："通过证券交易所的证券交易，投资者持有或者通过协议、其他安排与他人共同持有一个上市公司已发行的股份达到百分之五时，应当在该事实发生之日起3日内，向国务院证券监督管理机构、证券交易所作出书面报告，通知该上市公司，并予公告；在上述期限内，不得再行买卖该上市公司的股票。投资者持有或者通过协议、其他安排与他人共同持有一个上市

[1] ［美］托马斯·李·哈森，张学安等译：《证券法》，中国政法大学出版社，2003年版，第514页。

公司已发行的股份达到百分之五后，其所持该上市公司已发行的股份比例每增加或者减少百分之五，应当依照前款规定进行报告和公告。在报告期限内和作出报告、公告后2日内，不得再行买卖该上市公司的股票。”该法第87条对书面报告和公告的内容加以规定，但在对具体披露的内容规定有欠充分。而《持股变动办法》中对此做了较详尽之规定。该法第13—18条规定了持股变动数额以及需要披露信息。由此看出，目前大量持股及其变动时的信息披露制度是相对健全的，信息披露对象具有广泛性，既包括了证券监管机构、证券交易机构，也包括了目标公司和社会公众；在披露内容上日趋规范和全面，从初期的简要披露股东名称和股份增减状况，扩大到披露前期交易和持股变动方式等。

但也应注意到，在微观规范上，现行信息披露制度对大量持股及其变动的某些实质性内容，如大量持股的目的和收购人使用资金来源等信息，未加以应有的关注，未要求信息披露义务人对此加以披露，不利于发现潜在收购之迹象，而由于《收购办法》与《持股变动办法》存在内在衔接问题，易导致有些潜在收购人形式上不以获取控制权为目的进行股权交易，实际上发动对上市公司收购，规避信息披露义务。

4.1.3.2 要约收购信息披露

要约收购对目标公司的股东而言，是机遇也是挑战，全面、充分、及时的信息公开会给他们创造高价出售股票的机会；反之，隐瞒信息或信息不充分、不真实，将会损害其利益。基于微观规范的视域，需要信息披露主体在要约收购的全过程（事前、事中、事后）公开与要约收购相关的信息。

4.1.3.2.1 收购要约发出前的信息披露

要约发出前，收购人应当把有关本次收购的详细信息依照法定要求予以公开，包括披露本次收购的目的、后续计划、收购资金保证等可能实质影响股东合法权益的内容。虽然这有可能加大收购人的收购成本，但整体而言，有利于提高证券市场信息透明度。目标公司高管及股东有充足时间、精力对收购行为进行公正、客观的评价，并以此来决定对待收购的自我判断；中小股东可及早分析、理解与消化收购信息，便于作出理性投资判断，既保护了目标公司中小股东的权益，实现股东的平等知情权，又有效预防了内幕交易、操纵市场等的发生，维护了收购行为启动时各方的利益平衡。

4.1.3.2.2 要约收购过程中的信息披露

该过程主要涉及两方面：收购人的信息披露和目标公司（或第三方）的信息披露。从利益衡量的微观规范构建而言，两者之间的信息披露并非完全割裂，而是具有一定关联性的，目的都在于保障广大投资者的知情权。

第一，要约公布

收购人在证监会无异议后，发出收购要约。目标公司董事会（或独立董事）聘请独立财务顾问等专业机构，分析目标公司财务状况，就收购要约条件是否公平合理、收购可能对公司产生的影响等事宜提出专业意见。目标公司董事会评估要约，在收购要约发出后 10 日内，将董事会报告书与独立财务顾问专业意见一并向证监会、证交所、社会公众进行信息披露。董事会应当就是否接受收购要约向股东提出建议；独立董事单独发表意见。

第二，要约变更

收购人更改收购要约条件的，应当事先向证券监管机构等相关方（包括目标公司）报告，经证监会批准后，方可执行，并予以公告。

此时，目标公司董事会应当就要约条件的更改情况向证监会等有关机构报送补充报告书，独立董事应当发表补充意见，一并予以公告。

第三，要约基本事实重大变化

要约基本事实发生重大变化的，收购人应当及时（变化发生之日起 2 个工作日内）向证券监管机构等相关方（包括目标公司）报告，并予以公告。

对要约基本事实发生重大变化时目标公司董事会应履行的信息披露义务，《收购办法》并无明确规定。笔者认为，此项变更将实质影响到目标公司股东之权益，目标公司董事会应如前履行信息披露义务，就其可能给要约带来的实质影响，聘请专业人士（如律师、独立财务顾问等）加以评估，独立董事也应对此发表意见，以保障广大中小投资者的知情权。

第四，竞争性要约出现

拟发出竞争性要约的收购人，应当在初始要约期满前 5 日向证监会报送要约收购报告书，并同时披露给相关各方（披露对象及范围同初始要约收购人），证监会 15 日内无异议，竞争要约收购人可以公告其收购要约文件。

《收购办法》对此时的目标公司董事会的信息披露义务也没有规定。为保护目标公司股东的合法权益，目标公司董事会也应聘请专业人士对竞争性要约进行评估和分析；独立董事也应对此发表意见，以资广大中小投资者作为投资决策之参考。

第五，预受要约信息披露

收购要约有效期间，收购人应当每日在证券交易所网站上公告预受要约股份的数量以及撤回预受要约股份的数量。通过公开预受要约情况，可以避免股东处于“囚徒困境”[1]，使其在信息透明的环境中，不受外在压迫性影响，避免匆忙决断带来不必要的损失。

4.1.3.2.3 要约收购结束后的信息披露

微观规范的义务继续延伸，要约收购结束后，收购人的信息披露义务并没随之结束，在收购要约期满后 3 个工作日内，应向证监会报送关于收购情况的书面报告，同时披露给相关各方。我国《上

[1] 因无法预见他人对收购要约的反应，为避免在“挤出合并”中遭受更大损失，股东倾向于接受要约，即使要约价格并不理想。张舫：《公司收购法律制度研究》，法律出版社，1998 年版，第 102～103 页。

市公司治理准则》第 88 条规定，上市公司“应主动、及时地披露所有可能对股东和其他利益相关者决策产生实质性影响的信息，并保证所有股东有平等的机会获得信息”，因此，无论此时公司控制权是否已实际转移，收购公司董事会都应对此要约收购事项、要约过程中目标公司董事会是否采取了反收购或其他措施及可能给公司带来的实际影响（包括财务状况或经营者变更）、后续计划及其实施安排等予以全面总结，披露给广大股东。

4.1.3.3 对现行微观规范的检讨

我国的上市公司收购立法已初步确立了信息披露的微观规范，《证券法》和《公开发行股票公司信息披露实施细则》以及相应的《信息披露内容和格式准则（第五号）》都对“股份变动报告书”和“收购报告书（收购要约）”作了比较明确的规定，《上市公司收购管理办法》其第 20 条、第 31 条、第 32 条，对目标公司管理层的披露义务、对目标公司股东提供决策咨询及支援义务作了详细规定，并明确了相应的法律责任。要约收购中目标公司董事会处于非常特殊的地位，是收购人和目标公司股东利益博弈的焦点所在，对外可以代表目标公司股东与收购者讨价还价，维护股东的利益；对内可以依据自己掌握的信息及对本次收购所作的评估，给股东明确的建议，组织协调股东的意见；还可以审时度势，决定采取反收购措施，从根本上维护股东利益。所以，对目标公司高管的义务设计关乎利益衡量，尤其是关乎处于弱势地位的目标公司股东的利益保护，需要全面的微观规范的制度安排。但现行立法对目标公司高管在收购中的微观规范安排存在缺陷。

第一，对目标公司高管的信息披露缺乏程序性微观规范。鉴于目标公司董事会披露对收购所持意见及理由的重要性（由于“搭便车”现象和股东的理性漠然，目标公司股东往往会依据董事会的意见决定对待本次收购的态度），目标公司董事会在洞悉收购公司欲实施收购后，应首先分析收购者的收购动机及其实力，了解目标公司对收购方的吸引力，从而判断对方的收购意图是否有利于目标公司。董事必须本着信义义务的基本要求，具体分析本次收购要约的性质和后果，尤其要考虑收购要约的报价是否充分，收购要约的时间安排是否适当，收购是否有违法行为，收购对债权人、客户、公司雇员等相关利益者有何影响，收购不能完成的风险有多大，作为收购对价的证券品质是否优良，[1] 等等。

第二，微观规范上应当明定，董事应向投资专家、财务顾问及其他市场专家进行咨询，对目标公司股票的市价进行评估，并公布其出具的咨询或评估意见。如果目标公司董事没有依照合理的程序实施上述行为，很难对所面临的收购作出客观的评估，也难以给股东就对待收购的决策提出有建设性的意见。在这种情况下，如果目标公司董事会面对要约收购却能迅速作出反收购的决定，其反收购决策的合理性令人怀疑。另外，对目标公司董事会的信息披露的内容与格式缺乏规定。这使得该种披露没有规章可循，实践中常常使得目标公司的信息披露的内容过于简短，使披露的内容几乎流于形式。而相关的格式的欠缺，无法保证内容的规范和客观，对目标公司股东决策的参考价值也难以保证。

另外，在微观规范上，信息披露义务主体不够全面，将目标公司的信息披露义务人仅仅限定在董事会，忽视了控制股东的信息披露义务。控制股东对公司高管具有决定性的影响力，公司高管往往是控制股东的代言人，对此，在信息披露的规则设计上应当予以关注，但现行法上对目标公司控制股东的披露义务没有涉及。公司运作中，控制股东的意志通过其控制的高管体现在公司决策中，如果不考虑控制股东的披露义务，控制股东就可能利用公司高管来规避法律而谋一己之私，因此，信息披露的主体应当包括目标公司控制

[1] 张舫：《公司收购法律制度研究》，法律出版社，1998年版，第102～103页。

股东。这些都是微观规范构建的方向。

4.2 强制要约之微观规范

强制要约规则，是指收购人持有一个上市公司已发行股份的30％时，继续增持股份的，应该采取要约方式进行，向目标公司全体股东发出全面或者部分要约。微观规范上，如果没有取得中国证监会关于发出要约的豁免，则必须以公开要约方式进行收购。《证券法》第 88 条第 1 款“通过证券交易所的证券交易，投资者持有或者通过协议、其他安排与他人共同持有一个上市公司已发行的股份达到百分之三十时，继续进行收购的，应当依法向该上市公司所有股东发出收购上市公司全部或者部分股份的要约”。可见，强制要约收购具有如下基本的微观规范特征。

第一，强制要约收购以持有目标公司股份达到 30％的比例为前提。无论此前采取何种收购方式，也无论收购人主观上是否以收购上市公司为目的，只要持股达到这一比例且继续增加持有的，就应当依法向目标公司的所有股东发出收购要约。发出收购要约是收购人在此时负有的一项法律义务。

第二，持股人被视为收购人。持股达到 30％以后，继续增持该上市公司股份的就视为对目标公司的收购，此时的持股人被定性为收购人。在之前，除了自愿要约收购的情形外，持股人只具有投资者的地位。

第三，强制要约收购是法定的。证券法的微观规范明确规定了这一义务，除非取得证监委的豁免。

强制要约收购滥觞于英国，《收购与兼并城市守则》对此有明确规定，各国仿效英国，大多也采纳这一制度，只不过强制要约收购的触发点不同，如 20％，30％，33％等。设立这一制度的原因，一是基于股东平等的原则。收购人为了迅速取得上市公司的控制权，往往给目标公司控制股东的股份更高的价格，当取得控制权以后，对其余股份以较低价格发出要约。这有违各国普遍遵循的股份平等、同股同权的原则。在收购过程中，控制股东与中小股东所处的地位不同，控制股东股东往往能以优势价格出售其股份，中小股东却没有讨价还价的能力而处于受压迫地位，陷于“囚徒困境”中受到盘剥，这种情况也有悖于股东平等原则。其次，收购促使控制权转移，公司新的控制人可能会改变经营策略，也可能会利用控制权掠夺中小股东，后者对公司已经没有了信任，所以法律应该给中小股东一个退出的机会。规定上市公司强制要约收购制度主要体现了两个原则，即积极鼓励和程序公正原则，主要目的乃是为了充分保护被收购公司中小股东的合法权益，即当被收购公司控制人发生变化时，中小股东可以逃跑并可以获得收购人为此支付的溢价。[1]为消除其他股东的疑虑和对收购方的不信任，法律赋予小股东“用脚投票”的权利，即可以选择是否按照一定价格向收购者卖出股票而退出公司。只有赋予他们以公平的价格退出公司的机会，才能保护弱者，实现公平。[2]

在利益冲突的格局中寻求权利和义务的平衡需要法律规范作为支撑，但是，任何规范都是双刃剑，作为微观规范的强制要约规则也是如此。由于我国上市公司治理存在的基本性缺陷，规定全面强制性要约制度必将大幅度增加收购交易的成本，收购失败的风险随之增大，不利于实现鼓励收购的立法初衷。有的国家并没有采用这一制度，如美国，法律没有强制要约收购的规定，但其上市公司收购市场仍很活跃，中小股东的利益也很好得到了保障。根据实证分析，目标公司的股价只是在信息披露之日前总体趋势是升高的，但

---

[1] 张新：《上市公司并购的立法和监管——为什么不能采用美国模式？为什么要求全面要约方式?》，载王保树主编：《公司收购：法律与实践》，社会科学文献出版社，2005 年版，第 172 页。

[2] 李珍珍：《我国强制要约收购制度探析》，载《四川教育学报》，2005 年第 1 期。

是到信息披露之后，股价一般的都持续下跌。基于利益衡量视域，中小股东因为信息占有的欠缺，无法享受披露之前收购交易的溢价，对他们来说也是不公平的，而强制性要约制度保障了这一利益；同时，强制性全面要约收购制度能够更好地保障控制人发生变更时中小股东具有退出公司的权利。促进上市公司要约收购的不能以牺牲中小股东利益为代价。基于我国现实的国情，可以根据证监会的豁免制度来进行上市公司收购的微观规范设计；也可以在要约定价方面进行微观规范设计，将上市交易股份与非上市交易股份区别对待，这也会在一定程度上解决上市公司收购中成本过高的问题。[1]

我国《证券法》第 88 条将强制全面要约制度改为强制要约制度，不再要求所有收购人都必须发出全面要约，表明我国上市公司收购制度正在从原来的英国模式向美国模式转化。[2] 这种微观规范的选择既考虑了保护中小股东的合法权益，也考虑到降低收购成本、鼓励公司收购、增强资本市场流动性等立法本位，使各方的利益都能得到微观规范的关怀，有利于实现各方的利益平衡。

4.2.1　触发点（threshold）之微观规范

各国和地区对收购人发出全面要约的触发点的微观规范各有特点。例如英国、中国香港、德国、意大利为 30%，澳大利亚是 20%，法国、瑞典规定为 1/3，在新兴市场国家中南非定为 20%，新加坡定为 30%，马来西亚定为 33%。这反映了各国根据自身情

[1] 张新：《上市公司并购的立法和监管——为什么不能采用美国模式？为什么要求全面要约方式?》，载王保树主编：《公司收购：法律与实践》，社会科学文献出版社，2005 年版，第 175～176 页。

[2] 张新：《上市公司并购的立法和监管——为什么不能采用美国模式？为什么要求全面要约方式?》，载王保树主编：《公司收购：法律与实践》，社会科学文献出版社，2005 年版，第 163～172 页。

况对于达到对一个公司实际控制比例的不同理解[1]。按照我国证券法的规定，收购人持有一个上市公司的股份达到该公司已发行股份的30%后，继续增持股份的，应当采取要约方式进行，可以发出全面或部分要约。《收购办法》要求用要约方式收购股份的，预定收购的股份比例不得低于该上市公司已发行股份的5%。如果是以协议收购方式收购上市公司股权的，则可能存在收购人通过协议拟获得上市公司的股权一次就超过30%的情况，《收购办法》要求对于超过30%的部分，应当改以要约方式进行。收购人可以向中国证监会申请免除发出要约。如果收购人未获得中国证监会豁免且拟继续履行其收购协议的，或者收购人不申请豁免的，在履行其收购协议前，应当发出全面要约。[2] 但对30%强制要约收购界限是否适用于协议收购，在微观规范上并不明确。所谓“通过证券交易所的证券交易”即排除了协议收购，但假设以下情况。

第一种情况，甲先通过证券交易所的证券交易持有了A公司28%股份，再通过协议收购了A公司3%的股份，这时，甲并没有触发强制要约收购义务；

第二种情况，甲先通过协议收购了A公司28%的股份，再通过证券交易所的证券交易持有了A公司3%股份，这时，甲就触发了强制要约收购义务。

上述两种情况下，甲均是为了获得A公司控制权，实际上取得的股份也相同，但是由于场内外交易顺序不同，导致了在承担强制要约收购义务上的差异。理论上，设定30%为强制要约收购临界点，是为了使目标公司股东平等享有投资退出及分享溢价的机会，此界限不应因取得方式或股份性质不同而有所差异。所以，顺理成章，协议收

---

[1] 张新：《上市公司并购的立法和监管——为什么不能采用美国模式？为什么要求全面要约方式？》，载王保树主编：《公司收购：法律与实践》，社会科学文献出版社，2005年版，第171页。

[2] 《收购办法》第47条。

购也需要遵守 30%的强制要约收购义务。❶

但《收购办法》的有关规定与《证券法》的规定在微观规范上存在一定冲突。“证券法”第 96 条规定：“采取协议收购方式的，收购人收购或者通过协议、其他安排与他人共同收购一个上市公司已发行的股份达到百分之三十时，继续进行收购的，应当向该上市公司所有股东发出收购上市公司全部或者部分股份的要约。但是，经国务院证券监督管理机构免除发出要约的除外。”而按照《收购办法》的规定，在协议收购下，如果收购人未能获得中国证监会豁免或者不申请豁免的，就必须发出全面要约，不能发出部分要约。❷ 笔者认为，证券法是上位法，具有超越《收购办法》的法效，收购办法的规定应当与之协调。另外，从证券法的微观规范的设计本意而言，30%的触发点关注的是上市公司控制权的转移，是界定是否存在收购的标准，而不在于区分不同的收购方式，所以，应该涵盖了所有的构成收购的行为。因此，协议收购在已达到上市公司已发行股份的 30%时发出的要约收购，应当包括全面要约和部分要约两种。这样才能使得以不同方式收购的收购人在目的相同时，待遇也相同，从微观规范上体现收购中的各方利益衡量。

4.2.2 豁免与强制之微观规范

微观规范上，豁免和强制要约收购中的部分要约制度体现了对要约收购的利益衡量的规范关怀，也体现着以收购人为中心的利益平衡。《收购办法》规定，投资者如果符合一定条件的，就可以向中国证监会申请：（1）免于以要约收购方式增持股份；（2）存在主体资格、股份种类限制或者法律、行政法规、中国证监会规定的特

❶ 依据《收购办法》第 13 条的规定，似乎也能找到答案。

❷ 彭冰：《中国证券法学》，北京大学出版社，2007 年版，第 260 页。

殊情形的，可以免于向被收购公司的所有股东发出收购要约。对于未获得豁免的，《收购办法》还给了一条出路：投资者可以在接到中国证监会不予豁免通知之日30日内起将其或者其控制的股东所持有的目标公司股份减持到30%或者30%以下，也可以避免履行强制要约义务。[1]《收购办法》规定了两类豁免，程序有所不同。[2]

---

❶ 《收购办法》第61条。

❷ 《收购办法》第62条规定："有下列情形之一的，收购人可以向中国证监会提出免于以要约方式增持股份的申请：（一）收购人与出让人能够证明本次转让未导致上市公司的实际控制人发生变化；（二）上市公司面临严重财务困难，收购人提出的挽救公司的重组方案取得该公司股东大会批准，且收购人承诺3年内不转让其在该公司中所拥有的权益；（三）经上市公司股东大会非关联股东批准，收购人取得上市公司向其发行的新股，导致其在该公司拥有权益的股份超过该公司已发行股份的30%，收购人承诺3年内不转让其拥有权益的股份，且公司股东大会同意收购人免于发出要约；（四）中国证监会为适应证券市场发展变化和保护投资者合法权益的需要而认定的其他情形。收购人报送的豁免申请文件符合规定，并且已经按照本办法的规定履行报告、公告义务的，中国证监会予以受理；不符合规定或者未履行报告、公告义务的，中国证监会不予受理。中国证监会在受理豁免申请后20个工作日内，就收购人所申请的具体事项作出是否予以豁免的决定；取得豁免的，收购人可以继续增持股份。"《收购办法》第63条规定："有下列情形之一的，当事人可以向中国证监会申请以简易程序免除发出要约：（一）经政府或者国有资产管理部门批准进行国有资产无偿划转、变更、合并，导致投资者在一个上市公司中拥有权益的股份占该公司已发行股份的比例超过30%；（二）在一个上市公司中拥有权益的股份达到或者超过该公司已发行股份的30%的，自上述事实发生之日起一年后，每12个月内增加其在该公司中拥有权益的股份不超过该公司已发行股份的2%；（三）在一个上市公司中拥有权益的股份达到或者超过该公司已发行股份的50%的，继续增加其在该公司拥有的权益不影响该公司的上市地位；（四）因上市公司按照股东大会批准的确定价格向特定股东回购股份而减少股本，导致当事人在该公司中拥有权益的股份超过该公司已发行股份的30%；（五）证券公司、银行等金融机构在其经营范围内依法从事承销、贷款等业务导致其持有一个上市公司已发行股份超过30%，没有实际控制该公司的行为或者意图，并且提出在合理期限内向非关联方转让相关股份的解决方案；（六）因继承导致在一个上市公司中拥有权益的股份超过该公司已发行股份的30%；（七）中国证监会为适应证券市场发展变化和保护投资者合法权益的需要而认定的其他情形。中国证监会自收到符合规定的申请文件之日起5个工作日内未提出异议的，相关投资者可以向证券交易所和证券登记结算机构申请办理股份转让和过户登记手续。中国证监会不同意其以简易程序申请的，相关投资者应当按照本办法第62条的规定提出申请。"

修改之前的证券法的强制全面要约制度把收购人置于成本高昂的收购游戏中，收购一旦启动，几乎是走上了一条不归之路，无论出现什么情况，都要硬撑着把收购进行到底。这种微观规范的安排没有考虑到资本市场处于瞬息万变之中，收购人需要及时地调整策略才能应时而变，不可能按照自己单方面的意思表示就能确保收购成功。所以这种安排既不科学也不人性化。新法将上述微观规范修改为由收购人自己选择是全面要约还是部分要约，收购人可以根据收购环境的变化和自身情况，灵活决定采取何种策略。同时，豁免制度的完善也给了收购人以制度上的救济，可以申请证券主管部门予以豁免要约，甚至可以要求豁免以要约方式增持股份，从而获得了更大的灵活性，在激烈的收购角逐中可以应势而动，决定前进还是腾挪转身。

要约收购的积极意义毋庸置疑，但微观规范设计时考虑不周延也会出现负面作用，我国的新旧证券法的制度变迁就说明了这一点。要约收购不是收购人的紧箍咒，一旦套上就不容许再动，从微观规范的设计上，应当同样注重保护在收购中各方的利益平衡，在鼓励收购和保护中小投资者的原则下实现各方的利益衡量，以促进这项意义重大的微观规范产生更大的制度价值。

4.3 悬浮的规范——本土化的困局

成熟的资本市场的经验说明，要约收购制度也应当在我国上市公司收购制度中占据重要的地位。基于利益衡量，微观规范要求我国现行的法律规范对要约收购应当给出足够的规范支撑，在司法实践中积极发挥其应用的规范作用。但是，我国目前要约收购制度的实践状况却远远不能令人满意，综合评判，要约收购已经陷入了本土化的困局之中，若没有微观规范的根本性变动和资本市场交易政策的实质性宽松，很难看到要约收购有更为广阔的施展场域。应当相信，尽管有关微观规范对要约收购的规定还不够完善，要约收购将来也应当是我国证券市场的发展趋势和证券市场成熟的必然选择。从利益衡量而言，要约收购方式对于目标公司的股东是比较公平的一种制度，其主要原因在于收购人向全体股东发出的收购要约，每一个股东都有机会面对收购的选择；同时，每个股东所获得的被收购的股份的价格都是相同的。要约收购的缺陷是成本较大。在要约收购中，收购意图若被拒绝，目标公司常以反收购方式对抗收购，结果导致目标公司股价飙升。根据我国《股票发行交易暂行条例》规定，收购方在持有目标公司发行在外的普通股达到5%时要作出公告，以后每增持股份2%时要作公告（收购办法放宽至5%），且自该事实发生日起2日内不得购买该股票，收购方增持的过程随着持续的信息披露为公众所洞悉，目标公司股价随之上涨，给收购方带来巨大成本障碍。这一缺陷在协议收购中是可以避免的，因为我国大部分股份公司中国有股份处于控股地位，收购方要收购这部分股份，大可不必用要约收购方式，以协议收购方式更简洁，成本相对低廉。尽管要约收购作为公开、公平、公正的收购模式，一直是成熟证券市场主流的并购模式，但由于中国证券市场特殊的股本结构，大部分法人股股权集中，适合发起要约收购的目标公司少之又少，所以要约收购发生的概率较低。一股独大的股权结构，容易导致强制要约义务的发生，但由于证券市场投机之风较盛，股价大都背离实际投资价值，在此情况下，履行强制要约义务的成本巨大，更多的收购方还是选择回避强制要约的方案或者争取通过申请豁免的方式完成收购。所以，只有在成熟的证券市场中，要约收购才能成为最为广泛的上市公司收购方式。[1]但现实是，我

[1] 不过也有学者认为，该制度也不是国际通行的制度，并不是所有国家的上市公司收购均采纳该制度。王建文：《强制要约收购：制度发展、评价与适用——基于经济法的视角》，载《南京大学学报》，2005年第3期。

国市场尚不成熟，特别是国有股一股独大以及国有资产保值增值的要求，控制权的转让往往涉及国有股份的转让，实务中需要层层审批，绝非简单的要约即可完成收购。这就决定了在我国的资本市场，要约收购制度只是上市公司收购辅助性的制度，迄今为止，尚无一起完全是依靠要约收购成功完成的上市公司收购的案例也说明了这一点。良好的微观规范设计和正确的价值初衷并没有使要约收购制度获得更大实务空间，它基本上被资本市场抛弃，成了悬浮起来的规范，没有实际操作空间、更不存在要约收购的实务经验。法律的价值在于实践，法律的生命在于经验。没有司法实践作为支撑的土壤，作为制度的规范会逐渐失去生命力和存在价值。没有实务操作空间的微观规范会渐渐地坍缩为一个影子，看得见，却无法指望它能做什么。类似的僵尸规范已经没有了法律规范本身内在的鲜活价值。要约收购不应当成为离开地面的安泰俄斯[1]，由于悬浮在空中而失去生命。似乎可以这样判断：我国的资本市场如果未来还是国有股占据一股独大的绝对优势地位、微观的法律规范和企业财务政策还继续保持国有股保值增值的僵化目标的话，要约收购制度仍将难以获得足够的实践空间。我国作为一个极具活力的新兴市场，不仅需要利益衡量的宏观制度，更需要利益衡量的微观规范。目前，在我国证券资本市场上具有普遍意义的是协议收购，要约制度虽然处于辅助地位，但要约收购对保护中小投资者而言是不可或缺的，资本市场的成熟与发展必然要求要约收购的微观规范与之共同完善。同时，要约收购的微观规范也可促进协议收购的发展，从技术层面增加协议收购的透明度，从而实现收购各方的利益平衡。

[1] 安泰俄斯是希腊神话中的大地女神盖亚和海神波塞冬之子，以力大著称，只要脚站在地面上就能从母亲盖亚那里获得无穷的力量。在与赫拉克勒斯的决斗中，由于脚离开地面而失去力量，被赫拉克勒斯举在空中扼死。

指出存在的危险并对现状进行批判是比较容易的，但要想确定如何作出反应却很困难。

——大卫·雷·格里芬[1]

第5章　协议收购中利益衡量之微观规范

协议收购是指收购人与目标公司个别股东或大股东通过协商达成股份转让协议，并按协议约定的收购条件、收购数量、收购价格、收购期限及其他规定事项，收购目标公司股份的行为[2]。协议收购一般事先与目标公司的管理层或者目标公司的股东达成合意，有别于要约收购。在协议收购中，目标公司原有股东股份转让给新的战略投资主体——收购人，能够改变目标公司原有的股份结构，给公司股东大会注入新鲜血液。掌握控股权的新股东通过改组目标公司的经营管理层、置换优质资产、调整经营方向等，可大大提高公司在市场上的竞争能力和盈利能力，对公司的长期投资者有利而无害。从利益衡量的微观规范看，在中国证券市场的现实背景下，

---

[1] ［美］大卫·雷·格里芬：《后现代精神》，中央编译出版社，2015年版，第133页。

[2] 林德瑞：《两岸公开收购制度之比较》，载王保树主编：《公司收购：法律与实践》，社会科学文献出版社，2005年版，第155页。

探讨协议收购行为具有重要的意义。[1] 该制度“能够促进上市公司国有股和法人股的协议转让，为限制流通股份的交易提供了渠道，有利于盘活国有资产，促进企业机制转化；有利于为 H 股、红筹股公司的海外上市创造条件，通过买壳以后的大股东变更，则可以发挥证券市场优化资源配置的功能，使优质资产向上市公司集中，尤其为一些主营业务萎缩、连年亏损的上市公司提供了改善资产状况的契机”[2]。由于中国上市公司特殊的股权，公司发行在外的股份大部分是国家股、法人股，这部分股份的协议转让价格往往大幅低于上市交易的社会公众股，而两种不同性质的股份在表决权方面没有区别，所以协议受让股份并控制上市公司的成本较为低廉，在西方国家公司控制权市场上大量存在的自愿要约以取得目标公司股份的行为，自然很少在中国发生，但是，协议收购在履行过程中也可以引起强制要约收购。[3] “现有股份公司的股权使得相当比例的股份处于一种凝滞的状态，在这种情形下，通过协议收购方式，受让尚未上市流通的国家股、法人股，从而取得对股份公司的控制权，即成为目前最具实际意义的一种获取股份公司控制权的方式。”[4] 股权分置改革以后，虽然股份的流通问题得以解决，但由于我国的上市公司国有股份拥有控制权的情况没有根本改变，协议收购的主体地位依然如故。

收购是取得目标公司控制股份从而获得后者的控制权的行为，

---

[1] 董华春：《论上市公司的协议收购》，载《金融法苑》，1999 年第 31 期。

[2] 汤欣：《上市公司收购管理——证券法的简单评介》，载王保树主编：《公司收购：法律与实践》，社会科学文献出版社，2005 年版，第 177 页。

[3] 2003 年 4 月连续发生的“南钢股份”和“成商股份”收购案就较为典型。

[4] 汤欣：《公司治理与上市公司收购》，中国人民大学出版社，2001 年版，第 243 页。

该行为通常是协议的方式进行。[1] 协议收购中的收购价格是按照合同自由原则由收购人和目标公司股东通过一对一的协商最终确定的。与要约收购对象针对目标公司全体股东的相比，协议收购乃是针对目标公司有可能获得或已获得控股地位的大股东。而且，在信息公开上，协议收购的性质并不具有完全披露信息功能。“盖收购者与目标公司的股东系于私下协议，并无充分揭露讯息之义务，纵使《上市公司收购管理办法》第 12 条明定协议收购须申报公告，然仍可仅提出上市公司收购报告书摘要，与一般要约收购须尽充分之讯息揭露义务仍有差别。[2]” 协议收购信息披露的不充分，要求对各种利益的平衡应予关注，目前只有少数几个证券市场监督措施完备的国家如英国、美国以及澳大利亚承认协议收购的合法性。[3] 协议收购不仅关乎公司的发展，对中小股东利益的保护，而且对国有资产的保值增值等都有着重要的影响。微观规范上，我国证券市场监督机制尚不完善，如何在现有的制度框架内调整和适用该制度，是我们所要认真面对的问题。而我国目前的情况是，“现有协议收购规定只是原则性规定了协议转让应履行的审批程序和手续，规定不具体，可操作性不强；行政干预太多，其运行缺乏市场性。所有这一切使得协议转让制度存在内幕交易、虚假交易、信息披露不及时、不充分等缺陷，严重影响了中小股民利益，另一方面也影响到大宗交易制度的建立。”[4] 所以，有必要以利益衡量的微观规

---

[1] 《上市公司收购管理办法》第 5 条明确规定：“收购人可以通过取得股份的方式成为一个上市公司的控股股东，可以通过投资关系、协议、其他安排的途径成为一个上市公司的实际控制人，也可以同时采取上述方式和途径取得上市公司控制权。”所以，协议收购仅仅是取得上市公司控制权的一种但不是唯一的方式。

[2] 徐兆宏：《论上市公司收购法律制度》，载《财经研究》，1996 年第 10 期。

[3] 林德瑞：《两岸公开收购制度之比较》，载王保树主编：《公司收购：法律与实践》，社会科学文献出版社，2005 年版，第 155 页。

[4] 林德瑞：《两岸公开收购制度之比较》，载王保树主编：《公司收购：法律与实践》，社会科学文献出版社，2005 年版，第 155 页。

范角度，对协议收购中的规范内容进行全面的检讨。

5.1 控制权转移之微观规范

5.1.1 控制权的界定

根据资本多数决原则，一般认为控制权是指对公司所有可控支配和利用的资源进行控制和管理的权力。无论从利益衡量的微观规范角度还是从资本效率的技术角度看，资本多数决规则本身是完全具备理性的安排。这一规范是贯穿整个公司法的内在逻辑脉络，是根本性制度的规范建构。实质而言，公司控制权是权利主体对公司经济资源表现占有、使用和处分，并据此对公司事务进行决策的权能。“公司控制权承载了及其丰富的制度规范内容和利益相关关系的安排和调整，他表达公司决策的形成过程和效力确定。”[1] 公司控制权“在现代社会是一种重要的经济权利，取得和行使它意味着控制者对公司资源拥有支配权”。“在本质上是一种新的利益存在方式，它滥觞于公司的所有权制度”[2]。这种影响力可以决定一个公司的董事会的人选，决定公司的财务和经营管理活动，甚至使该公司成为某种特定目的的工具。在协议收购中，收购方的真正意图是通过对目标公司股份的交易来购买附随于其上的公司的控制权。公司控制权的交易涉及其他非控制股东的财产权益，收购协议因此有别于一般交易合同，这也是需要对协议收购给予特殊微观规范安排的原因。这种特殊规制并不是对契约自由的违反，而是为了保证意思自治和契约自由不致被滥用。收购人的目的是善意还是恶意，对

[1] 甘培忠：《公司控制权的正当行使》，法律出版社，2006 年版，第 21、34～35 页。
[2] 甘培忠：《公司控制权的正当行使》，法律出版社，2006 年版，第 21、34～35 页。

目标公司股东的利益影响很大。如果收购方的目的是善意的，是为了提高目标公司的经营效率从而创造更大的价值，这种控制权的转让对中小股东就是有益无害的。收购者之所以肯付出高溢价来取得公司的控制权，就是因为对提高被收购公司的经营效率有一定的信心，为了收回获得控制权所付出的成本，收购者会对公司努力经营，这是对公司以及股东都是一种很好的方式。另外一种是收购公司的目的是掠夺公司的财富。这种控制权的转让对股东的利益是有害的，因为购买者企图利用协议收购建立与目标公司的非正常股东关系，通过交易来牟取暴利。[1] 因此，协议收购中控制股东转让股份并不能完全实行契约自由，为了获得高溢价以牺牲中小股东利益为代价进行控制股份转让，应当受到禁止。这也是对控制股东和中小股东利益衡量的微观规范安排。

实践中各国法律中对控制权的认定标准有所差异，前文已述，不再赘言。一些国家和地区如英联邦国家、德国和欧盟以及中国香港地区的确采纳了更为客观的标准，即认为凡是控制了股份的30％或以上就认为具有了“控制权”。但是该规定也有弊端，因为在有些情况下，30％以上的股份并不能取得股份有限公司的控制权，在一个股份有限公司中，可能同时具有两个拥有30％以上股份的股东，此时控制权的确认就有困难。美国采取的方法是只要采用了公开收购要约的行为，均需承担信息披露义务，把控制权与信息披露联系在一起，回避了控制权的定义。基于微观规范之而言，这种规范既强调了控制权引起的股东利益变动，又能揭示控制权的本质，体现了利益衡量的规范思维。我国《证券法》和《上市公司收购管理办法》对控制权的认定给予规范，既采用了客观的标准，又采用了主观的标准。这种规定既保持了规范的客观性，同时也使控制权人的含义比较全面。但是，实践中，对法律中的“实际控制

[1] 刘俊海：《股份有限公司股东权的保护》，法律出版社，1999年版，第211页。

人”以及“实际控制”的内容，仍然需要提交专门委员会进行裁决。[1]

控制权的界定是认定控制股东的前提，在特定的上市公司中明确控制股东以后，才能对其课以公司控制权的随附义务。微观规范上，我国公司法认定的公司控制权有两种形式，一是控股股东，一是实际控制人。笔者认为，公司高管在某些情况下可能成为控制权人，即所谓内部人控制。虽然我国目前的上市公司内部人控制的情况较少，但随着资本市场的迅速发展，股份极度分散的公司会不断出现，内部人控制的状况会逐渐增多。从利益衡量之微观规范而言，如果不把公司高管列为控制人，势必造成规范滞后，在公司治理尚待完善的环境下，仅靠股东的诉权作为救济手段未必奏效，这样造成了微观规范没有充分考虑到各方的利益衡量，实践中留下了规范漏洞，可能会给高管滥权留下空间。

5.1.2 信息披露规则之微观规范

上市公司协议收购转移了目标公司的控制权，必然改变原有的利益格局。在利益重构的博弈中，收购方、目标公司控制股东、目标公司管理层、目标公司中小股东都会追求自身利益的最大化，而中小股东的弱势地位使其无法与其他三方相抗衡，如无完善的法律保护，其利益几乎必然会受到损害，所以，利益衡量之微观规范设计是必须要考虑的规制路径。在协议收购过程中，经常出现以下情况：在股票二级市场上，有人利用其所得知的目标公司股份协议转让题材进行炒作并大肆拉抬股票二级市场的股价，二级市场上的投资者因为不知道有股份协议转让信息而错失了购进该目标公司流通

[1] 汤欣：《上市公司收购管理——证券法的简单评介》，载王保树主编：《公司收购：法律与实践》，社会科学文献出版社，2005 年版，第 180 页。

股票的机会；某些中小投资者因为不知晓有股份协议转让信息而提前卖出了该目标公司的流通股票，这样，某些人便失去了应该得到的利益，另外有些人又利用股份协议转让题材得到了恶炒目标公司流通股所带来的利益[1]，这样，既损害了少数股东的利益，破坏了证券法上的"三公原则"，也损害了资本市场的交易秩序。规制上述利益冲突行为最行之有效的微观规范就是信息披露规则。

5.1.2.1 信息披露规则的必要性

第一，信息披露是对收购方的信息强势地位利益衡量的微观要求。首先，收购者掌握着充足的信息。收购者在决定收购一个公司以前，总是要对被收购公司的情况做大量的调查，这就使收购者掌握了大量的被收购公司的信息。尽管《证券法》强调公开的信息对于每一个投资者来说都是平等的，但这只是影响股票价值判断的信息的一部分，诸多信息只有事先经过精心策划的收购者才能利用。因此，被收购公司的中小股东所掌握的信息量远不如收购者。其次，在对信息的分析上，收购者很明显处于优势，这种优势是中小股东所不能企及的[2]。收购者在收购之前往往聘请金融、投资、法律等方面的专家作顾问，对被收购公司的各方面信息作详细分析，再加上收购者绝大多数是法人公司，这些公司的经营者本身就是拥有专业知识和经营经验的专业人员，因此收购者对被收购公司的股票的价值往往有一个较为准确的判断。而目标公司的中小股东则不具备这些条件。

第二，对目标公司控制股东的强势地位制衡的必然要求。理论上讲，目标公司的所有股东都享有向收购人出卖股票的公平机会，但事实上目标公司的中小股东与控制股东相比在股权出卖机会上是

---

[1] 董华春：《论上市公司的协议收购》，载《金融法苑》，1999 年第 31 期。

[2] 张舫：《公司收购法律制度研究》，法律出版社，1998 年版，第 100 页。

不平等的。首先，因为目标公司大股东掌握着多数股份，收购的进程由大股东控制。上市公司收购以获得控制权为目的，收购人自然会首先考虑与控制股东合作。其次，收购者为降低收购成本，简化收购程序，也往往会选择单独与控股股东达成协议，以便尽快结束收购。在这样的操作中，中小股东拥有的向收购者出售其股票的机会被剥夺了。再者，目标公司控制股东在信息的获取和分析能力上优于中小股东。控制股东往往对目标公司的经营状况、发展潜力有比较细致的了解，从而在收购中有较强的与收购者讨价还价的能力，这些是中小股东所欠缺的。为了实现对目标公司控制股东强势地位的规范制衡，应当考虑基于利益衡量的微观规范之设计与运用。

第三，是协议收购的自身的要求

与要约收购相比，协议收购有很大的隐蔽性。收购人往往与目标公司控制股东通过协商达成协议，而在此之前中小股东并不了解收购的真实情况。协议收购是达成协议后进入过渡期，对于一次性协议收购上市公司股份超过 30％的，应当发出全面或部分要约，但可以申请豁免，而披露规则对达到 30％之前的情况几乎没有作用。协议收购不像要约收购那样，一旦启动就要履行持续披露义务，中小股东对收购的进程也比较了解，有利于保护其合法权益。

信息披露是保持该市场可信度和有效性的重要机制，只有证券市场参与者能够获得足够信息作出理智的投资决策，他们的利益才能获得最好的保护。协议收购中的信息披露是整个信息披露制度的重要组成部分，完善上市公司协议收购中的信息披露制度是中小股东利益保护的重要保证，也是协议收购中利益衡量的微观规范安排。

5.1.2.2 信息披露规则的内容

协议收购中的信息公开披露应包括两个层面的含义，一是收购协议达成后的报告、公告义务，一是持股比例 5％及增减持股比例的报告、公告义务，这样，才能使投资者充分全面地掌握信息，及时准确地作出决策。有些国家的协议收购规则规定，通过协议收购的方式收购上市公司的股份，必须向证券交易所作出事前的报告，证券交易所可以对该被收购公司的股票暂时停牌，以使广大投资者知悉这一协议收购的信息。经过这一法定程序后，收购协议才能开始履行。❶

我国《证券法》规定协议收购中信息披露义务是以达成协议为起点，但是在协议收购之前，收购行为也会导致证券市场价格的上涨，而“达成协议”才披露的标准完全是建立在收购成功的基础上的，不利于保护中小股东的利益。应该让中小股东了解谈判的过程，从而对于是否继续持有目标公司的股票作出自己的选择。而在我国的证券市场，协议收购在谈判阶段或转让协议签订后公告之前，都有可能发生内幕交易或操纵市场的行为❷。这就要求建立并加强预测性信息披露制度。加强信息披露，对目标公司有拍卖作用，它可以给其他的收购竞争者竞价收购的机会，使目标公司的股价提高到最合理的程度，由此，目标公司股东可以从中获益，目标公司会依照市场规则被收购，从而使社会资源的配置达到最优。具体而言，协议收购中的信息披露包括以下几个方面的微观规范设计。

第一，协议收购谈判中信息披露义务的微观规范。收购方的董事会披露的信息应当包括所有与收购有关的资料❸：其一，关于收购方的一般情况的信息，如收购公司概况、营业目的、资产构成、利润分成、经营管理情况，是否和股份出让方存在某种关系等等。其二，关于收购资金的来源及数量，如果资金是从他方借入或者专

---

❶ 董华春：《论上市公司的协议收购》，载《金融法苑》，1999年第31期。

❷ 耿延：《上市公司协议收购中的中小股东利益保护法律探讨》，华东政法学院硕士论文，第23页。

❸ 耿延：《上市公司协议收购中的中小股东利益保护法律探讨》，华东政法学院硕士论文，第23页。

门针对收购而获取，必须披露交易条款及其交易的名称、贷款的条件、还款期限以及还款安排。其三，关于收购目的，必须说明任何有关解散目标公司、出售其资产或合并以及任何对公司的主营业务或公司进行重大变动的计划。其四，关于收购价格是否公平的信息，如确定收购价格适用的标准，适用该标准的理由，不适用其他标准的理由，根据不同标准可能产生的不同收购价格。其五，有关收购公司与任何第三人订立的关于此次收购的合同、协议或备忘录，包括利润分享或损失分担等。披露该第三人的情况。其六，关于收购完成后的后续计划，包括：收购公司与目标公司董事和职员之间的任何具体安排、协议、承诺或默契，尤其是关于收购成功后目标公司董事和职员的继续留任或其因失去职位的赔偿问题；收购完成后是否计划进行类似下述行为的重大变化：合并、重整、出售公司资产或者主要资产，变更目标公司现有董事会与成员，变更目标公司资产或股息政策，目标公司退市等。其七，关于收购材料公开前收购双方及其关联人、双方董事、监事、总经理、副总经理等高级职员买卖该上市公司已上市流通股份的说明及有关证明。其八，转让方是否已清偿其对公司所负债务等相关情形等。这些资料是中小股东了解收购情况、考虑决定自己对待收购的态度的依据，也是目标公司股东决定在股东大会上如何行使表决权的依据。

第二，目标公司董事会的信息披露义务的微观规范。我国《证券法》和《股票发行与交易管理暂行条例》对目标公司董事会信息披露的义务并无明确规定。《上市公司收购管理办法》要求在被收购公司收到收购人的通知后，董事会应当及时就收购可能对公司产生的影响发表意见，独立董事在参与形成董事会意见的同时还应当单独发表意见。被收购公司董事会认为有必要的，可以为公司聘请独立财务顾问等专业机构提供咨询意见。被收购公司董事会意见、独立董事意见和专业机构意见一并予以公告。管理层、员工进行上市公司收购的，被收购公司的独立董事应当就收购可能对公司产生的影响发表意见。独立董事应当要求公司聘请独立财务顾问等专业机构提供咨询意见，咨询意见与独立董事意见一并予以公告。

本文认为，为了保证目标公司董事会在协议收购中的独立性和客观公正性，防止其为了自身利益而隐瞒重大事实，微观规范应当要求董事会必须披露如下事项[1]：（1）说明本次收购所涉及股权之性质，以及收购公司和目标公司的资产信誉状况；（2）说明目标公司董事或高级职员因任何契约、承诺或默契而与收购公司或其董事、经理人、关联企业产生的利益冲突；（3）目标公司或其董事、重要职员、关联企业和附属企业在披露日前60日内就本次收购所涉及之目标公司股权证券的任何交易，以及是否会在本次收购中将其所持股票在市场中出售或继续持有；（4）任何有关因本次收购而导致对目标公司主营业务的可以预见或计划中的重大变化，或董事已经知晓的重大事实；（5）因补偿在本次收购中的公司职位变动而在目标公司董事或高级职员与收购公司董事或高级职员之间存在的任何安排或协议。

5.1.2.3　确立责任机制

责任机制是信息披露中利益衡量的微观规范设计之一。无救济则无权利。即便明确规定了目标公司和收购人的信息披露义务，如果没有相应的责任制度相配套，信息披露义务也将形同虚设。所以，应该规定协议收购中目标公司与收购人违反信息披露义务的民事责任。具体而言。应当规定上市公司协议收购中的股份出让方、收购方披露的上市公司收购信息存在虚假记载、误导性陈述或者有重大遗漏，致使投资者在证券交易中遭受损失的，股份出让方、收购方应当承担赔偿责任，出让方、收购方负有责任的董事、监事、

[1] 王玲：《上市公司协议收购中中小股东利益的保护》，中国政法大学硕士学位论文，第34～46页。

经理应当承担连带赔偿责任。通过对协议收购中股份出让方和收购方及其董事、监事、经理违反信息披露义务所应承担的民事责任加以明确的微观规范设计，促使他们更好地履行对中小股东的诚信义务，以保护广大中小股东的利益。有关信息应当由股份出让方和收购方共同披露，并由双方对此次协议收购负责的董事、经理签名，促使其对该信息的真实性负责。在发生信息披露不实的纠纷时，收购双方及负责的董事、经理承担连带赔偿责任。[1]

5.1.3 控制股东的责任制度之微观规范安排

上市公司收购过程中，目标公司的控制股东起到至关重要的作用。对目标公司的控股股东应当给出明确的微观规范要求，以实现收购过程中各方的利益衡量。微观规范之设计思路是，扩大信息披露的主体范围，除上文所要求的信息披露义务主体之外，目标公司的控制股东和实际控制人也应当承担信息披露义务，具体而言。

其一，合理调查义务之微观规范。合理调查义务就是被收购公司的控制股东在预测到了收购者对公司具有欺诈可能性时，应该对收购者的动机和声誉进行调查。[2] 法律要求作为目标公司控制股东和实际控制人有义务对收购人的收购意图合理调查，对收购人的主体资格、诚信情况及收购意图进行调查，并及时披露有关调查情况。同时，如果控制股东及其关联方未清偿其对公司的负债，未解除公司为其负债提供的担保，或者存在损害公司利益的其他情形的，目标公司董事会应当对前述情形及时予以披露，并采取有效措施维护公司利益。

---

❶ 王玲：《上市公司协议收购中中小股东利益的保护》，中国政法大学硕士学位论文，第 34～46。

❷ 王洪伟：《论收购中目标公司控制股东的诚信义务》，载王保树主编：《公司收购：法律与实践》，社会科学文献出版社，2005 年版，第 258 页。

其二，过渡期相关行为的禁止义务之微观规范。以协议方式进行上市公司收购的，自签订收购协议起至相关股份完成过户的期间为上市公司收购过渡期。在过渡期内，收购人不得从事下列行为：（1）通过控股股东提议改选上市公司董事会，确有充分理由改选董事会的，来自收购人的董事不得超过董事会成员的1/3；（2）被收购公司不得为收购人及其关联方提供担保；（3）被收购公司不得公开发行股份募集资金，不得进行重大购买、出售资产及重大投资行为或者与收购人及其关联方进行其他关联交易，但收购人为挽救陷入危机或者面临严重财务困难的上市公司的情形除外。❶

其三，征求专家或独立财务顾问意见的义务之微观规范。由于知识、经验和资料的限制，中小股东面对收购要约是接纳还是拒绝，很难作出对自己有利的判断。因此，被收购公司控股股东应从维护股东利益出发，聘请独立财务顾问或向专家征得足够独立的专业意见，并及时向股东公布该意见的实质内容，为股东作出正确投资决策提供帮助。❷

其四，不得损害公司与其他股东利益的义务之微观规范。控制股东及其实际控制人存在占用、违规担保等损害公司和其他股东利益的，要主动消除损害，未消除损害之前，不得转让公司控制权，或者要求出让方提出充分有效的履约保证，并经过股东大会的批准。同时，上市公司董事会未采取有效措施“清欠解保”的，也要承担法律责任。减少监管部门审批豁免权力，允许收购人限期限量增持。根据国务院《企业国有资产监督管理暂行条例》的规定，中央与地方对国有资产实行分级管理，分别代表国家履行出资人的职责，因此，对于跨地区、跨部门的国有单位之间转让国有股，凡是

❶ 《收购办法》第52条。

❷ 汤欣：《公司治理与上市公司收购》，中国人民大学出版社，2001年版，第199～200页。

作为不同的商业利益主体进行的，一般不予豁免，以体现法律对国有、民营、外资公平对待的精神。

其五，依照法定程序转让股份的义务之微观规范。协议收购的相关当事人应当向证券登记结算机构申请办理拟转让股份的临时保管手续，并将用于支付的现金存放于证券登记结算机构指定的银行。收购报告书公告后，相关当事人应当按照证券交易所和证券登记结算机构的业务规则，在证券交易所就本次股份转让予以确认后，凭全部转让款项存放于双方认可的银行账户的证明，向证券登记结算机构申请解除拟协议转让股票的临时保管，并办理过户登记手续。收购人在收购报告书公告后 30 日内仍未完成相关股份过户手续的，应当立即作出公告，说明理由；在未完成相关股份过户期间，应当每隔 30 日公告相关股份过户办理进展情况。

值得指出的是，基于利益衡量的微观规范思路，对控制股东责任的规定尽管必要，但该规定不能超越出控制股东作为股东的必备范畴，更不能以此来对协议收购进行非正当性干预，否则，微观规范本身无法起到有效规制的作用，也无法实现利益衡量的价值初衷。

5.2 国有股转让的利益衡量之微观规范

国有股的转让对于国有资产的增值保值和产业的优化升级具有积极意义，也是微观规范建构的重点场域之一。国有股、法人股协议转让有收购选择范围大以及实施障碍小等优点，成为目前具有实际意义的获取上市公司控制权的方式。

5.2.1 国有股转让定价机制之微观规范

上市公司国有股权转让多数采用的是协议转让方式。在国有股转让的微观规范建构中，定价是其核心问题。目前国有股管理法规仅规定了国有股转让时以每股净资产作为基本定价标准，确定价格的许多方法甚至评估都或多或少带有某些人为的迹象。在国有资产改革过程中，如何有效推进产权制度改革，防止国有资产流失，其关键在于对国有资产的定价。由于国内尚未建立针对上市公司国有股权转让的公开、竞争性市场，加之各地产权交易市场将上市公司国有股权转让排除在外，现行的定价制度存在问题，导致目前国有股转让问题依然举步维艰。

在2007年国务院国有资产监督管理委员会《国有股东转让所持上市公司股份管理暂行办法》规定上市公司国有股权转让定价之前，规则国有股转让主要依据原国资局1997年的国资企发［1997］32号，该文规定："转让股份的价格必须依据公司的每股净资产、净资产收益率、实际投资价格（投资回报率）、近期市场价格以及合理的市盈率等因素来确定，但不得低于每股净资产值"，也就是说，上市公司国有股权转让定价的底线是每股净资产值。企业净资产是会计制度上的概念，美国财务会计准则这样定义："权益或者净资产是某个主体的资产减去负债后的剩余权益。"我国《企业会计准则》规定，"所有者权益是企业的投资人对企业净资产的所有权，包括企业投资人对企业的投入资本以及形成的资本公积金、盈余公积金和未分配利润等。"❶ 以净资产值作为转让价格底线的出发点是为了实现国有资产的保值、增值，防止国有资产的流失。直观上看，转让价格高于或等于净资产值则实现了国有资产的保值、增值，反之，则意味着国有资产的流失。微观规范的解构之下，该种定价方式虽然也很方便，但存在诸多问题。

第一，造成国有资产的隐性流失。上市公司国有股权以净资产值或略高于净资产值转让给非国有法人单位，表面实现了国有资产

❶ 刘燕：《会计学》，北京大学出版社，2001年版，第298页。

的保值增值，但实际上会导致国有资产流失。以土地使用权为例，许多上市公司是在多年前以较低的价格取得，随着土地资源的日趋紧张，土地使用权在不断升值，而以历史成本核算无法反映升值部分。此外，根据会计准则，企业的许多无形资产并不能反映在会计账目上，如企业经过长期努力形成的商誉以及良好的客户关系等；在研究开发方面，企业的投入以期间费用反映出来，而取得的研发成果却得不到相应的反映。由于上述原因，财务报表上的每股净资产通常会低于实际的每股净资产。

第二，有碍国有资本战略退出及劣势企业兼并重组的顺利进行。“价同取质优”是市场经济中理性人的选择。既然净资产定价原则规定了只能按账面净资产购买，那么，投资者为追求投资回报，必然尽可能选择那些盈利能力强的上市公司，逐优弃劣成为股权收购决策的出发点，最终结果是国有控股上市公司中，优势企业的国有股权都转让给非国有法人单位，剩下的只是一些微利的公司或负债累累、资不抵债的亏损公司，这样的公司，国有股权欲想在保值、增值的前提下退出或引进有实力的投资者难度非常大。[1]

第三，滋生各种腐败、违规和犯罪行为。可以说，净资产定价原则为各种腐败、违规、犯罪行为的滋生提供了土壤。在制度不全、监管不力及国有资产所有者缺位的情况下，上市公司国有股权转让的协议定价方式缺乏足够的透明度与科学性，容易形成暗箱操作，损害国家利益。协议定价中的净资产定价原则忽略了上市公司的盈利能力、股本规模及再融资能力等因素，将定价问题简单化，为各种寻租行为、损公肥私行为提供了可乘之机。

净资产定价法的多种缺陷，很大程度上是基于目前我国产权市场还不发达，只能依靠评估认定、职工代表大会通过、国有资产管

[1] 徐志虎：《上市公司国有股权转让定价问题研究》，载《经济论坛》，2006年第17期。

理局批准等办法，这就直接带来了国有股转让过程中各种寻租现象的出现，造成国有资产的流失。❶“该方式的缺点是不能把上市公司的潜在赢利能力、目前公司是否陷入流动性危机等问题体现出来，是一种最原始的定价方式。其出发点是资产的账面价值，对于资产质量好、赢利能力强的公司，易被低估价值，而对于资产质量不好、赢利能力不强的公司，极易被高估价值。”❷另外，国有资产评估的目的除“为交易价值提供依据”外，主要考虑的是“国有资产保值增值”的评估目的。从微观规范来看，问题尤其突出地表现在对债权资产的定值上，我国目前的企业不良资产主要是超过诉讼时效的应收款及其他债权资产，而我国《会计准则》所规定的超期应收款及超期债权的坏账准备比例与多数国家所遵循的国际会计准则之真实性要求大相径庭，但资产评估机构对这种非真实的债权定值却只能遵守，此时的规范所反映的定值已经基本失真，为了财务政策的账面目标牺牲了真实性的价值、牺牲了市场的价格发现功能。微观的规范价值已经被扭曲。基于利益衡量思维重构上述微观规范，是构建国有股转让制度所无法回避的。

在上市公司国有股权定价方式上，管理部门进行了一些市场化定价方式的尝试。2001 年 6 月 12 日，国务院发布了《减持国有股筹集社会保障资金管理暂行办法》，规定减持国有股原则上采取市场定价方式。实践中的市场定价即以 IPO 价或增发价作为国有股减持价。与国有股权的原始投资成本相比，市价要远远超过国有股权成本，市场化减持实现了国家股东利益的最大化，其代价则是股市的大幅下跌。股市大跌引起了投资者的普遍不满，迫于社会压力，管理层不得不在 4 个多月后停止国内证券市场上的国有股减

❶ 孙志拥、王啸：《股权转让定价的“底线”问题研究》，载《新视野》，2006 年第 2 期。

❷ 游达明、肖革非：《上市公司国有股定价方式比较分析》，载《上海电力学院学报》，2002 年第 3 期。

持，上市公司国有股向社会公众转让方案被无限期搁置起来（外资股 IPO 与增发除外）。[1]

2002 年 11 月 1 日，中国证券监督管理委员会、财政部、国家经济贸易委员会联合发布《关于向外商转让上市公司国有股和法人股有关问题的通知》。指出，向外商转让上市公司国有股和法人股原则上采取公开竞价方式，但在实践中如何竞价尚无具体规定。2003 年，国务院国有资产监督管理委员会《关于规范国有企业改制工作的意见》（国办发［2003］96 号）规定，向非国有投资者转让国有产权的底价，或者以存量国有资产吸收非国有投资者投资时国有产权的折股价格，由依照有关规定批准国有企业改制和转让国有产权的单位决定。底价的确定主要依据资产评估的结果，同时要考虑产权交易市场的供求状况、同类资产的市场价格、职工安置、引进先进技术等因素。上市公司国有股转让价格在不低于每股净资产的基础上，参考上市公司盈利能力和市场表现合理定价。这似乎改变了以前的净资产定价的情况。2005 年，中国证券监督管理委员会、国务院国有资产监督管理委员会、财政部、中国人民银行、商务部联合颁布的《上市公司股权分置改革管理办法》中规定：“上市公司股份按能否在证券交易所上市交易被区分为非流通股和流通股，这是我国经济体制转轨过程中形成的特殊问题。股权分置扭曲资本市场定价机制，制约资源配置功能的有效发挥；公司股价难以对大股东、管理层形成市场化的激励和约束，公司治理缺乏共同的利益基础；资本流动存在非流通股协议转让和流通股竞价交易两种价格，资本运营缺乏市场化操作基础。股权分置不能适应当前资本市场改革开放和稳定发展的要求，必须通过股权分置改革，消除非流通股和流通股的流通制度差异。”与此相对应的，《国有股东

[1] 徐志虎：《上市公司国有股权转让定价问题研究》，载《经济论坛》，2006 年第 17 期。

转让所持上市公司股份管理暂行办法》第24条规定：国有股东协议转让上市公司股份的价格应当以上市公司股份转让信息公告日（经批准不须公开股份转让信息的以股份转让协议签署日为准）前30个交易日的每日加权平均价格的算术平均值确定，但不得低于该算术平均值的90%。第25条规定了两种定价原则：一是国有股东为实施资源整合或重组上市公司，并在其所持上市公司股份转让完成后全部回购上市公司主业资产的，股份转让价格由国有股东根据中介机构出具的该上市公司股票价格的合理估值结果确定。二是国有及国有控股企业为实施国有资源整合或资产重组，在其内部进行协议转让且其拥有的上市公司权益和上市公司中的国有权益并不因此减少的，股份转让价格应当根据上市公司股票的每股净资产值、净资产收益率、合理的市盈率等因素合理确定。也就是说，今后国有股东转让所持上市公司股份，其转让价格将按市场定价原则确定，改变了过去以每股净资产值为基础的定价机制。

根本上说，对一项资产定价，最好的方法是在产权市场上通过竞争来定价，有了成熟的市场，市场自然会对其定价，而且会根据环境和规则的改变而相应改变定价。这种定价方式是把定价权交给市场，实现资本市场价格发现的基本功能。基于利益衡量，在新的国有资产管理体制下，上市公司国有股权的市场化定价是大势所趋，协议定价必将退居辅位，只有真正建立起竞争定价为主，协议定价为辅的定价机制，才能在切实维护国家所有者利益的基础上，实现国有资本的战略性退出、国有控股企业的兼并重组及股权优化等具体目标。为此首先应当完善上市公司国有股权转让定价的法律法规，尤其是相应的微观规范。其次，在规范评估、审计中介业务市场的基础上，建立与国有股权转让定价相关的中介机构特殊制度。最后，建立充分的信息披露制度。通过各种有效渠道，将与上市公司国有股权转让有关的信息传递给投资者，使尽可能多的投资者加入到竞价的行列中来，从而保证国有股权的出让方获得一个有利的卖价。[1]

基于利益衡量的微观规范构建，国有股的定价问题必须会涉及多方利益，定价标准合理，有利于国有资产的保值增值，这对于拥有庞大的国有资产需要市场化的我国来说意义重大；同时，如果国有股定价标准缺乏公允，势必会造成其他参与者的利益损失，挫伤其积极性，从而阻碍国有资产的市场流动，缩小了国有资产的市场空间，造成国有资产的减损，不利于实现保值增值的目标。所以，在设计国有股的定价标准的微观规范时，要在充分尊重市场评估标准的同时，充分考虑到各方利益平衡，使参与者皆获其利，有利于国有资产的市场化运作，在市场的游戏规则下实现国有资产的保值增值。

5.2.2 国有资产评估之微观规范

国有资产转让定价非常需要利益衡量的规范思维。目前，我国的国有股转让定价技术手段的是国有资产的评估。国有资产评估是指由专门的机构和人员，依据国家规定和有关资料，根据特定的目的，遵循适用的原则和标准，按照法定的程序，运用科学的方法对国有资产进行评定和估价的过程。资产评估是一项动态、市场化的社会经济和法律活动。[2] 根据市场经济国家估值行业协会所普遍认同的评估基准和目标，资产评估的目的在于依审慎保守原则确定经营性资产的“公开市值”或“公平市值”，即发现“自愿买卖的双方在非强迫的情况下，且各自对有关事实均有相当认识，对可能期望交换的一项正在继续使用中的资产所估计的数额”。公平市值是

---

[1] 徐志虎：《上市公司国有股权转让定价问题研究》，载《经济论坛》，2006 年第 17 期。

[2] 屈茂辉：《中国国有资产法研究》，人民法院出版社，2002 年版，第 113 页。

在“双方都有意保留资产在现有位置以作现存业务继续运作的一部分”[1] 的条件下，“双方自愿接受的现金交易价值”。[2] 评估的目的在于发现资产的公开市值，已经是各国普遍采取的评估标准。而我国的资产评估，在规范的价值向度上通常要考虑国有资产增值的政策，重视重置成本价格而忽视自愿市场价格，采取孰高原则，不做收益法上的评估。微观规范上，目前我国在国有资产的评估中不考虑资产损益表，只看资产负债表，造成许多国有企业尽量多占国有资产，因为可以多提取折旧费和摊销，而资产的利用效率非常低却无人关心。

国有资产的评估是否真实、科学、可行，直接涉及国有资产转让的价值实现。由于我国的评估程序存在诸多问题，其实是导致国有资产流失的一个非常重要的因素。2004 年 2 月，国资委颁布《企业国有资产评估管理暂行办法》规定，根据项目性质的不同，企业国有资产评估项目实行核准制和备案制，国资委从评估机构资质是否合格、评估程序是否合法、评估意见是否一致等方面严格审查评估质量。在此基础上，以经核准或备案的资产评估结果为产权交易价格参考依据。当交易价格低于评估结果的 90%时，应当暂停交易，在获得原经济行为批准机构同意后方可继续交易。[3]

基于利益衡量的微观规范解构，目前的评估制度的微观规范存在的缺陷主要表现为以下几个方面。

第一，受到地方政府、企业等各种利益因素的影响，微观规范对于静态的资产评估未必能够准确反映资产的市场价值。资产价值是一个动态的范畴，静态的评估标准能否真正做到客观估值令人质疑。评估结果的高定价，未必一定实现了国有资产收益最大化，评

[1] 陈共、周升业、吴晓求：《证券发行与交易》，中国人民大学出版社，1996 年版，第 112 页。

[2] 董安生：《国际货币金融法》，中国人民大学出版社，1999 年版，第 227 页。

[3] 《企业国有产权转让管理暂行办法》第 13 条。

估本身不能保障国有资产的有效使用。在整个国有资产交易环境还存在诸多问题的情况下，在地方政府、原企业经营者和其他各种力量，以空前的决心联手完成企业改制时，资产评估往往成了为交易披上合法外衣的工具，或高或低，全以“需要”为准更会导致评估以“合法”的途径导致国有资产流失。[1]

第二，因为在微观规范上新采纳的评估方法有异，评估的结果就会有不同。如最典型的是 2003 年 11 月，无锡华证拍卖有限公司对宜兴国际饭店的资产进行公开拍卖，拍卖的参考价为 2.4403 亿元，该饭店最初被畸高评估后，以 2.4 亿元底价公开拍卖，并如预计一样的导致流拍。随后，同一评估机构进行了“技术处理”后，以 8180 万元被宾馆管理层收购。据相关拍卖资料显示，2003 年 1 至 10 月，饭店的经营利润为 1707 万元。据饭店职工估算饭店的总资产应在 1.83 亿元左右，而此次的评估报告却估出总资产为 8850 万元。[2] 评估机构为什么能够作出前后两次天壤之别的评估，如果不考虑外在的不正常的因素，只能说明评估机制自身是有问题的。

第三，《企业国有资产评估管理暂行办法》在为了防止国有资产流失作出了“交易价格低于评估结果的 90%时，应当暂停交易”的规定，这一微观规范明显存在问题。实践中，低于评估结果 90%时便放弃交易，就会可能导致错失国有资产保值的最佳时机。而且，“评估结果 90%”有可能被非正当的利用。该办法规定在低于评估结果 90%而暂停交易之后，“在获得原经济行为批准机构同意后方可继续交易”，实际上导致该规定没有存在意义。

第四，评估政策的错误导向在微观上还表现在与司法拍卖的现实冲突。目前国有资产评估的目的是为保值增值，实践中采取的孰

[1] 张天蔚：《国资定价：评估说了算还是市场说了算》，http：//finance. people. com. cn/GB/1045/3663321. html。

[2] 桑百川：《谨防“国资流失”说事》，载《环球杂志》，2004 年第 1 期。

高原则促使估值越高越好，没有考虑到公平市值；而司法拍卖追求的是快速变现，在市值基础上实现当事人权益。所以，司法拍卖中经常流标也属正常。

值得指出的是，国有资产评估本来只是国有资产交易的一个“技术性”部分，真正要完善国资评估，除完善法规外，更需要继续在公司治理上下工夫。这需要利益衡量的规范给予制度层面的配合，尤其是微观规范之配合，以实现各方的利益衡量。杜绝廉价出售国有资产现象的根本出路，还是在于打破在一个封闭的利益集团内部的自我交易，实现真正的交易公开。在一个充分公开的交易过程中，市场会为国有资产给出最合理的定价。而就监管角度而言，监督一个交易行为是否公开，也比复核一项资产评估是否准确更容易实现。[1]

5.2.3 管理层收购之微观规范

在上市公司收购中，管理层收购是利益冲突较为剧烈的场域之一，需要利益衡量的微观规范发挥制衡作用。作为一个新兴的市场，我国的资本市场正迅速发育起来，对于管理层收购的规范需要及时跟进和完善。上市公司管理层收购（Management Buy-out，MBO）[2] 是指目标公司的管理者或者经理层利用借贷所融资本购买本公司股份，从而改变本公司的所有权、控制权和资产，进而达到重组本公司的目的并获得预期收益的一种收益行为。[3] 市场经济国

---

[1] 张天蔚：《国资定价：评估说了算还是市场说了算》，http：//finance. people. com. cn/GB/1045/3663321. html。

[2] 称为“经理层融资收购”，也有人译为“管理者收购”。但是在中国的管理者不仅仅是高层管理者，而且包括中层管理者甚至骨干员工，因此使用“管理层收购”更为合适。

[3] 范健：《中国上市公司管理层收购：问题透析与规则构想》，载王保树主编：《公司收购：法律与实践》，社会科学文献出版社，2005 年版，第 318 页。

家实施 MBO 的主要原因是解决代理成本问题，同时改善公司的所有权、控制权和公司的资产，其显著特点是融资工具的多样化。[1]“当一个人行使权力的同时，对其他人的财富构成了影响，这就可能产生利益分野问题。公司管理者在公司中持股越少，他们与投资者的利益分野倾向就越发明显”。[2] 随着国有企业改革的不断深化，为了明晰产权，进一步解决国有资产退出和管理层激励的问题，政府特别是地方政府往往成为 MBO 的推动者，所以我国采取 MBO 的初衷有别于西方。微观规范而言，目前我国上市公司 MBO 主要存在于上市公司国有股的收购协议中，主要目的是改变公司资本的所有权，通过收购，企业的经营者变成所有者，在改善所有权的同时，体现对管理层的激励，也可以实现对国有资产的重组以适应市场经济的转轨，同时迎接全球化带来的新机遇和挑战。

与市场经济成熟的国家相比，我国上市公司的资本和所面临的经济环境差别巨大，所以，作为微观规范的 MBO 在我国的推行引人注目，实施中的问题也屡有争议。“上市公司 MBO 可谓是一柄双刃剑，必须善加利用才能发挥其正面价值，否则会对证券市场秩序造成损害。在立法与监管方面，应尽可能保证 MBO 市场运作的透明、公正和效率。首先应保证法规、政策、方案和操作过程清晰、透明，没有暗箱操作；其次，操作机制应规范、专业、高效，程序公正，避免出售操作的决策者拥有过大的自由裁量权而出现设租、寻租、腐败和低效率、定价不当和其他不当行为；应完善公司治理机制，实现利益相容，促使 MBO 管理层与公司的利益相一致。”[3] 另外，

---

[1] 刘凯：《杠杆收购的本土化研究》，载《西南政法大学学报》，2007 年第 3 期，第 40 页。

[2] ［美］弗兰克·伊斯特布鲁克、丹尼尔·费希尔，张建伟，罗培新译：《公司法的经济结构》，北京大学出版社，2005 年版，第 103 页。

[3] 范健：《中国上市公司管理层收购：问题透析与规则构想》，载王保树主编：《公司收购：法律与实践》，社会科学文献出版社，2005 年版，第 331 页。

国有股MBO的定价问题牵涉到国有资产的合理转让和国有资产流失的问题，也就使国有股MBO收购定价成为MBO的焦点问题。

基于此，微观规范要求对管理层收购实行严格监管，《上市公司收购管理办法》《国有股东转让所持上市公司股份管理暂行办法》以及国务院《关于印发〈企业国有产权向管理层转让暂行规定〉的通知》（国资发产权［2005］78号）等对管理层收购持谨慎态度，在公司治理、批准程序、信息披露、公司估值等微观规范方面作出特别要求。

第一，在公司治理方面，要求上市公司应当具备健全且运行良好的组织机构以及有效的内部控制制度，独立董事的比例应当达到董事会成员的1/2以上。

第二，在批准程序上，要求2/3以上的独立董事赞成本次收购，经出席公司股东大会的非关联股东半数通过，独立董事应当聘请独立财务顾问出具专业意见。

第三，增加信息披露的要求，要求董事和高管人员及其亲属就其在最近24个月内与上市公司业务往来情况、定期报告中就管理层还款计划落实情况等予以披露。[1] 企业国有产权向管理层转让必须进入经国有资产监督管理机构选定的产权交易机构公开进行，并在公开国有产权转让信息时对以下事项详尽披露：目前管理层持有标的企业的产权情况、拟参与受让国有产权的管理层名单、拟受让比例、受让国有产权的目的及相关后续计划、是否改变标的企业的主营业务、是否对标的企业进行重大重组等。产权转让公告中的受让条件不得含有为管理层设定的排他性条款，以及其他有利于管理层的安排。管理层受让企业国有产权时，应当提供其受让资金来源

[1] 转让方应当将产权转让公告委托产权交易机构刊登在省级以上公开发行的经济或者金融类报刊和产权交易机构的网站上，公开披露有关企业国有产权转让信息，广泛征集受让方。产权转让公告期为20个工作日。

的相关证明，不得向包括标的企业在内的国有及国有控股企业融资，不得以这些企业的国有产权或资产为管理层融资提供保证、抵押、质押、贴现等。

第四，必须聘请会计师和评估师提供公司估值报告。国有产权持有单位应当严格按照国家规定委托中介机构对转让标的企业进行审计，其中标的企业或者标的企业国有产权持有单位的法定代表人参与受让企业国有产权的，应当对其进行经济责任审计，国有产权转让方案的制订以及与此相关的清产核资、财务审计、资产评估、底价确定、中介机构委托等重大事项应当由有管理职权的国有产权持有单位依照国家有关规定统一组织进行，管理层不得参与。

中国证监会规定，对管理层收购要求有财务顾问进行持续督导，并对于管理层存在《公司法》第 149 规定不履行信义义务情况的，禁止收购上市公司。

目前，管理层收购除定价的公平性和收购资金来源受到质疑外，对我国资本市场影响较大的还有收购后的股份的流通问题。国有股减持由于对市场的巨大冲击已经被否定，如果管理层在收购之后依然在二级市场抛售，对市场的信心的打击如出一辙。上市公司存有大量的不流通的国有股份是我国的资本市场的特殊情况决定的，据统计，截至 2002 年，1200 多家上市公司几乎都有非流通股，在 6000 多亿元总股本中，超过 2/3 是非流通股。流通股东在被误导的高价下进入二级市场，虚高的股价使流通股东承担了比非流通股东更大的风险。如果非流通股融入市场，就会导致股市下跌，流通股东的利益会受到损害。股权分置改革以后，非流通股份在支付一定对价之后获得了流通权，形成了我国资本市场特有的“大小非解禁”现象。非流通股份的解禁使得我国的上市公司真正具有了“上市公司”的内涵，但是解禁潮的集中释放，对资本市场的稳定形成很大冲击，股价的连续下跌给流通股股东造成损失。保护流通股东的利益，维持资本市场的流动性和稳定性是保护投资者的必然要求，制度层面上期待有更多的规则出台，以实现全体股东的利益平衡。笔者认为，在MBO之后要解决流通问题，微观规范上可以考虑以优惠价格向流通股东转让。这样既解决了全流通问题，又能维护资本市场的稳定，也符合我国的实际情况。在微观规范的设计上，应当考虑以每股净资产为基础，通过市场竞价产生一个合理价格，由管理层和流通股东竞价买入。这样做法有以下几个作用：首先，通过这一机制，可以解决股份全流通问题。我国历史遗留的股份不能流通的问题必须解决，否则资本市场的公开性和流动性难以保证，市场的活性无法体现。以净资产作为定价基础，经过市场竞价产生合理价格，也不会引起市场恐慌。其次，可以在兼顾管理层和流通股东利益的前提下实现国有股的退出，是多方共赢的利益衡量的方法。最后，流通股东的利益在国有股底价退出时获得了补偿，进一步平衡了流通股东的利益，保护了资本市场的信心和稳定。在各方利益博弈的市场中，微观规范尤其要保护流通股东的利益，这是保护资本市场的自然要求，长远看，也是促使国有资产保值增值的远见之举。

5.3 溢价款的归属利益衡量之微观规范

协议收购中，控制股东出让的股份包括附着于股份之上的公司控制权，它不仅意味着财产权益，还代表了控制公司、指派公司管理层的权力，所以，控制股份的售价高于非控制股份，由此而生的溢价称为“控股溢价”（control premium）。[1] 关于协议收购中溢价款的归属素存两种争议，即支持分享理论和放松管制理论，也由此

[1] Robert W. Hamilton, The Law of Corporations in a Nutshell, West Publishing Co., 363 (1991).

出现了两种不同的微观规范建构路径。

5.3.1 支持分享理论之微观规范

美国学者 Berle 是最早提出控股溢价归属的学者，他认为，控股溢价属于公司的财产，协议收购中的溢价款应当属于公司所有[1]。当拥有 50%股份的控制股东准备出售其所持股份时，其他股东也应当享有出售所持半额股份的权利，这笔控股交易就应该完成，或者是前控制股东只愿意出售 25%的股份，或者是购买者愿意购买全部的股份。[2] 该种观点的理由是，当购买者决定购买公司的控制权时，主要有两种考虑：一是他相信他可以提高公司的经营效率，而这可以为所有股东都带来收益；二是他可能是为了通过自我交易等方式掠夺公司，而这会对除购买者以外的其他股东带来损害。有学者认为，溢价款归属于公司的做法能够促进有效率的控制权转移而会限制那种有害的控制权转移。如果控制股东协议收购不成，只会导致两种情形出现，一是控制权股东仍然持有公司的股份，二是购买者购买所有股东的股份。而这两者都能排除损害公司的控制权交易。[3]

分享溢价款的依据是“平等参与”原则。根据平等原则，控制股份购买者在以“溢价”取得公司股份时，同时应该以相同的价格购买其他股东的股份。“平等参与规则的优点在于它可以避免区别控制权出售的情形以决定是否分享溢价款的困难。按照该种理论新

---

[1] 汤欣：《公司治理与上市公司收购》，中国人民大学出版社，2001 年版，第 278 页。

[2] William D. Andrews，“The Stockholder's Right to Equal Opportunity in the Sale of Shares”，78Harv. L. Rev. 505（1965）.

[3] 邓小明：《控制股东义务法律制度研究》，清华大学法学博士学位论文，第 116 页。

支持的微观规范，法院不需要再决定是否存在掠夺公司的合理怀疑，是否涉及公司职位的出售或者是否剥夺了公司或股东的共同机会。法院所需要做的只是确定非控制股东是否平等得到了平等出售的机会，该规则会自动防止有损公司利益的控制权转移发生。”❶

美国法院认为根据已经确立的判例法原则，控股股东有权享受控股溢价。美国学说中的多数派见解也支持这一立场，基于微观规范解构，主要是因为：第一，大宗持股-控股权-控股溢价之间存在天然的联系，大股东的控制能力和溢价收入是实行公司民主即股东投票机制的必然结果，而“资本面前，人人平等”，并无不当之处。由于控制股东能够从公司中得到比非控制股东更多的利益，因此控制股东会为他的控制股份要求得到比非控制股份更高的价格。而且，即使控制权出售交易是有利于公司的，但是也不能期望非控制股东能够为了公司的利益而放弃参与到控制权出售的交易之中。第二，除投资成本（包括机会成本）和投资风险外，大股东因为控股地位而负担对于公司及中小股东的各种义务，控股溢价可以解释为这些义务的报偿或对价。第三，保护控股溢价使大股东有出让控制权的激励，从而客观上促进了公司控制权市场的出现和发展。控制权股权原则上不会被要求与他人分享溢价，正因为如此，控股股份通常能以溢价出售，在这里，溢价是投资者愿意为直接影响公司事务的权力而额外支付的价格。❷

5.3.2 放松管制（deregulate）理论之微观规范

与平等参与理论相反，放松管制理论认为法律不应该要求控制

❶ 邓小明：《控制股东义务法律制度研究》，清华大学法学博士学位论文，第 118 页。

❷ 汤欣：《公司治理与上市公司收购》，中国人民大学出版社，2001 年版，第 287～288 页。

股东与非股东分享控制权溢价。这种理论是以对平等参与理论的反对来支持他们的观点的。其实，这两观点的初衷都是基于利益衡量，通过微观规范对参与控制权溢价的各方在利益冲突时进行利益平衡，只是利益平衡的侧重点有所不同。这也恰恰说明，利益衡量之微观规范是非常必要的。放松管制理论认为，平等参与原则更有可能会阻碍有效率的公司控制权出售的情形发生。Burgomaster 和 Filches 赞成用股票价格的变动来确定控制权的出售交易是否有利于非控制股东，他们认为，只要是非控制股东的股票市场价格比交易发生前并没有降低或者更高，就可以认为该控制权出售交易是有效率的，因而也是合法有效的。[1] Burgomaster 与 Filches 试图以股票价格市场的变化来确定交易是否对公司有害，但这种分析是不可靠的。因为股票价格的变动是多种因素影响的结果，这与交易的有害与否没有必然的逻辑因果关系。[2] 股票的价格并不必然的反映价值，其他的多种因素也会导致股票价格的上升。最后，由控制权转移所引起的损害大多是新的控制股东将本应属于公司的利益转归为自己所有，这也会导致股票价格的变动。由此，放松管制的学者认为，大多数控制权转移交易都是“促进价值增值的。”[3] 从比较法的视野来看，美国是唯一完全拒绝中小股东分享控制股东出售控制股份是所获得“控制权溢价”的国家。[4] 许多欧洲国家都支持放松

---

[1] Frank H. Easterbrook and Daniel R. Fischel, “*Corporate Control Transactions*”. 91Yale LJ698. 1982, p. 726.

[2] Frank H. Easterbrook and Daniel R. Fischel, “*Corporate Control Transactions*”. 91Yale LJ698. 1982, p. 721.

[3] Frank H. Easterbrook and Daniel R. Fischel, “*Corporate Control Transactions*”. 91Yale LJ698. 1982, p. 756.

[4] Frank H. Easterbrook and Daniel R. Fischel, “*Corporate Control Transactions*”. 91Yale LJ698. 1982, p. 756.

管制理论。[1]

协议收购中溢价款，受让方往往以下列两种方式来获得相应的对价：一是提高和加强目标公司的经营效益，降低代理成本，并从中收益；二是通过掠夺目标公司的财产或者欺诈少数股东的方式来补偿其过高的支出。在前者，受让方的有效经营会给目标公司包括中小股东的全体股东带来“共享收益”，而后者在目标公司的控股股东在获取“控制股溢价”退出公司后，却把目标公司的其他少数股东送入了虎口，使这些少数股东的成为新入主的控股股东吞噬的对象。[2] 同时也要看到，一方面，控制股东本身是公司股份的大部分的所有者，公司的经营好坏将会严重影响他的利益。在协议收购的情况下，如果规定溢价款归属于公司，也会导致其利益的增加。另一方面，控制股东在公司中占据绝对重要的地位，即使是董事，也仅仅成为其“形骸”，所以，对公司利益的监控仅仅依据一般的规则是很难达到目的。而如果将溢价款归属于控制股东，尽管在一定程度上能够促进其更为有效地增进公司的利益，促进公司更好地发展，但是，在利益的刺激要求下，更有可能损害公司的利益。

公司控制权和控制权溢价的理论对我国上市公司协议收购具有现实的参考意义。微观规范上，基于利益衡量必然要进行规范控制；控制权转移对公司和中小股东利益具有好坏双重的影响，而且这两种影响往往是此消彼长，因此法律要尽量扬长避短。同时也应该注意到我国协议收购中控制权转移的特殊性。国外关于控制权转移和溢价理论以及在此之上的司法实践关注的主要是控制股东谋求控制股溢价和中小股东因此失去以同等的高价转让股票的机会，而我国协议收购涉及的主要问题并不是转让的价格过高，恰恰相反，

---

[1] 邓小明：《控制股东义务法律制度研究》，清华大学法学博士学位论文，第121页。

[2] 郭富青：《公司收购中目标公司控股股东的诚信义务探析》，载王保树主编：《公司收购：法律与实践》，社会科学文献出版社，2005年版，第249页。

是非流通股转让的价格过低，由此造成的国有资产流失、公司和中小股东的损失以及中小股东失去以同等的低价购买该股票的机会。可见，协议收购中违反股东平等原则、中小股东受到不公正的待遇的问题是共性问题，在我国有着特殊的表现形式。❶

5.4 超越微观规范：协议转让的充分发育与企业家市场的养成

基于合同的相对性，协议收购虽然存在缺陷，但总体而言是一种简便、快速和低成本的交易方式。由于绝大多数上市公司都存在控制股东，协议收购在我国特殊的资本市场中有很大的适用空间。这一点，明显有别于基于资本市场股份公开、分散的特点而设计的要约收购方式。事实上，到目前为止，我国成功的上市公司收购几乎都是采用协议收购方式完成的，因此可以说，协议收购是我国上市公司收购的主体性制度。“由于中国特殊的股权结构特点，中国上市公司收购实践中往往采取存在诸多弊端的协议转让。伴随股权全流通的实现，通过证券交易所实现的收购行为将趋于活跃。当务之急是改革协议转让规范设计，从微观规范着手，加强协议收购的规范构建，保障参与协议收购的各方的合法权益，其中应当包括：对现有协议转让从法律规定上进行规范，制订可操作的法律实施细则；加强协议转让中的信息披露监管；弱化政府在协议收购中的行政参与作用，提高市场化程度；在大宗交易制度建立的基础上，协调协议转让与大宗交易制度相互协调。此外对于要约收购制度应予

❶ 张舫：《公司收购法律制度研究》，法律出版社，1998 年版，第 100～109 页。郭富清：《论公司要约收购与反收购中少数股东的利益保护》，载《法商研究》，2000 年第 4 期。王玲：《上市公司协议收购中中小股东利益的保护》，中国政法大学硕士学位论文，第 21 页。

完善，包括：规范收购方的关联方联合持股规则；强化收购目标公司董事会的责任；明确强调要约收购义务的豁免情形；完善征集委托投票权制度等。”[1] 微观规范上，基于利益衡量的交易规范应当持续放开协议转让，提供更为高效便捷的交易环境，充分发挥协议转让作为合同交易手段的高效和低成本优势，其他规则要和协议转让相协调；提高上市公司协议收购的效率，减少审批，同时健全有关的法规体系，完善相应的配套实施细则、促进企业家市场的养成。在微观规范的建构上，促进资本市场充分发育和完善的规范安排，都有赖于一个成熟的企业家市场的养成。反之亦然。

[1] 中国人民大学金融与证券研究所（FSI）课题组：《中国证券业：现状与 WTO 的挑战》，课题总顾问：吴晓求教授，执笔：赵锡军、董安生、李悦。

虽然暴露我们现代实验的脆弱意味着一种建设性的行动，但它并不提供慰藉。

——马克·里拉❶

第6章 反收购规则利益衡量之微观规范

6.1 友好收购和敌意收购

按照目标公司高管对待收购的态度不同，上市公司的收购可以分为友好收购（Friendly Takeover）与敌意收购（Hostile Takeover）。所谓友好收购是指收购方在收购要约发布前与目标公司管理层有过密切接触，在诸如收购对价、人事安排、经营管理与资产处置等方面达成共识后进行的收购。所谓敌意收购，是指收购方在目标公司对其收购意图持反对态度或者收购方没有与目标公司管理层协商的情况下，对目标公司进行的收购行为。敌意收购的目标公司一般具备以下特点：第一，目标公司的股份是自由转让的。第二，目标公司的股份较为分散，不存在控制公

❶ ［美］马克·里拉：《夭折的上帝》，新星出版社，2010年版，第8页。

司的绝对多数股东。[1] 在微观规范的设计上，无论是在友好收购还是敌意收购中都需要利益衡量的规范路径。尤其是在敌意收购中，由于收购行为在操作的非公开性和突然性，利益衡量的微观规范建构更为必要。上市公司反收购（Anti-takeover）是相对于敌意收购而言，对上市公司反收购的概念可以做广义和狭义的理解。[2] 狭义的反收购，是指目标公司针对确定的或不确定的敌意收购威胁而采取的防御行为，包括在没有收到收购报价时就未雨绸缪采取预防措施，以及在收到收购报价后进行的反击。最狭义的反收购是指在敌意收购发起后，目标公司管理层对敌意收购方采取的反击行为。最广义的反收购不仅指目标公司针对敌意收购的防御行为，还包括目标公司对善意收购计划的拒绝，以及目标公司在面临竞价收购时对竞价各方实行差别待遇，对公司选定的收购方实行特殊优惠从而在客观上造成对其他竞价方不利的行为。[3] 上文所论述的上市公司反收购是指狭义的反收购，即目标公司为防止其控制权发生转移而采取的旨在预防或阻止收购人收购本公司股份的对抗性行为。

微观规范上，上市公司反收购可以作如下规范解构。

首先，反收购中涉及四个主体，即收购方、目标公司、目标公司董事会和目标公司股东。这四个主体之间产生两组法律关系：收购方与目标公司之间的收购与反收购法律关系；目标公司及其股东与董事会之间的委托代理关系。反收购法律关系不仅关系到收购方与被收购方之间利益的平衡，也关系到目标公司股东利益与董事会利益的平衡，需要微观规范予以调整和互相制衡。

---

[1] 张新：《中国并购重组全析：理论、实践和操作》（上），上海三联出版社，2004 年版，第1126 页。

[2] 徐洪涛：《公司反收购法律制度研究》，深圳证券交易所综合研究所（2006 深证综研字第 0132 号），第 5 页。

[3] 张新：《中国并购重组全析：理论、实践和操作》（上），上海三联出版社，2004 年版，第1126 页。

其次，反收购法律关系的客体是目标公司的控制权。即收购方希望持有目标公司发行在外的有表决权的股份达到一定的份额，足以改组目标公司董事会并进而影响目标公司的经营决策方针。目标公司则是为了阻止公司控制权的转移采取的抗衡的策略。

最后，反收购基于敌意收购行为而产生，是对敌意收购行为的一种回应。反收购的目的应该是为了击退敌意收购行为，维持目标公司的独立地位，维护现有的公司控制权的稳定，保持公司原有的经营方针和政策。

反收购也是上市公司收购制度的组成部分，是伴随收购行为的发展而发展起来的，一个完善的收购制度必然包含反收购制度。[1]国际上常见的反收购微观规范设计主要有以下三类：其一，诉诸法律的保护，即根据证券法、公司法、反托拉斯法等相关法律对收购行为的规定，求助法院确认某项收购不合法；其二，采取管理上的策略防止被收购，具体包括为保持控股地位发行有限制表决权股票或通过密切公司相互持股或采取被称之为“焦土战略”的毒丸措施或修订公司章程增加“驱鳖剂”反收购条款等；其三，采取股票交易策略防止被收购。如采取股份回购以提高每股市价以增加收购难度等。由于反收购措施是从实践中发展起来的，部分措施只注重其反收购效果，尤其是诸如“毒丸措施”“驱鳖剂”条款等难免会损害部分股东利益，影响上市公司自身的持续经营，具有一定的负面作用。[2]因此，需要利益衡量的微观规范调整和规制。自 1993 年“宝延风波”揭开我国证券市场收购与反收购的序幕以来，我国证券市场发生多起反收购的案例，如 1998 年的大港油田收购爱使股份、1998 年至 2001 年围绕方正科技的四次“举牌事件”均涉及目

[1] 陈忠谦：《上市公司收购法律问题研究》，中国政法大学博士学位论文，第 75 页。

[2] 李伟：《论我国证券法中的上市公司收购》，载《政法论坛》，1999 年第 1 期。

标公司的反收购行为。但是，我国《证券法》等法律法规对此均没有明确微观规范的设计，下文拟对此探讨和解构。

6.2 反收购规则之微观规范配置

上市公司反收购微观规范作为目标公司反击敌意收购的手段是否合理，关系到我国建立反收购立法的价值评判。对于上市公司反收购行为的评价，法学理论界曾有过激烈讨论，这些讨论综合起来大致包含两种观点：一种是全面否定，另一种是部分肯定。持全面否定态度的学者认为，反收购只不过是目标公司管理层出于保护自己私利与收购者进行的较量，其过程与结果完全不顾及股东特别是中小股东的利益，具体表现在管理层在实施反收购措施挫败收购者的同时，无形中剥夺了目标公司股东们获得股票溢价收益的权利，有违董事忠实义务。持部分肯定态度的学者们认为，在有些情况下，可以允许对有损公司或者社会利益的收购进行积极、合法防御。这样做的目的，一方面是出于公司整体利益的考虑；另一方面也可以兼顾到社会利益。[1]

6.3 反收购对目标公司利益的影响

采取反收购措施对目标公司各个利益主体的利益都有很大影响，具体而言。

---

[1] 汤欣：《公司治理与上市公司收购》，中国人民大学出版社，2001 年版，第 392～395 页。吴宏：《中国反收购法律规则的原则》，载王保树主编：《公司收购：法律与实践》，社会科学文献出版社，2005 年版，第 269 页。

第一，反收购对目标公司利益的影响。应该看到，敌意收购的发生往往是目标公司的经营管理不善引起的，一般情况下，在一个经营良好的公司发生敌意收购的机会较小。收购与反收购围绕的公司的控制权的争论，能够使目标公司的管理层造成的不稳定感，促使其提高经营效率。证券市场上诸多“袭击者（raiders）”与“猎食者（predator）”的存在，对目标公司高管形成有效监督，所以，经济分析学派认为公司收购尤其是敌意收购是有益的，发盘者通过自己的经营努力使目标公司实现较优的业绩，从中获取目标公司股票的差价收入，并在客观上起到了监督公司在职管理层的作用；目标公司股东获得溢价收入，并由于收购市场的存在而“免费”获取了公司的外部治理环境，从社会总体而言，效率得以提高、价值得以增加。而反收购措施在经济学意义上没有鼓励的价值，“当一家目标公司抵制要约收购或者通过拍卖机制而攫取高价时，将影响要约收购者的行为取向，相应地其他公司股东的福利都将受此影响。因为无论这种抵制行为是拉高了股价还是减少了并购发生的可能性，它都明显地减少了这种外部监督机制和竞价行为带来的利益。”❶

从利益制衡的视域解构，反收购是目标公司击退某些不良收购者，维护公司长远利益的重要手段，对于目标公司而言是至关重要的，因此需要微观规范上的平衡。每个公司都有自己的经营计划和长远规划，而公司的大股东却大都更注意短期利益，一些不良收购者便利用股东的这种短视，向一些经营良好的公司发动袭击。他们收购的目的往往不是继续经营，而是将目标公司分拆出售牟取暴利。他们采取的收购方法多是杠杆收购，通过发行以收购成功后的目标公司资产为偿还保证和来源的所谓垃圾债券来筹集资金，实际

---

❶ ［美］弗兰克·伊斯特布鲁克、丹尼尔·费希尔，张建伟、罗培新译：《公司法的经济结构》，北京大学出版社，2005 年版，第 193 页。

上是利用目标公司的资产来获得对目标公司的控制权。[1] 这些不良收购者的行为无疑会挫伤经营者对公司进行长远规划的积极性，转而追求短期利益，最终损害到公司及股东的利益。而反收购正是目标公司管理层维护公司长远利益，击退不良收购者的有力武器。

第二，反收购对目标公司董事的影响。在敌意收购中，目标公司的董事处于一种极其微妙的地位。首先，公司收购实际上是收购者与目标公司股东之间的股份交易，似乎与目标公司的董事无关，在这种交易关系中，目标公司的董事明显是处于第三人的位置。但是，目标公司的董事有可能是敌意收购的最大的利益受损者，一次成功的敌意收购，往往意味着目标公司经营者工作的丧失和名誉扫地，他们被无情的市场规律撵出了“经理帝国”，因此对发盘者或公司收购满怀敌意。[2] “在公司收购中，通过支持一次提高巨额溢价的收购可以使股东获益，但不必因收购的成功增加了目标公司经营者的失业机会而提高其福利。当目标公司的股东在公司收购中收获的回报达 20%—40%时，经营者却往往被替换。”[3] 一般认为，只有经营者能力低下的公司才会成为收购中被吞噬的对象，但目标公司的经营者与其他公司的经营者一样拥有经营公司的权力，这些权力使目标公司的经营者能够采取各种措施挫败公司的侵略者，使收购者通过收购股权控制公司的企图化为泡影。[4]

第三，反收购对目标公司股东利益的影响。反收购是目标公司管理层维护本公司股东利益的重要手段。与实力雄厚、有备而来的

---

[1] 刘凯：《杠杆收购的本土化研究》，载《西南政法大学学报》，2007 年第 3 期，第 40 页。

[2] 汤欣：《公司治理与上市公司收购》，中国人民大学出版社，2001 年版，第 219 页。

[3] Roberta Romano, The Genius of American corporate law, The AEI Press, 1993, p. 52.

[4] 张舫：《公司收购法律制度研究》，法律出版社，1998 年版，第 197～198 页。

收购者相比，目标公司的股东由于股权分散、信息匮乏，在与收购者的交易中处于受压迫的弱者地位，根本无力与收购者讨价还价。这种差距需要利益衡量的微观规范加以制衡。否则，目标公司股东要么接受收购者单方面提出的极有可能低于目标公司股份的真实价值的报盘，要么拒绝收购要约。如果微观规范失位，敌意收购者可能利用其地位，最大程度地压低报价，从而损害目标公司股东的权益。在此情况下，通过目标公司管理层实施反收购措施，迫使收购者提出更合理的报价，或者促成若干个竞争报价，然后将股票卖给出价最高者就成为目标公司维护股东利益的制衡措施。

6.4 反收购规则利弊之微观规范解构

虽然英美等国十分重视敌意收购的外部监督功能对于现代公司治理的重要意义，但也没有否定反收购措施存在的价值和合理性。从微观规范的效能而言，反收购行为具有它积极的市场价值。

首先，反收购有利于对目标公司高管的监督。股份公司的演进历史证明，股权的日益分散使股东越来越远的远离公司的最终控制权，公司的高管缺乏激励努力工作，而分散的股东又无法有效监督。而在敌意收购建立的外部监督机制，使公司因“所有”与“控制”分离而产生的公司经营者缺乏监督的问题得到一定程度的解决。而如果目标公司的经营者管理不善，其所经营的公司很可能成为公司收购的对象，这种潜在的威胁，促使经营者努力提高公司的经营效率，同时对公司的长远发展也是有利的。美国经济学与金融界人士大多对敌意收购持基本赞同的态度，他们认为收购是对管理层最有价值的检验方法。“由公司心怀不满的股东发起委托权的征购，或公司外围虎视眈眈的袭击者组织针对公司的收购活动，股东通过用脚投票，撤换现任经营管理层，能够警示与惩戒无效率的管理层，确保公司管理努力提高工作效率，自觉维持股票价值”。[1]

其次，反收购对目标公司与股东会带来积极的影响。对公司收购基本持赞同态度的学者认为适当的收购活动可以促成趋于合理的规模经济、优化企业组合、加强专业化与合作、协调企业间关系、争夺先进的科学技术、获取高额利润、增强竞争能力、适应金融市场的变化等等目的。[2] 所以，反收购有利于目标公司的长远发展。同时，目标公司管理层的反收购措施可以为股东争取更好的要约报价。在股权分散的情况下，目标公司的股东对公司的话语权是非常少的，但是在反收购中，收购的公司为了收购顺利进行可能被迫答应目标公司股东的一系列条件，满足股东的利益要求。

再次，反收购有利于反垄断。公司收购更能够造成行业垄断，事实上许多收购人是出于对垄断地位的追求才策划收购的。反收购的实施，有利于控制垄断的形成。基于公司的社会责任，目标公司的管理层也有理由甚至有义务对一些谋求垄断的敌意收购采取反收购措施。

最后，合理的反收购也体现着公司的社会责任。如前所述，现代公司已不再是单纯为股东谋求最大利益的工具，它同时还肩负着一定的社会责任。如果收购成功将导致目标公司解体、工人失业以及社会资源的浪费等与公司应承担的社会责任相悖的后果时，目标公司的管理层采取反收购措施自然也就合乎情理。由此造成的对股东自由转让股票权利的限制是权利社会化的合理体现。在这里，个人利益与社会总体的利益也需要微观规范加以平衡。

微观规范上考量，上市公司反收购措施明显也带有其消极

---

[1] 汤欣：《公司治理与上市公司收购》，中国人民大学出版社，2001 年版，第 158 页。

[2] 龚维敬：《企业兼并论》，复旦大学出版社，1996 年版，第 112～143 页。

性。正如收购可能产生诸多副作用一样，反收购若不加以相应规则，也会产生种种弊端。目标公司管理层与公司股东之间在公司收购中的利益冲突是反收购的弊端产生的根源所在。反收购的消极方面体现在。

首先，反收购可能导致目标公司高管滥用权利以维护自己的私利。由于公司收购通常带来目标公司管理层的更迭，直接威胁他们的利益，因而在面对公司收购时，目标公司高管为了维护自己的地位和利益，可能会想方设法甚至不择手段地试图挫败收购，而置目标公司和股东利益于不顾。现代公司的股东由于股权分散，中小股东的人力、财力和掌握的信息有限，加之“搭便车”心态普遍，因而无法对管理层实施有效的监督。这里，显然需要微观规范给予利益制衡，以避免反收购措施可能成为高管维护其私利的工具，从而损害目标公司及其股东的利益。

其次，增加收购成本，造成社会资源的浪费。反收购会增加收购成本，这是必然的。一方面反收购增加了收购的难度，收购方为了达到预期目的，必然要扩大收购资金，增加花费在公司收购上的精力与时间，加大了收购方的负担；另一方面，为了挫败收购方，目标公司经营者必然会分散精力，并抽调资金，想方设法采取有效的反收购策略，从而增加了公司经营管理成本，降低公司运营效率。同时，在收购与反收购的频繁交锋中，攻防双方进进退退，也会造成社会资源的浪费。

最后，削弱收购机制的积极功效。随着公司治理的“股东大会中心主义”向“董事会中心主义”的转移，现代公司中董事会的权力日益膨胀，而股东由于种种原因根本无力对董事会进行有效监督。此时，通过收购机制从外部进行监督便成为督促公司管理层提高经营水平，改善经营状况的重要途径，同时公司收购也是优胜劣汰，实现资源合理配置的有效手段。但是反收购的滥用却阻碍了收购机制积极功效的发挥。

基于利益衡量的思维，我国在微观规范设计上对反收购应持部分肯定的态度，主要原因是：其一，“根据民法意思自治的原则，法律对于当事人之意思表示，即依其意思而赋予法律效果，依其表示赋予约束力。”[1] 如果目标公司股东大会决定采取反收购举措，其意思表示符合民法基本原则，所以应依法对其赋予一定的效力。其二，反收购担负着一定的社会责任。股份公司已经变成了多元利益的结合体，并成为多重法律关系中的利益载体，公司的重大决策是经济性的，也是社会性的。其三，反收购措施的行使可以挫败那些恶意的收购者，从而能使公司职工在一个稳定的环境中工作。特别是对一些经营管理良好、有发展前景的中小型公司，一个稳定的经营环境，更有利于公司职工和社会的安定。

虽然我们对反收购持一定的肯定态度，但是这并不意味着目标公司采取反收购措施可以毫无节制。公司法关于收购的微观规范的设计之初衷是鼓励收购、鼓励交易，采取反收购措施不能与鼓励市场交易的立法目的相悖，对反收购微观规范的设计及具体反收购行为法律效力的判断应当纳入这一原则之中，使反收购制度的设立适应社会发展的总体目标。反收购是一把双刃剑，法律规则既不能一概禁止，也不能一味纵容。法律不能容忍目标公司管理层为了私利而阻止、破坏对目标公司股东有利的收购行为。[2] 所以，我国在反收购的微观规范构建上，应当既要客观评价目标公司高管依照商业判断原则作出的反收购决策的合理性，也要维护目标公司中小股东的合法权益，同时考虑公司的社会责任，照顾到社会的总体利益，在诸多利益的冲突中寻求利益平衡之策。

---

[1] 梁慧星：《民法总论》，法律出版社，1996年版，第51页。

[2] 代越：《论公司收购的法律管制》，《经济法论丛（第1卷）》，中国方正出版社，1999年版，第415页。

6.5 立法模式选择之微观规范

6.5.1 董事会决定模式

反收购的理论基础之一是公司控制权市场理论，认为公司控制权市场是“能够使公司经营者负责任的一种最基本的机制，公司收购特别是敌意收购可以解决公司治理中存在的问题”[1]。该理论的创始人曼尼认为，公司收购实际上是公司控制权的交易市场，在这个市场中，收购者向目标公司提出收购公司控制权，交易的标的就是目标公司的控制权。[2] 哈佛大学的 Michael Jensen 教授发展了这一理论，他认为，公司的控制机制由四个部分组成的，即资本市场、法律/政治制度、产品和生产要素市场以及董事会为核心的内部控制机制。当公司的经营者没有采取切实有效的制度对公司进行经营管理时，公司的外部人就有控制该公司的机会。他认为：其一，在由公司的各种内外部控制机制构成的控制权市场上，无论是公司的内部控制机制还是外部控制机制的代理投票都不能达到应有的作用，只有公司收购才是最为有效的监督机制。其二，“外来者对公司的收购非但不会损害公司股东的利益，实际上还会给股东带来巨大财富。”[3] 现代公司虽然可以看成是由各种平等的利益相关者的集合体，但是股东仍然是公司的最重要的成员，他的利益在公

[1] 张新：《中国并购重组全析：理论、实践和操作》（上），上海三联出版社，2004 年版，第1131 页。

[2] 雷兴虎：《论目标公司的反收购权》，王保树主编《公司收购：法律与实践》，社会科学文献出版社，200 年版，第 272 页。

[3] 张新：《中国并购重组全析：理论、实践和操作》（上），上海三联出版社，2004 年版，第1131 页。

司中应该得到最为优先的对待。他认为，股东是公司剩余风险的承担者，他们当然享有控制权，股东把这种控制权委托给公司的管理层，管理层就应该为公司的股东的利益最大化服务。在收购中，不仅收购公司还是目标公司的股票价格都得到了异乎寻常的提高，即时在收购失败，也会对股东的利益带来好处。其三，他认为，任何干预或者限制敌意收购的主张可能削弱公司作为一种企业组织的形式，并导致人类社会富祉的降低。那种公司收购就会导致工人失业与管理者解聘的观点是没有相关证据证明的空想。“即时传说是正确的，也不应限制或者禁止收购，因为那样做会阻碍新技术的采用，丧失潜在的规模经济效率，从而产生真正的社会成本，在总体上降低人类社会经济福利。”❶

基于公司控制权理论的相关立法模式为董事会决定模式。比较其微观规范，最为典型的是美国，所以也称为美国模式。按照美国的立法体例，证券法属于联邦立法的范围，而公司法为各州的立法权限。所以，上市公司收购为联邦立法与各州的立法所共同调整的内容。在美国，反收购由董事会决定，除了政治上的考虑之外，还具有以下理由：第一，董事的忠实义务决定了由董事会采取措施来决定是否收购。根据忠实义务的要求，董事会必须为股东的最大利益服务。面对收购，股东有可能仅仅顾及到收购股票的价格而忽视了收购中可能隐藏的陷阱，而董事会可以做到审慎和全面的决策。第二，股东在谈判中的弱势地位可以由公司的董事会在谈判协商中的主动地位予以弥补。第三，董事会采取的反收购的措施也是基于公司的社会责任要求。公司不能仅仅成为股东追求利润最大化的工具，而且还要考虑包括雇员、债权人、销售商以及消费者等众多利益相关者的利益要求。在收购中，如果董事会认为该行为会损害这

❶ 张新：《中国并购重组全析：理论、实践和操作》（上），上海三联出版社，2004年版，第1131页。

些利益相关者的利益，有权采取反收购措施。正如学者所言，这种立法理念是“由于所有权与经营权的分离，加上公司经营活动的专业化和复杂化，为了保证交易安全，提高经营效率，公司经营决策权包括反收购的决定权，应该由董事会掌握和行使。”[1]

6.5.2 股东大会决定模式

与公司控制权市场理论相对应的，是利益相关者理论。布莱尔认为：“公司股东实际上是妄为理论上的所有者的身份，因为他们并没有承担理论上的全部风险，这些股东几乎没有任何我们所期望的作为公司所有者本身所应有的典型的权利和责任”，在此之外，其他相关者如雇员与相关者也承担了这一风险。因此“股东仅仅是一组对公司利益者之中的一员，相关利益者都对公司有要求权。那么，我们就没有理由认为股东的利益应该优于其他相关者的利益”[2]。所以，股东具有“最佳的激励来监督经营者并观察企业的资源是否被有效地使用”的命题也就发生了动摇。在布莱尔看来，“我们一直在被灌输一种说法，即产权是市场和资本主义的组织方式赖以存在的制度基础，现在这种说法受到了冲击”。[3] 公司的出资不仅来自股东，而且来自公司的雇员、供应商、债权人和客户，后者提供的是一种特殊的人力投资。因此，公司不是简单的实物资产的集合物，而是一种“治理和管理着专业化投资的制度安排”[4]

[1] 张新：《中国并购重组全析：理论、实践和操作》（上），上海三联出版社，2004 年版，第 1134～1135 页。

[2] 张新：《中国并购重组全析：理论、实践和操作》（上），上海三联出版社，2004 年版，第1132 页。

[3] 张新：《中国并购重组全析：理论、实践和操作》（上），上海三联出版社，2004 年版，第1134 页。

[4] 科斯、诺思、威廉姆森等，刘刚等译：《制度、契约与组织》，经济科学出版社，2003 年版，2004 年版，第 109 页。

所以，公司的管理层不仅仅是为股东，而且应该为全体利益相关者服务。利益相关者的概念从根本上推翻了“公司控制权理论主流学派的管理者与股东是委托代理关系的分析框架，也从根本上推翻了公司控制权理论主流学派中公司管理层必须对公司股东利益最大化为目标的传统核心观点，取而代之的是公司管理层应对‘相关利益者’负责的新观点。”❶ 该种理论也为美国第二次地方反收购立法提供了理论依据。1990 年 3 月宾夕法尼亚州议会通过的《宾夕法尼亚州 1310 法案》中规定：“董事会今后在考虑公司决策变动时不仅仅只是关心其对股东的短期和长期影响，还必须照顾到该决策对公司相关利益者的短期和长期影响。”❷ 基于该规定，目标公司的管理层可以以利益相关者为借口在公司收购中获得保护。

基于利益相关者理论相关的立法设计，主要表现为股东大会模式。该种模式为英国所普遍采用，故也称英国模式。《城市收购与兼并守则》第 2 条的基本原则的部分对反收购的权利作出了如下规定：“在一项善意的收购要约被通知到受要约公司董事会之后，或在受要约公司董事会有理由相信一项善意的收购要约即将发生之后，未经股东大会批准，无论任何时候，受要约公司董事会均不得为了有效地阻挠任何善意的收购要约，或为了使股东失去对收购要约作出评价的机会，而对公司事务采取任何行动。”守则在第 21 条又规定：“在一项要约持续期间，或者甚至在要约发出之前，如果受要约公司的董事会有理由相信一项真实善意的收购要约将要发生的话，除非根据一项早已签订的合同，否则，未经股东大会的批准，董事会不得：(1) 发行任何已经核准但是尚未发行的股票；(2) 就任何尚未发行的股票发行或授予选择权；(3) 创设或发行，或者同意创设或

---

❶ 张新：《中国并购重组全析：理论、实践和操作》(上)，上海三联出版社，2004 年版，第1132 页。

❷ 崔之远：《美国二十九个州公司法修改的理论背景》，载《经济研究》，1996 年第 4 期。

发行带有换股权或认股权的任何证券；(4) 出售、处分或获取，或者同意出售、处分或获取具有重大价值的财产；(5) 签订正常经营范围以外的合同。”[1] 从微观规范上解构分析，股东大会决定模式将反收购的决策权授予目标公司股东大会，在客观上是有利于收购者的，收购要约通常会使目标公司股票价格上涨，股东为了追求收购溢价，较有可能赞成收购而反对采取反收购措施；另外，股东大会的召集需要一定的程序和时间，这可以为收购者赢得时间和机会，目标公司股东大会的反应越滞后，收购人就越容易成功。

6.5.3 两种模式利益衡量之微观规范解构

反收购涉及的利益相关者众多，互相之间的利益关系复杂，除目标公司高管外，反收购利益相关者还包括目标公司股东、员工、债权人、供应商、消费者、竞争者、所在社区、收购方、收购方股东以及代表公共利益的国家等。各方利益的价值取向各异，有时甚至互相对立、尖锐冲突。反收购的过程和结果，都体现出各方的利益博弈。微观规范的构建所要解决的问题，是对各方的利益冲突设计利益衡量的规范框架。反收购的规范依据是什么？有人认为是社会利益或者公司整体优先。社会利益是一个抽象的概念，以社会利益优先来取代反收购的微观规范，在实践中缺乏可操作性；而公司利益的含义模糊，实践中容易被替换，特别是控制股东已经事实上控制了公司，公司与控制股东的利益分野不能被忽视。微观规范设计上，应该以目标公司全体股东的利益为判断标准上来实现各方利益的平衡。

基于全体股东的利益作为优先考虑，反收购制度具有了理论的正当性和实践上的可操作性。我国应该采用股东大会决定主义立法模式。“为克服现行立法的不足，我国应对反收购措施管理严一点，

---

[1] 《The City Code on Takeovers and Mergers》。

如可以参考英国的一般禁止模式，对目标公司董事采取反收购措施的权力予以限制，将权力赋予目标公司股东，从而保证董事信义义务的履行。”[1] 的确，“我国缺乏完善健全的司法审查体系，对董事的信义义务仅仅是原则性规定，没有赋予违反此义务时股东应享有的救济权，管理层极可能滥权而使中小股东利益受损，因此，建议将反收购决策权仍归于目标公司全体股东，并在股东大会表决时，要求关联股东回避，以促进收购效率，同时真正保护中小股东权益”[2]。笔者赞同此观点：从公司法理上看，董事由股东选任，其任务只在于执行股东大会决议，但仅仅对董事的反收购权利予以限制是不够的，特别在我国，掌握公司控制权的往往不是公司的高管人员——这些高管人员仅仅是控制股东的代言人。在这种情况下，仅仅对目标董事进行责任限定而对控制股东的行为不予微观规范安排，并不能达到有效规制的目的。

所以，对采取反收购措施的最终的决定权应该赋予股东大会，董事会只具有提出意见的权利[3]，这种意见已经被新近立法采纳：“考虑到《证券法》的修改和全流通的市场环境，收购人通过要约、二级市场等多种方式进行。全流通时代，敌意收购取得上市公司的控制权将成为可能，因此，征求意见稿不再禁止董事会提出有关反收购的议案，但必须经股东大会批准方可采取反收购措施，并且对反收购活动作出原则性规定，要求被收购公司董事会针对收购所作出的决策及采取的措施，应当有利于维护本公司及其股东的利益，

---

[1] 上海证券报：《上市公司反收购亟待规则》http：//www.jrj.com.cn/NewsRead/Detail.asp? NewsID=206995。

[2] 范旭斌：《论对目标公司管理层反收购行为的法律规则》，载《江苏教育学院学报（社会科学版）》，2003 年第 1 期。

[3] 刘俊海：《公司收购与中小股东保护》，载王保树主编：《公司收购：法律与实践》，社会科学文献出版社，2005 年版，第 16 页。

不得滥用职权对收购设置不适当的障碍。”[1]《上市公司收购管理办法》第 8 条第 2 款规定，被收购公司董事会的反收购措施，应有利于维护本公司及其股东的利益，不得滥用职权对收购设置不适当的障碍，不得利用公司资源向收购人提供任何形式的财务资助，不得损害公司及其股东的合法权益。该办法第 33 条还规定，收购人作出提示性公告后至要约收购完成前，被收购公司除继续从事正常的经营活动或者执行股东大会已经作出的决议外，未经股东大会批准，被收购公司董事会不得通过处置公司资产、对外投资、调整公司主要业务、担保、贷款等方式，对公司的资产、负债、权益或者经营成果造成重大影响。基本采取了英国《城市收购与合并守则》第 2 条和第 21 条的规定。基于利益衡量的规范向度，董事会针对收购所作最终抉择及其他的措施，应当有利于上市公司和股东的利益，而不是董事自身的利益。

6.6 毒丸计划利益衡量之微观规范

毒丸计划（poison pills）亦称毒丸术，正式名称为“股权摊薄反收购措施”，指的是目标公司授予股东特定的优先权利，如以优惠价格购买目标公司股票或按优惠条件将手中的优先股转换为普通股，并以出现特定情形（典型的是恶意收购方获取目标公司股份达到一定比例）为该权利的行使条件，一经触发，剧增的股份数额将大大增加收购成本。[2] 布莱克法律词典对此做了如下定义：“a corporation’s defense against an unwanted takeover bid whereby

[1] 中国证监会：《〈上市公司收购管理办法〉修订说明》，载《中国证券报》，2006 年 5 月 23 日，第 A19 版。

[2] 胡海峰、史文璟：《试论毒丸计划对我国海外上市公司的影响》，载《未来与发展》，2005 年第 3 期。

shareholders are granted the right to acquire equity or debt securities at a favorable price to increase the bidder's acquisition costs."将毒丸计划定义为公司应对敌意收购要约的一种防御措施，公司通过向股东授予低价购买公司股票或债券的权利来增加收购者的收购成本。设计毒丸计划的目的是使收购方意识到，即使将来收购成功，也会使收购人在收购后遭受经济上的严重不利后果，如同吞下了毒丸，所以能够在一定程度上抵制恶意收购行为。毒丸是在20世纪80年代公司收购浪潮中发展起来的一种反收购措施，由Bechtel，Lipton，Risen & Karat律师事务所的反收购专家Martin Lipton发明。[1] 在1983年之前，如果大部分董事想接受某收购要约的话，目标公司的董事会的不充分的决策是不能阻止某个恶意收购要约的。但是1983年之后，随着“股东权利计划”(shareholder rights plan)即“毒丸”的产生，这种情况发生了彻底的变化。在美国过去的20年中，没有一个恶意收购能冲破毒丸的封锁线，因此学界把毒丸称之为恶意收购的有力的阻止者（show stopper)，其效果是可以使目标公司的董事会单方面否决恶意收购要约。

美国证券交易委员会的首席经济学家在其报告中对毒丸计划进行了如下概括：“所谓毒丸计划是指任何将在特定事件（例如收购目标公司资产或收购超过特定数额目标公司普通股）发生时触发，而造成以下一项或几项结果的融资安排：(1）收购方被迫从目标公司股东手中以等于或高于市场价格的价格购买目标公司股份；(2）目标公司股份持有人取得将目标公司股份以溢价方式从目标公司换得现金或其他证券的权利（收购方一般不得参与这种交换)；(3）目标公司股份持有人取得以低于市场价格的价格购买目标公司股份的权利（收购方一般被排除在外)；(4）收购

---

[1] 李劲松：《毒丸反收购措施研究》，载王保树主编：《公司收购：法律与实践》，社会科学文献出版社，2005年版，第297页。

方必须以低于市场价格的价格向目标公司股东出售其公司股份；(5) 收购方与目标公司其他股东相比实质性丧失其股份的投票权。”[1] 作为一种反收购对策，毒丸计划是指目标公司给原有股东以较低价格购买公司股份的权利，当收购公司持有目标公司股票累计达到一定的比例，即达到一定的触发事件（Triggering Event）时，毒丸计划就发生作用，以稀释收购者持有公司的股份。

微观规范上，毒丸计划是一种收购防御措施，毒丸计划的实施，或者是权证持有人以优惠价格购得兼并公司股票（吸收合并情形）或合并后新公司股票（新设合并情形）或是债权人依据毒丸条款向目标公司要求提前赎回债券、清偿借贷或将债券转换成股票，这些行为都会在客观上稀释敌意收购者的持股比例，增大收购成本，或者使目标公司现金流出现重大困难，使敌意收购者即使收购成功，也将面临巨大的经营困难[2]。因此，毒丸计划从本质上来讲是一种负向重组方式，董事会启动它，通过股本重组，降低收购方的持股比例或表决权比例，或增加收购成本以降低公司对收购者的吸引力，达到反收购的效果。它有助于抑制敌意收购，是公司内部多种防御策略中最为有效的方法之一。1985 年的 Moran v. Household International，Inc. 一案中，毒丸计划首次获得法院支持，[3] 之后成为最通用的反收购措施，美国至少有 2500 家公司采用了各种形式的毒丸计划。

毒丸计划的实施是否真正符合目标公司的最大利益呢？这需要对毒丸计划所涉及的相关利益者进行微观规范解构方能得出结论。

---

[1] 胡海峰、史文璟：《试论毒丸计划对我国海外上市公司的影响》，载《未来与发展》，2005 年第 3 期。

[2] 于兆吉、郭亚军，《在中国国情下实施反并购策略探析》，载《东北大学学报》，2003 年第 5 期。

[3] 500 A . 2d 1346 (Del. 1985).

6.6.1 从目标公司董事的视角微观规范

美国法中公司的毒丸设置需要公司章程的一般性授权，例如当公司实施毒丸计划而发行空白支票型（Blank Check）优先股时，一般需要公司章程包含相应的授权条款。但是，董事会在考虑是否设置“毒丸”时，有可能首先考虑董事会成员自身的利益。从这个角度看来，董事会设置“毒丸”有利于董事的利益。而从“毒丸”的客观效果看来，在“毒丸”设置后，要约收购难度加大，董事在公司中的控制地位更趋于稳固，而这正是董事所希望的。董事会利用“毒丸”作为谈判的手段，可以为董事谋求在收购公司中的位置或更加优厚的报酬。总之，“毒丸”的设置有利于董事，董事会乐于设置“毒丸”也就不难理解了。所以，在微观规范上对毒丸的设置进行价值评判，应当注意到对股东利益的利益衡量，而董事的商业判断规则与对股东的信义义务也需要微观规范的平衡。毒丸的设置与赎回，都应当是为了股东和公司的利益，这是毒丸计划作为微观规范合法性的基础。

6.6.2 从目标公司股东的视角微观规范

毒丸对目标公司股东的影响，有两种相互矛盾的观点，令人疑惑的是，这两者观点得到了实证数据的支持。一种人认为设置毒丸对目标公司股东不利，一种则认为有利。[1]

1982 年至 1986 年间 132 家公司宣布设置毒丸对其股价的影响进行了实证研究，发现毒丸降低了股东财富，宣布设置毒丸的公司股价在 2 日内有一个很小的但是在统计上很明显的非正常下降，平

[1] Office of the Chief Economist of the Securities and Exchange Commission：The Effects of Poison Pills on the Wealth of Target shareholders43（Oct. 23，1986）.

均下降值为 0.915%，当宣布公司放弃毒丸时其股价会出现非正常上升。这一结果支持了第一种观点，认为毒丸是董事自保手段，对公司股价产生了负面影响。❶ 伊斯特布鲁克和费希尔对此也有实证研究："毒丸证券是一项未经投资者同意即可启用的反收购机制，它造成了平均 0.34%的股价损失。如果我们将注意力集中于那些面临并购压力的公司，将会发现这一损失为 1.51%；如果要约收购投机近日才发生（或者并购的竞争正在进行之中），这一损失为 2.3%。而如果我们将注意力集中于在特拉华州注册的公司（在理论上，特拉华州的法院已经认可了毒丸证券的效力，而其他一些州的法律对此态度并不明确），该损失则跃升为为 2.6%。特拉华州 133 家采用毒丸计划的公司，从 1985 年 9 月（开始采用毒丸机制）到 1986 年底，股本价值总计减损了约 20 亿美元。采用毒丸计划的公司，其管理层持股比例极低（平均为 3%），大大低于那些没有采用毒丸计划的公司。另有信息表明，公司发行毒丸计划当年的盈利能力低于行业平均水平。"❷

另外一项对 1982 年至 1986 年间 380 家设置毒丸的公司的实证研究表明，设置毒丸的公司的股价在统计上有明显下降。同时，该研究还分析了针对毒丸防御措施的法律诉讼对于目标公司股价的影响，结果发现在 18 项支持毒丸计划的判决中有 15 家公司的股价受到负面影响。该研究还涉及了作为反收购措施的有效性，发现在设置毒丸的公司中 31%的在收到敌意报价仍然保持独立，而在没有设置的样本公司仅为 15.7%，另外，在 51.8%的敌意报价中目标

❶ Paul H. Malatesta and Ralph A. Walking, "Poison pills Securities: Stockholder Wealth , Profitability and ownership Structure ", journal of Financial Economics 20, no. 1/2 (January/March 1988), pp. 347～376.

❷ ［美］弗兰克·伊斯特布鲁克、丹尼尔·费希尔，张建伟、罗培新译：《公司法的经济结构》，北京大学出版社，2005 年版，第 221 页。

公司设置的毒丸使报价有所提高。[1] 这一研究反而支持了毒丸对目标公司股东有利的观点。

相互矛盾的实证数据表明，一方面设置毒丸对公司股价有负面影响，可能是设置毒丸的公司更难以成为收购目标，但是必须注意到，这一影响的程度不是很严重，而且仅仅局限在公司宣布设置毒丸后的较短期间内；而另一方面，在公司收购战中，有毒丸的公司会获得更高的溢价。所以，对不同公司的毒丸设置的合法性审查，更多的要看个案的具体情况，它更多的是一个实证意义上的价值评判，需要微观规范加以规制。

6.6.3 从利益相关者的视角微观规范

上文已经详细探讨了基于保护利益相关者利益的观点，因为它们在收购及收购政策的争论中都极其重要。一旦非股东成员的利益牵扯进来了，机构投资者对于收购措施反对就不再那么重要了。一旦利益相关者进来了，投资者的利益就只是需要保护的一部分成员的利益。在这里，基于利益衡量的微观规范的价值重心已经发生了偏移。

支持董事会“毒丸”设置权就应该反对只是股东的利益应该受保护的观点，而应该支持利益相关者，尤其是雇员的利益也应该受保护的观点。董事会“毒丸”设置权的支持者会认为，如果我们承认应该保护利益相关者的利益，那么董事会将会用“毒丸”设置权作为利益相关者的保护伞。通过将董事会视为利益相关者的保护人，董事会“毒丸”设置权的支持者就能够证明他们的主张的合法性与优越性。他们还想将对董事会“毒丸”设置权的争论变为一场

---

[1] Michael Ryngaert, “The Effects of Poison Pill Secturities on Stockholder wealth”, Journal of Financial Economics vol. 20 (Journal/March 1988), pp. 337～417。

狭隘的公司股东中心论与更为广阔的公司成员论之间的争论。[1] 主要质疑在董事会“毒丸”设置权之争中谁是最关键的。认为雇员和其他利益相关者应该受到合同之外的保护并不表明应该支持董事会“毒丸”设置权。最起码在现行的董事会选举和运行规则下，在收购中董事会不可能是利益相关者的好的代理人。因此支持董事会“毒丸”设置权不能看作是对保护雇员和利益相关者的支持，而是与股东相比对提高董事会和管理者的权力的支持。那么董事会“毒丸”设置权之争并没有使我们面临着在股东和利益相关者之间作出选择，相反，是股东与管理者之间的选择，利益相关者只是一个旁观者。这就是董事会“毒丸”设置权的关键所在。

采用毒丸计划能够有效防止目标公司被收购，但毒丸计划的实施应该是谨慎的。毒丸计划的实施要具有一定的条件，并且要经过股东大会而不是董事会的同意。毒丸计划在美国已经普遍采用，特拉华州也明确承认了毒丸计划的合法性。从判例与成文法微观规范的发展趋势来看，美国法律对毒丸计划越来越宽容。他们认为，毒丸计划本身只是一个商业规则的判断问题，本身不存在合法与非法的判断，但是毒丸计划需要符合两个标准，一是董事有责任举证证明收购对公司的经营政策和有效存在构成威胁，二是董事采取的反收购措施与收购对公司形成的威胁有适当关系。[2]

依法理，毒丸的设置意味着股东对自己的股份处分设置了一定条件，出售与否以及以什么条件出售都属于股东的私权场域。董事作为受信人，有义务按照股东对股份处分的意思表示而为受托行为，以实现委托人的利益最大化。所以，毒丸计划的权源是股东的股份处分权，董事的商业判断只能在这一原则之下寻找其合法空

[1] 张茂荣：《“毒丸”反收购措施及其规则研究》，吉林大学硕士学位论文。

[2] 张新：《中国并购重组全析：理论、实践和操作》（上），上海三联出版社，2004年版，第 1150 页。

间，而不是超越股东的这一权利。我国的反收购微观规范尚在萌芽，还没有毒丸设置的具体微观规范。在构建反收购的微观规范时，尤其要注意董事的商业判断与信义义务的规范平衡，目标公司股东的利益始终是反收购规范构建的价值之维。

6.7 反收购立法的利益衡量之微观规范

反收购不仅涉及收购公司的利益，对目标公司的利益同样会造成影响。因为股东的短视行为，收购来临时极易抛售股票使收购得以成功。公司收购后原有的公司的计划和经营目标可能会发生改变；恶意收购还可能带来对利益相关者的损害，如环境污染，工人失业等。因此，反收购中目标公司股东与董事会在以股东利益最大化的基础上，还应兼顾其他人员诸如公司职工、债权人以及消费者的利益。

我国的反收购已经不是缺乏规范的对象，而是缺乏规范本身。在新公司法和证券法实施之后，反收购依然是我国的制度新域。现行法律对公司收购作了较为详尽的微观规范设计，但对反收购行为的规范几乎空白。这是规范的设计盲区，不利于对利益冲突各方进行利益衡量的制度平衡，尤其是微观规范之失位，使得在具体的反收购争议中难以依法裁判。迄今为止，包括《股票发行与交易管理暂行条例》《禁止证券欺诈行为暂行办法》《公司法》《证券法》在内的规范企业行为与证券市场的法律法规都未能将反收购规则问题妥善解决。虽然《上市公司收购管理办法》对反收购行为有原则性的规则，但在微观规范的建构上，对目标公司可以采用的反收购措施以及目标公司进行反收购的权利和法律空间仍然没有具体规范，而这些都需要法律尽快明确。国资委作为国有资产出资人代表，颁布实施了一系列规则收购行为的文件，但显然从文件的形式到实质内容，都存在不完善之处。《反垄断法》目前虽已颁布，但在与上市公司收购制度的衔接上需要配套的微观规范，仅仅以反垄断视角对上市公司收购的合法性审查尚缺乏微观规范的支撑，实务中也难以操作。总之，我国缺乏完善的反收购规范体系，尤其是缺乏反收购的微观规范的设计，这不利与对此场域的规范平衡和利益衡量。在未来的制度设计中，利益衡量的微观规范应当成为此场域制度构建的基本路径。

为了确定自我和找到动力，人们需要敌人，包括商业上的竞争者、取得成功的对手、政治上的反对派。

——赛缪尔·亨廷顿[1]

视域一之结语
狙击目标——公司控制权

微观规范的视域中，上市公司收购的本质就是目标公司控制权的争夺，由此表现出多种利益的冲突与博弈。利益冲突导致利益衡量的规范需求，促使矫正正义在此场域呈现出显性需求的规范特征，其中，微观规规范的建构需求尤为明显。上市公司收购规范设计实际上是围绕目标公司控制权展开争夺的规范设计，尤其是利益衡量的微观规范设计。在利益冲突的格局中寻求权利和义务的平衡需要法律规范作为支撑，上市公司收购制度的构建，需要依据利益衡量的微观规范对各种制度进行安排与组合。上文以利益衡量的微观规范视角对上市公司收购制度中的重大问题进行讨论。规范解构是为了规范的建构。上市公司收购制度涉及的利益主体是多元的，是一个复杂的利益集合体，立足利益衡量的微观规范，可以通过对收购制度的组合与安排，实现参与各方的

[1] 赛缪尔·亨廷顿：《文明的冲突》，新华出版社，2013年版，第110页。

利益平衡。上市公司收购各方围绕着目标公司的控制权展开一场激烈的争夺战，在这场错综复杂的博弈中，众多利益主体的利益会受到影响，如目标公司中小股东、公司雇员及其他利益相关者。在利益冲突的格局中，对一种利益的保护就意味对其他利益某种程度的制约，不同主体的利益之间往往呈现出此消彼长的局面。上市公司收购固然以保护投资者利益为出发点，强调投资者这一群体的利益，但市场要取得健康、持续发展，需要在制度层面上对维护有关各方的利益衡量的微观规范作出安排，这是上市公司收购制度构建的价值向度，也是建立和谐的证券资本市场的规范路径。因此，微观规范的设计既要考虑到公司赖以存在的社会整体利益，又要考虑收购公司与被收购公司的自身利益，也要考虑作为个体的投资者的利益，作为公司外部环境的债权人的利益、作为人力资本的所有者的职工的利益，从而在实现国家、社会和个人利益最大化中达到利益的平衡。利益衡量首先是在规范构建时的理念，在对公司收购的相关制度的设计中应予以贯彻始终的持续体现；同时，在具体的利益冲突中，以权利的赋予和义务的负担作为平衡各个主体之间利益冲突的规范方法，实现各主体之间在微观上的利益平衡。寻求理性的制度安排和利益冲突的平衡规范，支持着法律沿着自我更新的路径绵延至今。对利益衡量的微观规范的探求，在描画着人类从野蛮洪荒走向现代文明的法律规范足迹。自 20 世纪 90 年代以来，世界各国公司法和证券法的修法浪潮，并不仅仅表现在具体规范条文的变化，更重要的是在这种变化后面所体现的理念的更新和取舍，细细考察各国的修法新举动，体味其中的原则和微观规范推陈出新的过程和变化趋势，许多经验可以为我国积极借鉴。上市公司收购中利益冲突的多重性，要求微观规范应当具有相当的弹性和配置能力，在给予资本市场各个利益主体追逐利益之自由的同时，与微观规范的设计和运用中实现各方的利益平衡。在这里，利益衡量的微观规范是微观的平衡，也是在实务中的平衡，是静态和动态平衡的统一。利益衡量的微观规范是我们在研究上市公司收购的理论、梳理和检讨现行法规范、设计未来规范以及处理具体利益讼争时的内在纲目，也是培育一个利益和谐的资本市场的理性选择。

视域二

关联交易中利益衡量之微观规范

苏格拉底是被处死了，但苏格拉底的哲学如日中天，光辉照遍整个的知识长空。

——约翰·斯图亚特·密尔[1]

第 7 章 利益冲突中的关联方微观规范

与上市公司收购相比，关联交易是另一个利益冲突的焦点，交易各方在资本市场的利益博弈牵涉各方的具体利益，因此利益衡量的微观规范设计显示出制度价值。基于利益衡量的需要，同时结合各国对于关联交易控制规范的理论探索及立法实践，我国在资本市场的规范构建中需要建立关联交易的微观规范体系。为方便起见，下文中把关联企业和关联人统称之为关联方。关联交易的法律控制问题是 20 世纪世界各国公司法变革中所面临的最重大问题，关联交易控制漏洞的出现实际上与各国早期民商法理论对基本民事主体性质的不正确认识有着内在的联系。公司法人的人格独立原则认为法人具有独立意志和独立利益，以此作为立法出发点而建立的部门法律都不同程度地受到这一认识的影响，其实这是有局限性的，真实的情况是公司受到实际控制人的掌控，公司在事实上是不可能真

[1] ［英］约翰·斯图亚特·密尔：《论自由》，商务印书馆，2012 年版，第 37 页。

正独立的。基于此，源于英美法的关联企业与不公平关联交易控制制度在20世纪中受到了大陆法系国家的重视并逐步影响了大陆法系各国的公司企业法、证券法、合同法、税法、企业兼并法、反垄断法的发展，几乎覆盖了整个民商法领域；并且这一法律研究与法律变革的过程目前在世界范围内还没有结束。相较而言，英美法系对于关联交易的法律控制主要采取判例规则形式，这是法律传统的惯性导致的局面；大陆法系对于关联交易法律控制的抽象规则暂时并未完全发育成熟，在利益衡量的视域中，许多关联交易法律控制的微观规范还有待完善，这也是下文进行探讨的必要性之所在。

至于我国，从20世纪90年代起，由于部分国内企业开始进行境外股票发行与上市实践，国内相对落后的关联交易法律规则受到国外成熟的资本市场执法部门的有力反诘。这迫使国内学界开始对英美法中的关联交易的规则控制制度进行大量的研究，研究成果逐步显现。这些研究不仅包括对关联交易概念和性质的研究、对关联交易法律特征的研究、对不同类型关联交易行为特征的研究，还包括对英美法上关联交易微观规范控制原则的翻译性研究和移植性研究等方面，部分研究成果已经被我国证券监管部门以部门规章形式所采纳。总结一下近期关联交易的微观规范设计，较为重要的主要是关联交易限制制度、强制性独立董事制度。值得注意的是，关联交易控制制度不是仅仅为上市公司适用的证券法规范，而是适用于整个公司法乃至整个民商法的规范领域。在利益博弈逐步加剧的新兴资本市场，基于利益衡量建立关联交易控制制度是微观规范设计的理性选项。对于关联交易的公司法研究实际上目前正处于起步阶段和初级阶段，我国对于关联交易法律控制的规范变革才刚刚开始，对于相关法律规则的适用亟待从上市公司领域扩展至各种类型的公司领域。从微观规范的构建而言，我国法学界和立法对此问题的研究和规范设计还有很长的路要走。

基于利益衡量的视域，对关联交易的法律控制的微观规范作如下解构：首先，具体地提出了关联人的认定规范，并且对这一规范适用的基本原则进行了具体分析。虽然类似做法早已是英美法中的成熟范例，但在我国的法制实践中尚未实施或有局限性。其次，在研究关联交易控制原则的基础上，对不公平关联交易可撤销性问题的研究，整理了非适当影响理论与其适用的基本规则，作为不公平关联交易可撤销性的基础，在不公平关联交易中实现利益衡量。同时，针对不公平关联交易赔偿问题，以利益衡量的微观规范解构英美法中关于实质公平原则的三项规则。最后，立足于利益衡量，对持续性关联交易的合同法上其他的法律控制的微观规范进行解构。关联交易法律控制是我国公司法和证券法中一个很急迫的规范设计场域，对这一规范新域的建构不可避免地会触及现行法规范体系的整体变动，在利益冲突剧烈的场域，如何立足于利益衡量进行微观规范设计，是我们将面临的共同课题。

7.1 关联人之微观规范

关联企业及关联交易控制制度是现代各国公司法中正在形成和发展的规范新域，关联企业及关联交易控制理论也是现代公司法学中争议颇多且正在发展的理论。关联企业的概念和内涵具有极端复杂性，加之各国公司法的本土环境差异，在对关联企业的认识上有所不同。对关联企业的范围进行明确的界定是实践中对关联交易实施控制的前提，在关联企业的认定上含混不清会导致具体实践的障碍，而过于笼统的概括性界定不利于执法工作的展开。正是基于关联企业的复杂性与变动性，要求法律规范应当对关联企业的概念有清晰的微观概括，应当对关联企业的范围和认定建构科学而具体的微观规范。可以说，厘清关联企业的外延和范围，实现对关联企业行为的有效规制，是微观规范建构所面临的前提之一。

7.1.1 关联企业

大陆法系和海洋法系的国家在公司法中对关联企业的称谓有所不同，有的称为“关系企业”“结合企业”“企业集团”“母子公司企业”等，但关联交易的法律制度及相关的法律概念均源自英美法，20 世纪 60 年代以后在大陆法系国家被相继采纳作为一项基本的公司企业法制度规范，可以说，对于大陆法系而言，关联交易及其控制制度是移植而来的舶来品。目前，无论是大陆法系还是海洋法系，关联企业及关联交易控制制度是各国公司法中正在形成和逐步完善起来的规范体系，关联企业及关联交易控制理论也是现代公司法学中争议颇多并正在发展的一个年轻的理论界域，而微观规范的构建更是极富挑战的理论和实务新域。

本质上，关联企业是由两个或两个以上具有独立法律人格的企业基于关联关系而结成的企业群体，而其中的控制企业，基于该关联关系对从属企业具有直接或间接的控制力，足以影响到该控制企业的从属企业的独立意志和独立行为。进一步讲，关联企业并不是一个独立的企业法人类型，而是由若干具有独立法律人格的企业组成的企业群体；维系关联企业的关联关系本质上是控制权关系，它可以表现为关联企业之间的股权控制关系，也可以表现为公司法上的实际控制关系或基于其他法律因素而形成的控制关系，该控制关系足以影响其从属企业的独立意志和行为；组成关联企业群体的独立主体不仅包括公司法人，而且包括具有独立法律人格的其他类型的企业，同时还包括可能从事商事交易行为的商个人或者自然人。从既定法的角度而言，目前各国的关联交易法律控制法意表述中，关联公司或关联企业的概念正被关联方或关联人等更为抽象的概念所取代，我国的相关法规也存在类似情况，1997 年我国财政部发布的《企业会计准则——关联方关系及其交易的披露》第 4 款就这样使用了上述概念："在企业财务和经营决策中，如果一方有能力直接或间接控制、共同控制另一方或对另一方施加重大影响，将被视为关联方；如果两方或多方受一方控制，也将被视为关联方。"[1]

大陆法系对于关联企业作为一个法律概念的探讨滥觞于《联邦德国股份法》的规定，该法第 15 条对关联企业进行了初步概括："关联企业是指在互相关系上为被多数参与的企业和多数参与的企业，从属企业和控制企业，康采恩企业，相互参与的企业或为关系企业合同的合同当事方的法律上的独立的企业"[2]。依此法律演绎观念，不少学者对关联企业间的关联关系有较为广泛的理解："关联公司的概念有广、狭义之分"；"狭义的关联公司仅指被其他公司持有股份"而基于股权控制关系形成的企业团体。而"广义的关联公司指任何两个以上独立存在而相互间具有业务关系或投资关系之一的企业体"；[3] 关联企业"是由若干独立之企业，基于某种特殊之关系结合而成之企业群或企业体，通常称为'企业集团'或'团体企业'。所谓特殊关系，以目前情形分析，约可分为企业彼此的认同感、股权关系、业务结合关系、姻亲结合关系以及法律地位等"。[4] 关联企业必须以其相互之间存在"特殊而持久"或者"持续而稳定"的控制关系为基本前提，"企业之间存在有某种特殊而持久之关系，透过这种关系影响各分子企业的经营方式和决策标准，由这种关系而结合之企业，也就是所称之关系企业"。认为立法对于关联企业关系的概括应当强调具体的控制关系并主张："公司直接或间接控制他公司之业务经营或人事任免者，公司与受控制

[1] 《企业会计准则——关联方关系及其交易的披露》（1997 年 5 月 22 日财政部财会字［1997］21 号发布）第 4 款。

[2] 《联邦德国股份法》第 15 条，引自：韩文等译《联邦德国股份法》，科学技术文献出版社，1989 年版，第 3 页。

[3] 江平：《新编公司法教程》，法律出版社，2003 年版，第 221 页。

[4] 洪贵参：《关系企业法——理论与实务》，元照出版公司，1999 年版，第 6 页。

公司相互间为关系企业”。❶“一组企业其中之一透过资本参与或其他方式，持续稳定的控制其他的企业，是则形成一母公司控制一群公司之局面”，此为“关系企业”。❷

在微观规范的解构之下，关联企业展示着一个独特的内在利益网络，揭示了关联企业必然存在一种内部利益控制关系。任何可以形成实质利益控制关系的企业，均可视为关联企业。而在微观规范的建构趋势上，在关联企业关系认定中，强调资本控制或股权控制，强调公司法上的实际控制人的实际控制，强调基于其他法律因素的控制关系，已经成为多数国家对于关联企业行为控制的立法主流，许多大陆法系国家或地区对于关联企业的法律概括也采取了相同的立场，前述的《德国股份法》第 15 条就是一个例子。相比而言，日本关于关联企业的内涵更强调了关联企业之间的股权控制关系，日本《关于股份公司资产负债、损益计算表、营业报告书和附属明细表的规则》的第 8 条第 4 款规定：乙方公司实质上拥有另一家公司 20％以上 50％一下的表决权，并通过人事、资金、技术和交易等手段严重影响该公司的财务与经营方针者为关联公司。该规则第 8 条第 5 款规定，当按照证券交易所的规定向政府报送财务报表的母公司及其子公司、关联公司，以及财务报表报送公司时关联公司时，与其有关联的公司都叫作“关联公司”。❸ 同样，按照《日本商法典》第 211 条之二的具体规定“集有其他股份公司发行股份总数过半数的股份或集有其他有限公司资本过半数的资本公司”称为母公司，“母公司与子公司一起或子公司单独集有其他股份公司已发行股份总数过半数的股份时……母公司与子公司一起或

---

❶ 赖英照：《关系企业法律问题及立法草案之研究》，载赖英照著：《公司法论文集》，财团法人中华民国证券市场发展基金会，1980 年版。

❷ 何之迈：《企业经济力集中之法律问题》，黎明文化事业公司，1989 年版，第 13 页。

❸ 施天涛：《关联企业法律问题研究》，法律出版社，1998 年版，第 4 页。

子公司单独集有其他有限公司资本过半数的资本时，亦同”。而按照《日本商法典》第 241 条的规定，“公司、母公司与子公司一起或子公司单独集有其他股份告诉已经发行股份总数 1/4 以上的股份，或集有其他有限公司资本总数 1/4 以上的资本”理论上将其称为“准母子公司关系”。换言之，日本法上的关联企业主要为母子公司，“关系公司是母公司和子公司以及其所谓关联公司的统称。”❶ 上述规定均体现出日本现行法对与股权控制关系以及由此产生的关联企业之间的控制关系。

目前，关联企业的法律规范尤其是微观规范，已经为欧盟各国的公司法吸纳，以规范协调欧盟成员国法律为主旨的欧盟公司企业法指令即适时对关联企业的基本概念作出了规范性概括。按照欧盟公司法指令九的规定：关联企业“是指独立的企业在‘统一指挥下’互相结合的集团企业”。❷ 这一规定突出强调了关联企业之间的实际控制，从利益衡量的微观规范角度，理出了各个关联企业之间的利益脉络和内部控制的线条，明确指出了关联企业的本质性表征。

法国《商事公司法》将关联企业视为“子公司、参股和被控股公司”关系，对子公司的定义更是非常明确地强调了股权控制关系：“当一个公司拥有另一个公司半数以上的资本时，后者即被视为前者的子公司”。❸ 该法第 355-1 条规定，“在下列情况下，一公司视为另一公司的控股公司：前者直接或者间接持有赋予其在后者股东大会占多数表决权的一部分资本；根据同其他合伙人或者股东

❶ 赖英照：《关系企业法律问题及其立法草案之研究》，载赖英照著：《公司法论文集》，1990 年版。转引自施天涛：《关联企业法律问题研究》，法律出版社，1998 年版，第 4 页。

❷ 王泰铨：《欧洲欧洲事业法——欧洲公司企业组织法》，五南图书出版公司，1998 年版，第 265 页。

❸ 法国《商事公司法》第 354 条。

达成的，不违反公司利益的协议，前者单独拥有后者的多数表决权；前者事实上通过其所持有的表决权支配着后者股东大会决定权。一公司直接或者间接持有另一公司40%以上表决权，并且没有任何其他合伙人或股东直接或者间接持有的表决权高于其持有的表决权时，该公司推定为行使控制权。”同时，该法第355-2条还规定“任何被一受控股公司持有的参股，即使低于10%，均视为该公司的公司间接持有”。而一个公司被认定为另一个公司的控股公司是指该公司“直接或间接持有，赋予在另一个公司的股东大会以多数表决权的一部分资本；根据同其他合伙人或股东达成的不违反公司利益的协议，独自享有在另一个公司中的多数表决权；事实上通过持有的表决权，决定在另一个公司中股东大会的决议；直接或间接享有40%以上表决权时，并且任何其他合伙人或股东都未直接或间接持有高于该公司表决权时”。[1]

英国《1985年公司法》第92条规定：(1)“关联公司”，在和一个公司的关系上，指集团公司之外的任何法人，当公司持有该法人的长期基础性资格资本权益，其目的是通过控制或影响该法人为自己获取利益，则该法人就是该公司的关联公司。(2) 所谓资格资本权益，在和任何法人的关系上，指一种在该法人的衡平股份资本金中，由某种可以在该法人的所有全体会议中的表决的附加权益所构成的权益。(3) 当一个公司持有一个法人的资格资本权益，并且在公司持有的上述关联股份的价值相当于该法人全部关联股份价值的20%或更多，则推定其属于“关联公司”，除非有反证。所谓关联股份，指上述 (2) 中提到的法人的股份。[2]

我国的香港、台湾和大陆情况各自有别。香港《上市规则》因循英国《金融城守则》的传统，对关联人士范围做了列举性概括，

---

[1] 赵煦东：《境外公司法专题概览》，人民法院出版社，2005年版，第520页。

[2] 赵煦东：《境外公司法专题概览》，人民法院出版社，2005年版，第515页。

依据该列举，关联人士分为若干个层次：（1）公司或其附属公司的董事、行政总裁或主要股东；（2）该等董事、行政总裁或主要股东的关联人。[1]

我国台湾地区“公司法”以专章（第六章）对关联企业（台湾地区称为“关系企业”）也有规定，该法第 369 条规定：“本法所称关系企业，指独立存在而相互间具有下列关系之企业：（一）有控制与从属关系的公司。”[2] 第 369 之 2Ⅰ规定“持有其他公司已发行的有表决权的股份总额或出资总额过半数的公司为控制公司，该其他公司为从属公司”；第 369 条之 2 规定：除前项外，“直接或间接控制其他公司的人事、财务或业务经营者，该其他公司为从属公司”；第 369 条之 3 进一步规定：“有下列情形之一者，推定为有控制与从属关系：一、公司与其他公司的执行业务股东或董事有半数以上相同者。二、公司与其他公司之已发行有表决权之股份总数或资本总额有半数以上为相同之股东持有或出资者。”；第 369 条之 9Ⅰ规定：“公司与其他公司相互投资各达对方有表决权的股份总额或资本总额三分之一以上者，为相互投资公司。”第 369 条之 2 规定：“在相互投资公司各持有对方已发行有表决权的股份总数或资本总额超过半数者，或互可直接或间接控制对方之人事、财务或业务经营者，互为控制公司与从属公司。”[3] 有学者这样总结：“我国台湾地区接受并使用了‘关系企业’这一表示统称的概念，并且在使用上与日本的使用意义也是一致的。其法律学者使用‘关系企业’一词作为母子关系、参股企业之企业联合的统称。[4] 其立法也

---

[1] 何美欢：《公众公司及其股权证券（中册）》，北京大学出版社，1999 年版，第 635 页。

[2] 何芳枝：《公司法论》，中国政法大学出版社，2004 年版，586 页。

[3] 柯芳枝：《公司法论》，中国政法大学出版社，2004 年版，第 587～589 页。

[4] 赖英照：《关系企业法律问题及其立法草案之研究》，载赖英照著：《公司法论文集》，1990 年版。

径直以'关系企业'作为其关系企业法的正式名称。"[1]

在微观规范的建构上，我国大陆地区最早涉及关联企业的法律规范是《中华人民共和国外商投资企业和外国企业所得税法》，第13条首次从税收的角度提到了关联企业，但没有相关的释义，该条规定："外商投资企业或者外国企业在中国境内设立的从事生产、经营的机构、场所与其关联企业之间的业务往来，应当按照独立企业之间的业务往来收取或者支付价款、费用，不按照独立企业之间的业务往来收取或者支付价款、费用，而减少其应税的所得额的，税务机关有权进行合理调整。"[2] 国务院令［1991］第85号颁布的《中华人民共和国外商投资企业和外国企业所得税法实施细则》第四章第52条则对关联企业进行了列举定义：关联企业，是指"与企业有以下之一关系的公司、企业和其他经济组织：(一) 在资金、经营、购销等方面，存在直接或者间接的拥有或者控制关系；(二) 直接或者间接地同为第三者所拥有或者控制；(三) 其他在利益上相关联的关系"。[3] 同样，国务院于1993年4月发布的《股票发行与交易管理暂行条例》要求上市公司在年度报告中披露"关联人"，但并没有对此概念进行定义。《企业会计准则——关联方关系及其交易的披露》作为规范关联交易信息披露的重要准则，于1997年5月22日为财政部所发布。该准则要求加强对关联方关系和关联方交易的披露规范，其所定义的关联方关系，是指在企业财务和经营决策中，如果一方有能力直接或间接控制、共同控制另一方或对另一方施加重大影响，将被视为关联方；如果两方或多方同受一方控制，也将被视为关联方。该准则对所涉及的关联方关系列举了4个方面：(1) 直接或间接地控制其他企业或受其他企业控

[1] 施天涛：《关联企业法律问题研究》，法律出版社，1998年版，第4页。

[2] 1991年《中华人民共和国外商投资企业和外国企业所得税法》第13条。目前此法已经失效，此处引用只是说明关联企业的微观规范立法沿革。

[3] 《中华人民共和国外商投资企业和外国企业所得税法实施细则》第52条。

制，以及同受某一企业控制的两个或多个企业（例如：母公司、子公司、受同一母公司控制的子公司之间）；（2）合营企业；（3）联营企业；（4）主要投资者个人、关键管理人员或与其关系密切的家庭成员直接控制的其他企业。[1]

《中华人民共和国税收征收管理法》第 24 条对关联企业的规定大致与《中华人民共和国外商投资企业和外国企业所得税法》第 13 条的规定相同，只是将调整范围由“外商投资企业和外国企业”扩大至“企业和外国企业”。[2] 我国 2002 年发布的《税收征收管理法实施细则》第 36 条以列举性方式认定，关联企业“是指有下列关系之一的公司、企业、其他经济组织：（一）在资金、经营、购销等方面，存在直接或者间接的拥有或者控制关系；（二）直接或者间接地为第三者所拥有或者控制；（三）其他利益上具有关联关系”。[3] 可见，该条与《中华人民共和国税收征收管理法》第 24 条所指的关联企业的列举定义和《中华人民共和国外商投资企业和外国企业所得税法实施细则》第 52 条所指的定义是相一致。[4] 2007 年新修改的《中华人民共和国企业所得税法》第六章第 41 条继续延续了前述立法对于关联交易的定位，该条规定：“企业与其关联

---

[1] 《企业会计准则——关联方关系及其的披露》第 4 条、第 5 条。

[2] 1995 年修订后的《中华人民共和国税收征收管理法》第 24 条规定：“企业或者外国企业在中国境内设立的从事生产、经营的机构、场所与其关联企业之间的业务往来，应当按照独立企业之间的业务往来收取或者支付价款、费用；不按照独立企业之间的业务往来收取或者支付价款、费用，而减少其应纳税的收入或者所得额的，税务机关有权进行合理调。”目前该法律已经失效。2001 年我国对该法重新进行了修订，新的《中华人民共和国税收征收管理法》第 36 条规定：“企业或者外国企业在中国境内设立的从事生产、经营的机构、场所与其关联企业之间的业务往来，应当按照独立企业之间的业务往来收取或者支付价款、费用；不按照独立企业之间的业务往来收取或者支付价款、费用，而减少其应纳税的收入或者所得额的，税务机关有权进行合理调整。”内容基本上没有发生变化。

[3] 《中华人民共和国税收征收管理法实施细则》第 36 条。

[4] 同上。

方之间的业务往来，不符合独立交易原则而减少企业或者其关联方应纳税收入或者所得额的，税务机关有权按照合理方法调整。”❶

回顾一下我国公司法规范建构的简短历史，对关联企业的规范的建构始于1993年颁布的《公司法》，但是没有相关条文对关联企业进行微观规范设计。2005年修改后的《公司法》开始对关联交易做了原则性的赔偿制裁规定，而对于关联企业或关联人在微观规范上仅仅做了列举性规定，该法第217条认定：“关联关系，是指公司控股股东、实际控制人、董事、监事、高级管理人员与其直接或者间接控制的企业之间的关系，以及可能导致公司利益转移的其他关系。”❷ 在此基础上，该法还分别对控股股东、实际控制人、公司内部人进行了尽可能的解释性规定。这些规定在立法精神与立法方向上是十分正确的，但对关联人的解释性微观规范仍有待于完善。值得肯定的是，2005年《公司法》对于关联关系的解读着重于“可能导致公司利益转移”的关系，从根本上揭示了关联关系的本质特征，这在微观规范的设计层面上意义重大。

从前文可以看出，无论是不同国家地区学者的概括，还是不同国家地区法律的微观规范的规定，对于关联企业作为一个法律概念之内涵和外延的认识不尽相同，这显然与各国国家地区的法律传统和关联企业的司法实践有着内在的联系。即便如此，各个国家在对关联企业概念的认定中，强调关联企业之间的“内部控制关系”，把握控制权的具体含义，是认定关联企业的主线和关键所在。为了平衡各方的利益冲突，准确定义关联企业的控制权，是理顺关联企业概念的关键点。

由于存在对关联企业的不同理解，各国在对于控制权的微观规范的建构也是见仁见智。美国《纽约州公司法》第911条（8）规

❶ 《中华人民共和国企业所得税法》第六章第41条。

❷ 《中华人民共和国公司法》第217条。

定：“‘控制’指那些直接或者间接拥有引导或指示公司的经营管理和发展政策的权力，而不论其手段是通过拥有股权，合同控制或者其他方法。如果某人拥有一公司发行在外 10%或以上的有表决权的股票，则推定他控制了此公司。如果此人是作为代理人、银行、经纪人、保荐人或者受益所有人的受托人则不能被认为形成对公司的控制。”《特拉华州普通公司法》第 203 条（3）仅在本条中之定义如下：“(4)‘控制’，包括‘正控制’‘被控制’或‘在集中控制下’等词语，指直接或间接有权指导或促成某人的管理与权谋的指导，无论为通过有投票权股票的所有权，契约或其他方式取得该权力。在没有标明相反事实的有利证据之情形下，公司、合伙、非法人团体或者其他实体 20%或以上的该实体有投票权的流通股票的所有人，被视为对该实体有控制权。尽管有前述规定，当某人作为一个或多个（盖一人或多人作为个人或整体对其所属实体没有控制权）、所有人的代理人、银行、经纪人、监护人或委托人，以善意动机，且并非出于废止本条规定之目的，拥有有投票权的股票，则上述具有控制权之推定不适用。”❶《澳大利亚公司法》第 259E 条规定，“当一家公司有能力决定这家企业的财政和经营政策的决策结果，则这家公司控制了一个企业。公司这种能力最重要的是指其能实际运用的影响力”。❷《欧共体理事会关于控制公司集中行为的规则》第 3 条第 3 款规定，“控制权，应由权利、合同或者其他手段中的一项或者多项组成；而且，能够赋予当事人通过以下方式对一家公司行使决定性影响：(1) 使用全部或者部分公司资产的所有权或者其他权利；(2) 对公司机关的构成，表决或者决定发挥决定性影响的权利或者合同”。❸

---

❶ 赵煦东：《境外公司法专题概览》，人民法院出版社，2005 年版，第 513～514 页。

❷ 赵煦东：《境外公司法专题概览》，人民法院出版社，2005 年版，第 518 页。

❸ 赵煦东：《境外公司法专题概览》，人民法院出版社，2005 年版，第 520 页。

梳理一下各国对控制权一词的不同法律解读，我们或许可以从微观规范的角度等归纳出如下几个共同点：（一）控制权人包括直接控制权人与间接控制权人；（二）控制权是通过股权、合同控制或者其他事实方式获得的，未来或者还会有其他的控制方式被立法者发现和列举的；（三）至少在行为和结果方面，控制权的表现可以有：能够对被控制方的财政和经营政策产程决定性影响；或者对被控制企业的核心人士构成产生决定性影响，往往是指对被控制企业的董事会等决策层具有决定其结果的影响力。综上所述，在对关联企业概念内涵和外延的界定上，应当首先在微观规范上厘定控制权人的规范内涵。这是规范解构的基础，在此之上，才可能对关联人的规范内涵进行准确的把握，进而形成关联交易的微观规范型塑。

7.1.2 关联企业利益衡量之微观规范

综合以上不同的概念表述方式，值得肯定的是，对于关联企业的厘定，各国在微观规范的建构上都在寻找内部控制的利益链条。没有内部的利益关联，谈不上关联企业。关联也好、控制也好，指的都是利益关联和利益控制。在利益衡量的视域中，关联企业的概念呈现的个性表征，就是利益控制的主线条。我国大陆地区的规范设计和司法实践对关联企业概念的一般概括虽然反映了关联企业的一般特征，但是仅仅凭借“相互之间具有控制关系和被控制关系的各个独立的企业或主体”这一命题，并不完全能对关联企业行为实施准确有效的法律控制。进一步揭示关联企业的本质，需要仔细查看关联企业内部游走的利益线条。关联企业行为特别是关联交易行为的本质在于，特定企业的关联方因其对该独立企业的行为的意志有控制力或者实质性影响力，因而可能与之形成干预后者自由意志的、不公正的交易行为，而这一交易行为的最终目的只有利益。因此，基于利益衡量的微观视域可以更加清晰地铺陈关联企业的内涵特征。为了完善和深化对关联交易概念的认识，实现法律概念自身的周延与可操作性，有必要对关联企业的一般概念加以限制性解释。在微观规范上，可以从以下几个方面进行解构。

首先，关联企业或者关联方实际上只是控股股东或控制权人的附属性规范，是作为附属的利益体存在的。我们谈论某一企业的关联企业或者关联方时，首先强调的是控股股东或控制权人，关联企业或者关联方实际上不过是该控股股东或者控制权人的关联人，是被控制的对象。形成这一控制的基本渠道是利益。没有实际控制的利益，实际控制也失去基本的商业价值基座。就此意义而言，与其说某一特定企业的关联人，毋宁说是该企业的控股股东或控制权人的关联人，毋宁说是以利益是纽带维系着一个利益整体。《德国股份法》第15条以抽象方式概括了关联企业的一般定义之后，第18条又专门强调了控制权人在众多关联企业中的核心地位，依该条规定，“一个控制企业与一个或数个从属企业，在控制企业统一管理下联合者，即形成关联企业，各企业皆为关联企业之分子企业。企业订有控制条约或其中一企业编入他企业者，视为在统一管理下结合。从属企业推定其与控制企业形成一关联企业”[1] 就是这一理念的充分表达。按照各国法律中对于关联交易控制微观规范的一般设计，在某一企业与其控制权人的下属公司之间发生关联交易时，即所谓间接控制，依法仅导致该控制权人在该特定企业股东会中的表决回避效果。由此可见，英美法和日本法的实践与理论将关联企业关系称为母子公司关系并无不妥。母子同心，利益的纽带与血脉的传承，异曲同工。

其次，利益是相对的，关联企业或者关联方实际上也是一个相

---

[1] 陈峰富：《论股份有限公司债权人之保护》，五南图书出版公司，1988年版，第208页。

对性概念。司法上往往首先认定交易企业之间是否属于关联企业或者关联方的问题，由此可进一步确认该交易是否构成关联交易，关联企业或者关联方是指相对于交易者而言的。同时，在同一企业集团中，处于不同层级的企业关联方的利益层级也不一样。实际上，判断某特定公司的交易对方是否构成其关联人，目的在于探求该交易对方是否对其交易意志具有直接或间接的控制力，以确认其间的交易是否构成关联交易。如果立法对此控制宗旨视而不见，而机械地将所有双方相互之间具有控制与被控制关系的各个独立的企业均认定为某企业的关联人，将使此种技术性规则失去对控制进行规范的真实意义，判断的标准就是是否形成了利益的链条。按照我国学者对各国法律对上市公司关联方定义的比较分析，尽管受上市公司控制或重大影响的附属公司或附属主体，在理论上也不妨将其称为该上市公司的关联方，但只有极少数国家的法律将其纳入“关联方定义”，并且对其不课以关联人义务。[1] 这样区别对待的主要依据，就是审查是否构成了利益的输送链条。

最后，微观规范对关联企业或者关联方的认定，应当遵循沿着利益的线条“向上追索”的认定原则。即为了控制关联企业之间的不当行为（例如不公允的关联交易行为），司法实践应首先站在向上追索的立场，发现其直接控制人，然后才能依此确定该交易对方是否属于间接控制权人。应该说这一特征实际上是前述特征的一般效果，侧面地提示着利益的显性与隐性，提示着或明或暗的利益线条。

美国学者克拉克教授在其《资本主义的四个阶段》一书中首先提出，关联交易的本质特征在于控制权人通过其决策控制力而“同时影响该相关公司及其交易对方”，从而使该关联交易实际上沦为

[1] 黄本尧：《上市公司关联交易监管制度下的国际比较研究》，载《证券市场导报》，2003 年 5 月号，第 65 页。

“自我交易”或“基本自我交易”。克拉克认为，“对所有形式的不公平交易（即对公司或投资人来说，不如其他交易或市场交易那么有利的交易）的基本反对意见源于下列事实：不公平因素是单方面占有而不是协商分配财产。这是利益的不公平交付，这种交易行为已经全部或者部分失去了市场含义，合理的对价被否定。内部人从自我交易中获得的特殊利益与等量的，公开的额外报酬之间的实际差异也是源于这一事实。（当然，即使表面上有两个协议方——内部人和董事会——如果一方占有的消息，动机或实际权力有瑕疵，利益还是能被单方占有）。此外，对单方占有的谴责是反对受信托人获取秘密收益的古老禁令背后的真正原因。因此，只要理解了在纯粹公然盗窃的案例为什么是违法的，我们就能理解不公平自我交易的违法性。”❶

同样道理，上述规范原则的确立对于解决法律所限制的同业竞争（竞业禁止）和其他“利益冲突行为”具有更为重要的作用，因为它揭开了利益的面纱。离开这一规范原则，可能会导致规则适用上的错误。实际上，从各国目前的司法实践来看，关联企业的控股股东或控制权人正是为了逃避其“诚信责任”和渐趋严苛的微观规范的法律控制，进而广泛地利用实际控制人、影子董事、隐性的协议控制、征集投票权、一致行动人等手段，隐蔽其控制权人身份，使得关联企业认定问题和关联交易认定问题进一步趋于复杂化。要真正揭示关联交易企业的内涵，需要利益衡量的微观规范提供一双解构其内部利益的法眼。

7.1.3 控制权人类型化及其认定规则

了解并把握住关联企业内部利益的基本框架，有助于解读关联

❶ ［美］罗伯特·C.克拉克，胡平等译：《公司法则》，工商出版社，1999 年版，第 125 页。

企业认定规范的本质含义。对关联企业尤其是对关联交易的有效规则的前提在于，法律规范不仅应当对关联企业概念有清晰的概括，而且尤其应对关联企业的范围和认定有科学的微观规范依据，如此才有可能做到有的放矢。

作为规范新域，关联企业的概念和范畴本身也有发展性和变动性。事实上，它在引申出一个利益的范式，一个更深的利益衡量的微观规范视野。范式既指一种世界观，又指这种世界观所蕴含的用以指导我们生活的伦理观。[1] 利益衡量的微观规范视域使得这个新生的法律术语具备了更新的规范边界。按照多数国家目前的立法与理论概括，关联企业是对有统一控制权的企业集团内企业间复杂关系的描述，关联交易成为集团化企业的复杂行为模式的概括，其中的主要线条就是利益的输送，违背市场交易本质的自我交易行为成为利益输送的工具，真实的交易目的被掩盖。同时也要看到，关联企业的概念和范畴又具有技术性与非道德性，它并不意味着关联企业和关联交易的存在具有当然的违法性，并非所有的关联交易都是非市场性，支付合理对价或者引入第三方公允评价的关联交易不应当被禁止，因为交易的便利也降低了市场成本。客观而言，对于关联交易应采取中性立场，以保障法律对关联企业及关联交易模式的反应具有客观公正性。然而，从微观规范来看，各国法律（特别是法典化法律）欲对关联企业和关联交易实施客观、公平、有效的法律控制，则须首先对关联企业、关联交易和其他性质相同的关联企业行为作出明确、周延且具有可操作性的定义概括、特征概括乃至要件概括，而贯穿这一概括的内部主线应当是利益冲突下微观规范的价值取向。

关联企业的概念概括与规范认定，是对其实施法律控制的基本

---

[1] ［美］大卫·雷·格里芬：《后现代精神》，中央编译出版社，2015 年版，第 204 页。

前提。由于关联企业之间的违法行为并不限于公司法、侵权法、合同法和物权法等民商法意义上的违法行为，还可能包括刑事违法行为、违反税法的转移定价行为、违反反垄断法的限制竞争行为、违反证券法的信息披露不实行为、同业竞争行为以及规避国际贸易法的各种实质违法行为等。因此，对关联企业和关联交易概念的概括性范畴的定性分析实际上也是对于不公平关联交易行为实施多法域控制的基本前提。交叉法域存在的规范重叠或者冲突，使这一要求显得特别必要，而利益衡量的微观规范是跨越这一障碍的便捷通道。

关联企业的概念和内涵具有复杂性，各国法律基于其法律控制宗旨对此类概念之外延概括亦处于发展和变动中，这就使得要对其作准确的分析概括是有一定困难的，但此种分析概括对法律的发展和完善显然十分必要。然而，“帝国的路线取道西方”，[1] 沿着利益的脚印，在关联企业认定上处于利益主导方的控股股东与控制权人具有核心的重要地位。但在司法实践中，究竟应如何认定控股股东与控制权人并非易事，各国法律对于这一认定的标准也并不统一。控制权人的主体类型可分为控股股东、实际控制人、公司内部人、其他关联人士、控制权人与关联人控制的下属企业等六类，下面根据不同的类型对控制权人进行微观规范的解构。

7.1.3.1 控股股东的微观规范解构

在不同历史时期，各国公司法的立法实践对控股股东的认定，在认识和阐述上有所不同。在认定控股股东时，一般认为最简单的标准即所谓绝对控股权，意即指公司股东或者同一股东利益集团持有过半数的股份，但是如果公司股东人数众多，任何股东所持股份

---

[1] ［英］伯特兰·罗素，《西方哲学简史》，文利译，陕西师范大学出版社，2010年版，第 336 页。

数如达到相当数量，即使未超过半数，也可能是具有控制权的股东，即所谓相对控股。这一概念实际强调相对多数和达到相当数量的双重标准。由此可见，《日本商法典》中第211条之2对于母公司的概念和第241条对于准母公司的概念，实际上只具有概括绝对控股权和相对控股权标准的意义。

各国公司法的实践所面临的控股股东之标准问题还有其他的立法例，模式不一。“法国是一般法律对控制的界定通常是从数量标准开始的。法国规定10％—15％的持股即为控股。[1] 而意大利亦则承认持有10％（在股票交易所挂牌的公司为5％）的股份视为参股，而通过股东大会行使隶属于多数时为控制公司。此外，如果根据合同或者协议（诸如排他性买卖或者代理协议）而施加了支配性影响，公司可能被视为受到了控制。[2] 在英国，如一家公司受到另一家公司的控制——持有其股份或者控制董事会的构成，或者持有该公司多数股份资本，那么，该公司就会被认为是子公司”。[3]

早在1932年，美国学者伯利和米恩斯在所著《现代公司与私有财产》一书中即已精辟地指出：“随着企业规模的扩大，其所有权日益分散，个人财富中很重要的一部分是由个人在大型公司中所占的利益构成的，没有任何一个人能在这些大公司中占有大部分。”他们认为，随着公司股权分散化的过程，控股权或者控制权将相继发生以下四个阶段的演变趋势：“(1) 多数所有权控制，即通过持有多数股份；(2) 通过法律机制控制，即通过法律机制给予未达到多数股份的股东多数表决的权利，这些机制中现在仍被运用的包括金字塔制、无表决权股份、黄金股、投票委托；(3) 少数控制，即通过相当的少数利益和从闲散少数中获得表决代理权来控制；

[1] Ulrich Immenga, Supra. at pp. 36～37.

[2] Ulrich Immenga, Supra. at pp. 36～37.

[3] 施天涛：《关联企业法律问题研究》，法律出版社，1998年版，第172页。

(4) 经营管理控制，即通过高层管理控制。”[1]

《公司法》的历史演进证明了伯利和米恩斯的远见，70 多年来公司法立法和司法实践的发展表明，伯利和米恩斯所描述的少数控制或相对控股问题已经成为现实，而且逐渐成为常态化的事实。在许多国家，持有某大型公司或公众公司 1%的股权者即可能成为形式上的相对控股人。这是一个简单而又无法回避的诘问：《公司法》能否简单地仅仅依据相对性标准，而舍弃达到相当数量之标准来认定相对控股人？《公司法》赖以存在的法理基础“股东多数决”是否还有现实意义？从《公司法》的立法实践来看，各国法律对此类问题的反应是极其谨慎的。鉴于各方的利益冲突常态化的现实，微观规范设计的滞后和急迫性显得同样明显。

在美国联邦法院诉太平洋联合铁路快运公司一案中，美国法院只是慎重地提出：“有可能在小公司中持有 50%以下的股份并不构成控制”，但是，在股权分散的公司中，“即使仅持有 20%股份的股东，在若干状况下，也（可能）被法院视为具有控制权的股东”。[2] 而美国《1940 年投资公司法》规定：一个公司对另一个公司的经营管理或方针政策具有绝对影响力的；除自然人外的人，直接拥有或通过一个或多个被其控制的公司拥有另一家公司超过 25%的投票权的，就应该被认为控制了该公司。[3] 但是至美国《1935 年控股公司法》颁布时，立法者的态度已经发生了根本性变化。该法认为，对于相互关联的控股公司及子公司，美国国会将持股量达到 10%作为判断的标准，即持股量达到 10%的股东被推定为控股股东，除非它能够举证说明它不是；同时持股量未达到 10%的股东被推定为不是控股股东，除非证券交易委员会视情况得

---

[1] 转引自何美欢：《公众公司及其股权证券（上册）》，北京大学出版社，1999 年版，第 500 页。

[2] Actieeeslskabet Dampskib “Hercules” v Grand Trunk Pacific Railway Company (1911).

[3] 赵煦东：《境外公司法专题概览》，人民法院出版社，2005 年版，第 518 页。

出相反的结论。美国在《公共事业控股公司法》中规定，任何公司已发行的有表决权的股票中如果有10％或更多的数量为另一公司所掌握，那么该公司即为另一公司的子公司，另一公司则为该公司的母公司。这一标准的简单和勇敢都非常容易招致争论。与此相类似，香港联交所《上市规则》第1.01条也将可能构成控股股东或“主要股东”的“相当数量标准”调整为“有权在公司大会上行使或控制行使10％或以上表决权的人士”。[1]

值得注意的是，尽管我国1997年由中国证监会发布的《上市公司章程指引》对控股股东的持股比例推定为30％，且允许各公司在制定公司章程时可根据实际情况进行变动。[2] 但是，至2006年，新的《上市公司章程指引》颁布时，控股股东的持股比例又发生了变化，该指引附则第192条第1款规定：“控股股东，是指其持有的股份占公司股本总额50％以上的股东；持有股份的比例虽然不足50％，但依其持有的股份所享有的表决权已足以对股东大会的决议产生重大影响的股东。”

事实上，随着现代公司尤其是大型公众公司股权不断分散的过程，各国法律的微观规范对控股股东的认定标准及相关的规则正在面临变动。法律规范对控股股东的认定不应仅仅局限于传统的相对性标准和相当数量标准，而应当关注实际控制效果。所谓控制，指具有指示或促使公司的管理与政策方向的力量，具有决定结果的影响力。美国证券交易委员会（SEC）以其405规则将控股权解释为“直接或间接地拥有操纵某一法人的管理和政策或者导致此种发生的权力，无论此种权力是通过持有有表决权的股份，合同或其他途径来取得”。可以认为，这种蕴含了令人深省涵义的表述表明了现代公司法理论中的以下倾向：单纯的控股股东概念已经被动的与控

[1] 香港联交所《上市规则》第1.01条.

[2] 参见1997年《上市公司章程指引》第41条。

制权人或实际控制人概念相融合，在关联企业认定问题上，公司法理论提出的相对性标准和相当数量的标准应当维护。实际上，试图在公司法的法律实践中降低相当数量的标准的做法始终无法应对理论上的这一简单反诘：在不断完善的现代公司治理下，为什么仅仅持有 5％甚至更低比例股权的股东就可以“合法的”成为其他持有 95％股权比例股东之控股股东？为什么其余持有 95％股权的股东却不能利用公司法提供的公司治理规范来限制仅持有 5％股权的股东进行不公平关联交易？是传统的公司法股东多数决的理论根基已经过时，还是现代公司的内部治理已经游离到了公司法的法域之外？利益冲突剧烈导致公司股东的利益分野，利益衡量的建构方法应该给出具有实操意义的微观规范设计路径。

7.1.3.2　实际控制人的微观规范解构

实际控制人的概念在传统公司法中具有很大的变动性，与公司内部人、其他类型的公司控制人等概念也有相当程度的交叉和重叠。我国《上市公司收购管理办法》第 84 条列举了拥有上市公司控制权的几种情形：（一）投资者为上市公司持股 50％以上的控股股东；（二）投资者可以实际支配上市公司股份表决权超过 30％；（三）投资者通过实际支配上市公司股份表决权能够决定公司董事会半数以上成员选任；（四）投资者依其可实际支配的上市公司股份表决权足以对公司股东大会的决议产生重大影响；（五）中国证监会认定的其他情形。上述列举中就出现了控股股东与实际控制人均为拥有公司控制权的当事人的情形，即按照上述规定，掌握公司控制权的人既包括公司的控股股东，也包括公司的实际控制人，甚至还包括其他类型的控制权人。这种交叉和重叠所带来的隐晦含义，在司法中可能成为其自身的障碍。我国《公司法》在附则中虽然首次对实际控制人的含义进行了概括：“实际控制人，是指虽不是公司的股东，但通过投资关系、协议或者其他安排，能够实际支配公司行为的人。”[1] 但此定义过于抽象，其具体含义并不是很明确，在实践中可能会导致歧义。因此，对于实际控制人的具体含义应该更加予以细化，以有效地指导实践。

实际控制人是指在持股上虽未成为公司的控股股东，但是通过股东间的一致行动关系或者事实上控制关系，能够实际上影响公司的管理决策或高级管理人员任免，从而间接控制支配公司行为的人。基于微观规范的解构，构成实际控制人应具有以下几个特征：首先，实际控制人是公司控股股东以外的其他控制权人，是间接控制权人；其次，实际控制权人的控制权主要是通过一致行动关系或者事实上控制关系实现的，这一控制关系实践中表现为多种行为特征，依照大陆法系的立法传统可以作列举描述；最后，实际控制权人的控制力表现在能够对公司的意志和行为产生实际的支配力，具有决定结果的能力。据此，微观规范对实际控制人作出了如下划分。

第一，一致行动人。它是指表面上虽并未构成公司的控股股东，但是通过股东间的一致行动关系，能够实际影响公司的管理决策，从而事实上控制、支配公司行为的人。一致行动人虽不直接构成公司的控股股东，但通过一致行动关系，该投资者仍然可实际支配上市公司股份表决权，能够决定公司董事会半数以上成员选任；或者依其可实际支配的上市公司股份表决权足以对公司股东大会的决议产生重大影响。例如，两个或者两个以上的人以协议的方式（不论口头或者书面）达成一致，通过其中任何一人取得对公司的投票权，以达到或者巩固控制公司的目的，这种行为可以被视为“一致行动”。我国 2014 年 10 月 23 日实施的《上市公司收购管理办法》第 83 条之第 2 款对一致行动人的范围进行了列举，规定在上市公司的收购及相关股份权益变动活动中有一致行动情形的投资者，互为一致行动人。如无相反证据，投资者有下列情形之一的，

[1] 《公司法》第 217 条第 3 款。

为一致行动人：“（一）投资者之间有股权控制关系；（二）投资者受同一主体控制；（三）投资者的董事、监事或者高级管理人员中的主要成员，同时在另一个投资者担任董事、监事或者高级管理人员；（四）投资者参股另一投资者，可以对参股公司的重大决策产生重大影响；（五）银行以外的其他法人、其他组织和自然人为投资者取得相关股份提供融资安排；（六）投资者之间存在合伙、合作、联营等其他经济利益关系；（七）持有投资者 30%以上股份的自然人，与投资者持有同一上市公司股份；（八）在投资者任职的董事、监事及高级管理人员，与投资者持有同一上市公司股份；（九）持有投资者 30%以上股份的自然人和在投资者任职的董事、监事及高级管理人员，其父母、配偶、子女及其配偶、配偶的父母、兄弟姐妹及其配偶、配偶的兄弟姐妹及其配偶等亲属，与投资者持有同一上市公司股份；（十）在上市公司任职的董事、监事、高级管理人员及其前项所述亲属同时持有本公司股份的，或者与其自己或者其前项所述亲属直接或者间接控制的企业同时持有本公司股份；（十一）上市公司董事、监事、高级管理人员和员工与其所控制或者委托的法人或者其他组织持有本公司股份；（十二）投资者之间具有其他关联关系。一致行动人应当合并计算其所持有的股份。投资者计算其所持有的股份，应当包括登记在其名下的股份，也包括登记在其一致行动人名下的股份。投资者认为其与他人不应被视为一致行动人的，可以向中国证监会提供相反证据。”这一规定在整个公司法领域对于明确控制权人的基本涵义都具有重要的指引作用，原因在于，此规定揭示了一致行动人的内部利益链条，以微观规范评价了一致行动人的利益驱动。

第二，影子董事或事实董事。这一概念在我国的公司法理论与实践中少有提及，但它却是世界各国公司法关联企业制度中的重要概念。根据英国《公司法》和美国《公司法》上的一般规定，影子董事是指为规避限制董事行为的法律规定，而不参加董事会或暂时辞去董事职务，但实际却通过某些形式董事控制公司的幕后董事。传统英国《公司法》中，影子董事指公司董事习惯于按照其指示或者指令行事的任何人，但是，如果仅仅出于职业职责指导公司董事行事的人，不得被确定为影子董事。在实践中，母公司和银行因干预公司的业务，易被认定为影子董事。在英国的《公司法》和《破产法》中，关于董事的义务和责任基本上都适用于影子董事。如：《破产法》第 213 条规定的欺诈交易和第 214 条规定的错误交易导致的责任均适用于影子董事。但是，何种情况下一个人或者组织可能被认定为影子董事却是一个困难的问题。较早的判例对影子董事的认定较严，要求“整个董事会或者至少大多数董事”“在一定期间内”“通常”按照影子董事的旨意行事。但是，最近的 Secretary of State for Trade and Industry 诉 Cinderella 案判例表明，英美法院已经改弦易辙，对影子董事采取更为宽泛、灵活的解释。[1]

“董事不能允许自己成为他人的傀儡，他如果这样做，就必须被认为具有其控制者所具有的知识，从而增加为特定决定承担责任的风险。如果他作为委托人持有资格股份，他将依委托人的意愿任职，这属于过错行为。法律意识到对傀儡进行制裁并不足以制止这种做法。为保证人们不通过傀儡的行为来逃避作为董事的责任，香港《公司条例》首先将‘董事’定义为‘任何占据董事位置的人，不管其称谓如何’，这就包括了事实董事。香港《公司条例》和相关判例认为：‘影子董事’是指‘公司董事会惯常依其指令行事的人’。”[2] 影子董事必须能指令整个董事会而不是某一成员的要求。[3]

---

[1] 林秀琴：《英国公司法的最新发展动向》，载 http：//www.intereconomiclaw.com/article/default. asp? id=2881，访问时间：2015 年 12 月 20 日。

[2] 何美欢：《公众公司及其股权证券（上册）》，北京大学出版社，1999 年版，第 412 页。

[3] 何美欢：《公众公司及其股权证券（下册）》，北京大学出版社，1999 年版，第 1139 页。

这通常是指控制权股东，但也可以是公司债权人或其他实际控制人。由此可见，影子董事本质上为实际控制人，他们通过对董事会或“傀儡董事”的操纵来实现对公司的控制。

与英美法上的影子董事相类似，20 世纪 80 年代以后，德国、法国、瑞士等国的法律中也产生了“事实上董事”“事实上关联企业”等概念。其中，法国法、德国法和欧盟公司企业法第九号指令均将实施不正当控制力的母公司视为事实上董事，即“不管母公司是否担任子公司之任何正式职称，只要母公司如同子公司之董事般地经营公司业务，即可被认定为子公司之董事。是以，如果母公司介入子公司日常业务经营，纵使母公司并未被选为子公司之董事，母公司也会成为子公司之‘事实上董事，而受到法律的规范’”❶。由于在大陆法系公司法中，公司董事既可以是自然人，也可以是法人或企业机构，这就使得这一规定具有了特别重要的意义。

不管是影子董事还是事实上董事，这类当事人均能对公司的日常运营和人事管理等事务产生实际性影响，能够指令整个董事会，因此，在一定意义上也可以看作是公司的实际控制人。基于利益衡量的微观规范解构，影子董事或者事实上董事本质上是实际控制人的利益代表人，其董事的地位不具有决策意义，也不是一般公司法意义上的完整董事概念，是在实际职位上的利益代表人。从本质而言，影子董事或者事实董事与所任职的公司具有根本性的利益冲突，微观规范在设计时需要给出利益衡量的规制路径。

7.1.3.3 公司内部人的微观规范解构

除上述基本概念外，一般意义上的公司的董事、经理和公司对外行为的负责人也可能成为公司控制权人。在不同国家的公司法中，“公司内部人”的含义不尽相同。在英美法系的公司治理之下，

---

❶ 刘连煜：《公司法理论与判决研究（一）》，三民书局，1997 年版，第 73 页。

公司内部人通常是指公司董事、行政总裁、公司CEO和其他具有类似权力的公司高级管理人员；此类当事人实际上具有对外代表公司从事订立契约等行为的代表权，可以对外代表公司。在大陆法系公司治理下，公司内部人通常是指有执行权的董事、公司经理和相关的公司高级管理人员；实际上，在许多大陆法系国家的公司法中，公司经理仅仅被视为“商业使用人”，其地位远较我国的公司经理要低。但是在我国目前的公司法架构下，公司董事仅仅为公司较重大事项的议决工具，他们并不具有代表公司对外签约的执行权；相反，我国各类公司中的经理人员（通常称为总经理）和供销部门的负责人却具有代表公司对外签约的执行权和一定范围的决策权；因此，此部分当事人应当是公司法上关联企业制度关注的重点，对此类当事人的法律控制具有重大的实践意义。

尽管不同国家的公司法均赋予公司董事、行政总裁、总经理以忠诚义务、勤勉义务、诚信义务，要求其“依据股东的整体最大利益对公司进行经营管理”，[1] 但是，上述当事人中实际上具有不容忽视的个人利益，他们也就有可能利用其实际控制权干预公司意志，从事不正当的关联交易行为、贪污行为、侵占挪用行为和其他的利益冲突行为，此时，公司内部人的个人利益可能凌驾于公司和股东整体利益之上，此时，非常需要微观规范的设计给予必要的利益平衡。控制人的不正当控制现象在理论上被称为“内部人控制”“监守自盗”行为等，它是关联企业微观规范重要的组成部分。

实际控制人的行为是否构成不正当的关联交易行为主要取决于是否依据公司意志履行其职务行为，是否依照公司的最佳利益行使其高管的职权。这是个事实认定的问题，如果实际控制人，例如董事的首要目的是通过权力使其个人获利，那么属于权力行使不当，

[1] 何美欢：《公众公司及其股权证券（上册）》，北京大学出版社，1999年版，第399页。

也不能通过证明公司也从中获利而使其合法化。[1] 正如美国《1940年投资公司法》所称：如果他“行使控制性影响的权力只是职务关系的结果”，则不属于不当控制；但如果“一个人作为总裁是他所行使的权利结果而非原因时，他即是控制权人”。[2] 我国当下的企业群体以国有公司为主体，国家作为出资人在事实上很难行使内部控制权，公司内部人往往是公司的真实控制权人。由于在公有制架构之下很容易缺失第三方的客观审查，市场背景下的天然监管容易失位；加之国家作为企业所有者却信息严重不对称，使得公司内部人有机会在行使控制权时脱离国家的有效监管，他们不仅可以利用不正当关联交易损害公司中小股东和债权人的利益，而且可以利用不正当关联交易损害公司控股股东即国家的利益。青木昌彦指出：在转轨型经济中，由于企业的内部成员掌握了企业的控制权，从而可以牟取私利，危害各类投资者的利益。[3] 事实上，经济学界逐步扩大了内部人控制问题的研究范围，其涵义也发生了转变，目前被普遍接受的观点是：企业管理者在掌握企业相当大部分控制权后，利用企业所有者信息不对称的弱点，寻求自身利益的最大化，而忽视甚至损害出资人的利益。经济学的有效市场理论说明，完美的或竞争的市场（通常假定它是对社会有益的）的存在一般都取决于市场参与人是否拥有与决策有关的全面而准确的信息。在国有公司或者国有企业中，内部人凭借他们所据的职位使其成为最廉价和最可能的相关信息来源，并且他们的职位还使他们担负着代表使用信息的其他人行事的义务。因此，依据信托理论中受信托人对其受益人

---

❶ 何美欢：《公众公司及其股权证券（中册）》，北京大学出版社，1999年版，第415页。

❷ 汤欣：《公司治理与上市公司收购》，中国人民大学出版社，2001年版，第262页。

❸ 青木昌彦、张春霖：《对内部人控制的控制：转轨经济的公司治理的若干问题》，载《改革》，1994年第6期。

应负有积极的公开义务的观点，在公司界经过长时间的斗争形成的普遍观点是，公司经理们对股东和潜在的投资人负有特定的公开义务。[1] 在利益冲突的场域之中，这一义务尤其显得具备利益救济的独特功能。基于利益衡量考量，在微观规范上对内部控制人课以特别的义务是必要的制衡之选。

7.1.3.4 关联方家属的微观规范解构

如前所述，某一特定企业的关联方首先是指对其具有控制力的控股股东或控制权人，但是，仅依此来界定关联企业或关联人的范围，显然是不够的。在实践中，更多的关联交易是通过控制权人的其他关联方与上述特定企业间接实现的。利益的输送选择的是较为隐秘的路径，表面审查难以透视这一利益链条。在微观规范上，要求立法者对于控制权人的其他关联方之范围作出更加细致而周延的规范界定，以防止剑走偏锋的刻意掩盖和选择性忽略。

如果控制权人或最终控制权人是自然人（通常如此），其配偶、子女、父母和兄弟姐妹被视为基本的关联人。这一思路在英美法和受英国影响的国家和地区的法律中有比较有趣的表现，那就是一定范围内亲属也纳入监管的范围。香港联交所修改扩展后的《上市规则》规定，控制权人，即特定公司董事、行政总裁或主要固定在所谓“家属权益”下的关联人士不仅包括其“配偶、未满18岁的子女或继子女”，而且包括该等控制权人的“（a）年满18岁的子女或继子女；（b）父母或继父母；（c）兄弟姐妹或继兄弟姐妹；或配偶的父母、子女的配偶、兄弟姐妹的配偶、配偶的兄弟姐妹”，甚至还包括与该等“董事、行政总裁或主要股东同居的人”。[2] 尽管

---

[1] ［美］罗伯特·C.克拉克，胡平等译：《公司法则》，工商出版社，1999年版，第123页。

[2] 何美欢：《公众公司及其股权证券（中册）》，北京大学出版社，1999年版，第635～636页。

《上市规则》的上述关联方之"定义普遍带来了不确定性和执法者滥用权力的危险，但这个加入的定义在香港是必要的。因为没有法律联系的家庭、朋友和业务联系人常常采取一致行动，定义的宽泛和模糊是不可避免的"[1]。这一概念的扩张正确反映了香港家属关系含义的扩张性，它同样是必不可少的。[2]

在微观规范上，我国的《公司法》尚未对一定范围内亲属的性质和范围作出具体规定，而我国《刑法》已有微观规范的设计尝试，"为亲友非法牟利罪"把国有企业的厂长、经理的亲友也视为该国有企业或公司的关联人，该等关联人与该等国有企业或公司从事的情节严重的不公平关联交易或同业竞争行为被确定为犯罪。[3]应当说，现行《刑法》仅以亲友来确定国有企业或公司实际控制人的关联人范围，过于宽泛，难免将导致刑事诉讼中法律认定上的障碍。这一规定反映了我国法律规范在对关联交易法律控制初期所采取的简单禁止的立场。随着市场的成熟和法治的不断完善，类似的微观规范存在很大的精细化空间，而利益衡量是规范设计时必须考虑的价值向度。

美国学者克拉克教授曾认为，各国法律对于关联交易（即所谓"基本的自我交易"）的控制实际上均经历了从简单禁止到合理规范的变化过程。在美国，这一"法律规则似乎经历了三个或四个发展阶段：第一阶段，绝对禁止基本自我交易；第二阶段，准许进行

---

[1] 何美欢：《公众公司及其股权证券（中册）》，北京大学出版社，1999年版，第636页。

[2] 同上。

[3] 《中华人民共和国刑法》第166条（为亲友非法牟利罪）规定了三种情形，即(1)将本单位的盈利业务 交由自己的亲友进行经营的；(2)以明显高于市场的价格向自己的亲友经营管理的单位采购商品或者以明显低于市场的价格向自己的亲友经营管理的单位销售商品的；(3)向自己的亲友经营管理的单位采购不合格商品的。凡国有公司、企业、事业单位的工作人员，利用职务便利，有上述情形之一，使国家利益遭受重大损失的，构成犯罪。

公平且经无利害关系的大多数董事批准的基本自我交易；第三阶段，准许进行法院认为公平的基本自我交易；第四阶段，在某些州，准许进行公平的或经适当告知的大多数股东批准的基本自我交易”❶。关于基本自我交易规则所经历的漫长演变，克拉克教授认为，“或许有三种可能的解释。前两种解释着重于影响法律发展的人们之间的权力关系的变化；第三种解释更侧重于支持和反对替代法律规定的实际法律依据——也就是说，侧重于法律的内在逻辑。第一种解释是法院和立法机构在某种意义上都被公司经理所控制，称为‘经理影响理论’。第二种解释强调以下主张：自我交易规定的转变，事实上正是法律或者社会的普遍态度发生了更大变化的反映。第三种解释称为法院觉悟理论，即法院逐渐意识到某些自我交易的积极价值，他们开始意识到，某些自我交易不仅是正常的，要完全禁止在实际上是不可能的，而且，他们还发现，同其他交易行为或市场交易行为相比较，某些自我交易还有积极的、好的一面”❷。

不管上述解释各自合理性的强弱，毕竟各国对于关联交易的态度逐渐变得理性和客观，与我国《刑法》中简单禁止的做法相比，其他国家的做法更注重考量实践的可操作性，显然更具有现实意义。从微观规范而言，我国《刑法》中的上述规定过于严苛，这种过于宽泛的认定规则，不仅导致了诉讼程序上的认定障碍，还会造成对关联交易的禁止权利的滥用，将某些合理存在的关联交易与因为不公平而应当受到禁止的关联交易混为一谈，造成理论与实践上认定的差异。因此，《刑法》对于上述规定应当进行适当的放松，并联系实践，进行有效地防止与制裁。当然，这也需要《公司法》

❶ ［美］罗伯特·C.克拉克，胡平等译：《公司法则》，工商出版社，1999年版，第131页。

❷ ［美］罗伯特·C.克拉克，胡平等译：《公司法则》，工商出版社，1999年版，第131～134页。

和《证券法》的规范协调才能统一上述微观规范。

7.1.3.5 其他控制性关联人的微观规范解构

控制权人及其规定范围内的家属通过协议安排、代理安排、信托安排或其他法律安排所设立的控制性当事人也属于关联人。控制权人或其规定范围内的家属，可以通过此类法律安排对对方当事人取得不同程度的控制权，并使对方当事人受到不同程度的义务约束或事实约束，公司也可能成为利益输送的工具和渠道。尽管有的国家司法机关可以根据“目的违法”判断某些法律行为是无效行为，此种无效判令并不能解决该控制权人及其家属的自己行为责任的问题；相反，为了对不合理的关联交易实施有效的法律控制，法律有必要确认上述法律安排的效力，并将该等受控制关联人的行为视为委托人或受益人自己的行为，并令其承担责任。在这里，微观规范应当选择其他控制性关联人作为规制对象，基于利益衡量进行必要的规范设计，确保没有规范盲区。

于立法例上，香港地区《上市规则》的规定，凡属于与控制权人及其规定范围内的家属“达成（不论正式或非正式，明示或者默示）协议、谅解备忘或承诺的人士或公司”；凡控制权人“在以其本人或任何家属权益人为受益人（或如属全权信托，则指全权托管的对象）的任何信托中，具有受托人身份的受托人”；甚至包括在拟进行关联交易的公司“在过去 12 个月内曾任公司或其附属公司董事的人”，都属于此种经过法律安排的、受控制的关联人。[1]

在我国公司法的理论与实践中，有学者认为：实际控制人之概念不可能完全脱离了协议、约定、信托等法律安排而独立存在。如前所述，我国新《公司法》在附则中首次纳入的对实际控制人的含

---

[1] 何美欢：《公众公司及其股权证券（中册）》，北京大学出版社，1999 年版，第 635～636 页。

义的界定就考虑到了上述的法律安排，称："实际控制人，是指虽不是公司的股东，但通过投资关系、协议或者其他安排，能够实际支配公司行为的人。"[1] 其中"协议或者其他法律安排"的含义就包含了协议之外的信托等法律关系。同样，从微观规范上看，控制权人及其规定范围内的家属项下的控制性关联人，很多都是借助协议安排、代理安排、信托安排或其他法律规范设立的，对于此类关联人，我们可以通过上述法律的微观规范进行认定，同时采用向上追溯原则进行准确地外延上定位。

7.1.3.6 附属公司的微观规范解构

微观规范上，许多国家的商法、经济法和商业信用规范等有规定，多数类型的关联交易实际上只有在商主体间或者公司、企业主体之间进行才是适当的和无障碍的。这就决定了控制权人及其关联人所拥有控制权的附属公司或企业成为关联交易的最基本工具，它们是关联关系中的关联方。

在判断何为控制权、何为附属公司的问题上，我们同样需要求助于相对性（控股）标准和"相当数量"标准。附属公司与控制权人是相对应的概念，在准确把握了控制权的含义后，附属公司的概念与范围也就相应的清晰明朗。如《德国股份法》第 17 条规定：(1) 从属企业是指另一企业（控制企业）可以直接或间接对其施加支配性影响的、法律上独立的企业。(2) 由被多数参与的企业推定，该企业从属于以多数对其进行参与的企业。[2] 一般来说，控制权人或者其关联人欲通过其附属公司进行牟利性关联交易时，通常需要对该附属公司拥有较高数量或较高比例的权益，以避免该关联

---

[1] 《公司法》第 217 条第 3 款。

[2] 赵煦东：《境外公司法专题概览》，人民法院出版社，2005 年版，第 513～514 页。

交易利益被稀释。

香港地区《上市规则》认为，此类具有公司企业身份的关联方至少包括以下两类：其一，控制权人“其本人及/或其家属权益直接或间接拥有股本权益的任何公司，而他们所合共拥有的股本权益足以让他们在股东大会上行使或控制行使35%或以上（或《收购守则》规定会触发强制性公开要约所需要的较低百分比）的投票权，或足以让他们控制董事会大部分成员”；其二，上述附属公司的“任何附属公司或控股公司或其控股公司的附属公司”。[1] 因此，在对控制权人及其关联人所拥有或控制的其他附属公司的认定上，对其控制权人的认定同样要采用相对性标准和相当数量标准。实际上，我国现有法规和大陆法系各国关联企业法规范所关注的关联方或关联企业也主要是指此部分由控制权人或控股股东所拥有权益的附属公司和企业。关联交易作为基本的自我交易行为的本质目的在于利益输送，如果没有控制权人或者控股股东所拥有的权益作为分享利益的基础，很难解释此类关联交易的动机。

7.2 一个特例：横向关联企业之微观规范

除了英美法中对关联企业的一般概括外，在德国公司法中，还有水平型关联企业抑或横向关联企业概念。这是一个新的范畴，明显有别于英美法的类似规定。在关联交易理论中有较大影响，应当进行微观规范解构，因为它会影响公司法对关联企业认定的基本规则。

依德国法，水平型关联企业又称为平行型关联企业，指“法律

[1] 香港《上市规则》第14.03（3）条；何美欢：《公众公司及其股权证券（中册）》，北京大学出版社，1999年版，第635～636页。

上彼此独立的企业在统一管理之下的联合，因此企业之间不具有从属性”[1]。应当对此深入，可以设想存在以下两种情形：一是两个以上的独立企业，通过企业间控股性协议或者股东间控制性协议，已经形成了合法操纵或者控制该相关企业行为和意志的效果，已经形成了自我交易或基本的自我交易的不公平交易条件，那么必定有行使操纵行为的控制权人或实际控制人，此时上述企业与该实际控制人已经构成关联性企业；二是两个以上的独立企业，通过企业间协议或者股东间协议（包括秘密协议），并未形成合法意义上的控制权人或者实际控制人，因而，无法合法有效地操纵或控制另一企业的行为和意志，那么，上述企业间的协议实际上并不具备合法效力，它们并不具备“相互之间具有控制与被控制关系”的关联企业之一般属性。实际上，对于前一种情况，英美法已经将其纳入“控制权人的其他关联方”的范畴，它并不属于横向的或者水平型的关联企业，而属于有悖于公司企业登记制度的纵向关联企业。

因此，关联企业之间的关联关系必须是一种合法有效的，并且是持续稳定的法律关系，这正是关联企业之间关联交易行为的隐蔽性及含混性的基础。在采取商主体严格登记主义的国家中，如果两个以上的独立企业，通过企业间控股性协议或者股东间控制性协议，已经形成了合法操纵或者控制该相关企业行为及意志的效果，那么它们当然应当履行公司登记程序和公示程序，许多国家的法律甚至将这一登记程序或公示程序作为上述协议合法有效的必要条件。根据我国目前施行的公司企业登记制度，任何从事或拟从事营业性商行为的主体，无论其属于商个人（两户一体）、商合伙、独资企业、非公司企业，还是属于公司企业，都必须履行工商登记程序，将具有股权控制含义的合同或协议登记公示，在该等公司企业

[1] Emmerich/Sonneenschein/Habersack, S. 69 f.; Henze, Hochst. Rechtsprechung, Rn59.

发生股权或控制权变更的情况下，也同样要履行工商变更登记程序和变更公示程序，否则将属于无照经营的违法行为，受到相当严厉的惩处。显然，这一规则不仅与企业间控制与被控制的关系有关，而且与商事法律对于各类商事主体的税务管理、工商管理等公共利益有着内在的联系。由此可见，至少在采取商主体严格登记主义的国家中，横向关联企业的说法并无微观规范的根据，而只能混淆关联企业认定规则的严格含义。

质言之，当事人营造所谓水平型关联企业的终极目的正在于隐匿其控制权人的身份，在于逃避法律对实际控制人的责任制裁。其行为意图与通过影子董事、事实上董事、一致行动人、控制权人的关联人等实现关联交易的意图是完全一样的。由此而言，《德国股份法》的规定，只在极个别国家中具有极其有限的意义。如《德国股份法》第 18 条所述，“企业订有控制条约……者，视为在统一管理下结合”。学者们通常将德国法中的此种推定控制权人或者推定母公司之规则称为“推定的关联企业”理论。德国联邦法院判例也阐述了这一理论的主旨：“具有控制子公司影响力之母公司，对子公司负有一项受任人的义务（基于信用的责任），而此项义务的大小，则与其介入子公司事务的程度成正比。母公司如有违反受任人义务的情势，应对子公司负赔偿责任。”❶ 许多德国学者也对企业间康采恩控制合同与利润移转合同的效力提出强烈的质疑，《德国股份法》对此坚持了严格的商主体登记主义立场。“从属企业订立的康采恩协议及有关的同意的决议都必须记载于商事登记簿。只有在从属企业所属的商事登记机关就合同的存在、法律性质和另一方当事人的名称进行登记之后，合同才生效。”❷ 登记生效成为严格

---

❶ 刘连煜：《公司法理论与判决研究（一）》，三民书局，1997 年版，第 81 页。

❷ ［德］托马斯·莱塞尔、吕迪格·法伊尔：《德国资合公司法》，高旭军等译，法律出版社，2005 年版，第 848 页；另《德国股份法》第 130 条第 5 款，第 294 条。

的前置条件，正如有学者对德国的上述法律安排作出这样的评价："规范事实集团的法律的意图是鼓励集团订立企业合同。而保护的计划就是披露和补偿。"❶

基于以上微观规范解构可以得出初步结论，横向关联企业或水平型关联企业的概念并无太大的实际意义；德国公司法学者的相当一部分理念并未被其他国家甚至是大陆法系的国家的公司法理论和实践所接受。我国公司法理论与微观规范的构建实践对此应当有清醒的认识，不应当盲目地追随德国法上这种不甚合理的做法，造成我国对关联企业微观规范认识上的误区。

7.3 移植与本土化：发育中的微观规范

在微观规范的设计上，不同国家基于其关联企业的现状及本土化特点、法律控制的经验与认知程度，基于其本土的法律观念与司法传统，对关联企业的内涵和外延存在差异化的认知。在关联企业或者关联人概念问题上，保持其概念的弹性，完善一系列判断规则，与揭示其本质属性是同样重要的。利益衡量的规范设计路径对此有所助益，因循着内部的利益输送链条，守住交易各方实质公平的底线，上述概念会呈现出足够的规范弹性和逻辑周延。比较而言，英美法系以外延列举方式而非抽象内涵概括方式确认关联企业和关联人，表现出了一定的实操层面上的优势。综合各国的关联企业微观规范之建构实践，的确存在关联企业的基本法律含义趋同的现象。在对关联企业的本土化微观规范建构过程中，尤其需要理解以下两个基本特点。

❶ 何美欢：《公众公司及其股权证券（下册）》，北京大学出版社，1999 年版，第 1164 页。

第一，关联企业是企业组织和民商事主体关系发展的必然结果与合乎逻辑的客观结果。它本身是企业主体集团化规则、企业主体转投资规则、股份制企业股权控制规则的必然效果，是企业实际控制人（自然人）亲属法规则的必然效果。法律只要确认公司或者企业具有股权控制人与实际控制人，法律只要确认或不能禁止公司或者企业可以转投资或者再投资，同时法律只要确认或者不能禁止公司或者企业的董事、行政总裁和控股股东自然人依据亲属法可以有配偶、子女和亲属利益，那么关联企业及关联企业关系就不可能被法律完全禁止。

第二，关联企业或者关联方是一复杂的、涉及多重判断规则的复合概念。在理论上，可以使用“相互之间具有控制与被控制关系的各个独立的企业或主体”来概括其内涵，但必须认识到，这一理论根据在大陆法系国家中尚不具备周延的适用意义。实际上，解释和完善关联企业定义，不仅须考虑到关联企业制度的法律适用宗旨，而且要考虑到以下动态变化的社会现实：关联人存在越来越自然人化趋势、控股权判断规则的变动、实际控制权判断规则的变动以及司法实践中控制权人之控制方式不断变换的现实。动态变动的社会现实在呼唤立法者在微观规范设计上的同态互动，而如何立足于利益衡量的视域因应上述变动，乃是规范建构要努力解释的一个方向。

推理就是步伐，学识的增长就是道路，而人类的利益则是目标。

——托马斯·霍布斯❶

第8章 关联交易行为利益衡量之微观规范

8.1 关联交易行为之利益转移

关联交易（connected transaction）是关联企业或关联人之间形成的交易行为。在通常的微观规范意义上，是指某一特定公司或其附属公司与其关联企业或关联人之间形成的交易。关联交易中的本质是关联方之间的利益转移。关联交易行为是关联企业利益冲突行为的一种，鉴于其广泛的影响，也被普遍视为最为重要的关联方之间的利益冲突行为。这里所讨论的是狭义层面上的关联方之间的利益冲突行为；广义的利益冲突行为除关联交易行为外，还包括同业竞争行为、其他利益冲突行为等。

我国财政部在1997年发布的《企业会计准则——关联方关系

❶ ［英］托马斯·霍布斯：《利维坦》，商务印书馆，2015年版，第34页。

及其交易的披露》和《企业会计准则——关联方关系及其交易的披露指南》中，将关联交易称为“关联方交易”；国际会计准则《IAS24——关联方披露中》则称关联交易为“关联者之间的交易”。上述两个法规对关联交易的称谓虽然不尽一致，但对其定义的核心要素却是异曲同工：是指“在关联方之间发生转移资源或义务的事项，而不论是否收取价款”的行为。[1]《香港联合交易所有限公司（证券）上市规则》对关联交易的列举是：（1）上市发行人或其附属公司与关联人士之间的任何交易；（2）上市发行人或其附属公司对一家公司的权益的收购或变卖，而该被收购或变卖公司的主要股东为：或为获提名为该上市发行人或其附属公司的董事、行政总裁或控股股东、或为该上市发行人或其附属公司的董事、行政总裁或控股股东的联系人。[2] 在我国司法实践中，最早对关联关系与关联交易加以规范的行政法规和部门规章是国务院 1993 年 4 月 22 日第 112 号令发布的《股票发行与交易管理暂行条例》的第 59 条，该条第 8 项规定了年度报告应当包括“公司及其关联人一览表和简况”；此后，陆续颁布的涉及关联交易的法规规范有《到境外上市公司章程必备条款》《上市公司章程指引》《证券交易所上市规则》等规范性文件，系统地对关联交易进行了较为细致的约束与规范；21 世纪之后的立法跃进中，先后有《企业所得税法》《税收征收管理法实施细则》《商业银行与内部人和股东关联交易管理办法》《保险公司关联交易管理暂行办法》《公司法》等一系列法律法规

---

[1] 《企业会计准则——关联方关系及其的披露》第 8 条，规定：“关联方交易是指在关联方之间发生转移资源或义务的事项，而不论是否收取价款。以下是关联方交易例子：（1）购买或销售商品；（2）购买或销售除除商品以外的其他资产；（3）提供或接受劳务；（4）代理；（5）租赁；（6）提供资金（包括以现金或实物形式的贷款或权益性资金）（7）担保和抵押；（8）管理方面的合同；（9）研究与开发项目的转移；（10）许可协议；（11）关键管理人员报酬。”

[2] 《香港联合交易所有限公司（证券）上市规则》第 14 章第 23 条。

对关联交易进行了全面系统的规范。但遗憾的是，在公司法理论中，对于关联交易问题的研究还较为薄弱，对于相关规范的设计指导明显不足。尤其是在关联交易的利益衡量的微观规范建构上，立法的技巧和境界还远远没有达到规范设计所要求的高度，对于关联交易也缺乏统一的微观规范和统一的执法路径。在利益冲突剧烈的关联交易领域，切实推进利益衡量的微观规范设计显得尤为急迫。

长期以来，我国一直在实行社会主义计划经济体制与政策，对于市场经济的基本理论与规则缺少实际经验。微观规范解构之下，许多我们习以为常的行为实质上就是关联交易：我国早期的法规没有尝试对广泛存在的公司内部高级管理人员无偿占用公司住房、汽车、设备等待遇性关联交易未加约束；对于我国广泛存在的公司内部职工享有的非市场化福利性关联交易、对于各种企业集团内部的普通关联交易也未加以规范。这是法规的缺失，也是市场意识和市场规范的缺失。基于市场化交易的要求，关联人由于其与公司存在有控制与被控制的关联关系，因而在法律上负有诚信义务或信义义务，其与被控制公司的任何交易都应当在公开合理的条件下进行，都应当遵循市场化交易原则。关联方的控制人不可以无偿地占有被控制公司的资源而谋以私用，也不可以牺牲被控制公司的利益而谋求避税整体利益，同时也不可以攫取公司的盈利机会而使其他关联人取得同业竞争行为的利益，其理由在于“其行为使公司或下属企业不公平地负担了‘机会成本’”。❶

❶ 何美欢：《公众公司及其股权证券（上册）》，北京大学出版社，1999年版，第538～540页。

8.2 关联交易行为特征之微观解构

作为一种有别于一般市场交易的特殊的利益冲突行为，微观规范解构下，关联交易具有以下规范特征。

8.2.1 基本自我交易

克拉克教授认为，“任何形式的关联交易实际上均符合以下三个条件：(1) 特定公司与第三方（其关联方）之间发生了交易，该第三方可以是个人，也可是公司或合伙企业；(2) 某享有决策权的人（或群体）同时影响了该特定公司及其交易对方，而这个有影响力的人通常是（该特定）公司的董事、高级职员或有控制权的股东；(3) 对于该有影响力的人（或群体）而言，如果该交易结果对于第三方而不是对该特定公司更有利，那么他们将会从第三方收益中获得更大的私人利益”。[1] 克拉克教授同时认为，关联交易的根本含义是：“交易表面上发生在两个或两个以上当事方之间，实际上却只由一方决定[2]。”基于此，他将关联交易称为基本自我交易。值得强调的是，关联交易是在控制权人意志控制或许可下进行的交易行为，本质上具有非公平性。

8.2.2 本质上的非市场性

关联交易是在市场行为形式掩盖下的某种特殊交易，行为内容

---

❶ ［美］罗伯特·C.克拉克，胡平等译：《公司法则》，工商出版社，1999 年版，第 120 页。

❷ ［美］罗伯特·C.克拉克，胡平等译：《公司法则》，工商出版社，1999 年版，第 117 页。

具有隐蔽性，交易过程避开了市场交易中的真实意思表示一致的过程。关联交易的控制方实质上是代替被控制方作出意识表示，而被控制方的真实意识被控制方故意掩盖。克拉克在对公司董事、行政总裁（公司内部人）从事盗窃行为、非法占有行为与不当关联交易行为做比较时指出："公共公司的内部人通过其私人公司不公平地向该公司出售土地的交易行为，至少掩盖了其行为的真实内容，'如果内部人只是强迫公共公司将金钱或财产转移到私人公司……则很明显，内部人从公共公司窃取了钱财'；但如果该公共公司的内部人通过其私人公司以关联交易的方式实现利益，则可'在表面上合法的交易的掩盖下进行（例如，该公司支付的土地价格被抬到不公平的高价位），那么，对于公共股东和其他外部当事人来说，非法占有的存在就不那么明显了。对于内部人自己，这一点甚至更不明显，因为与公然行窃相比，他更容易对抬高购买价格作出合理的说明……而内部人在做完这件事后，可能继续认为自己是一个正直高尚的人'。"[1] 由于关联交易形式具有掩盖其交易内容的隐蔽性，几乎所有存在关联交易法律控制的国家，均将关联人权益公开和信息披露制度作为法律控制的基本手段；实践证明，在某一公司所有的关联方权益充分公开的情况下，该公司涉及的关联交易的数量和不正当关联交易的不公平程度将会受到有效的抑制。基于微观规范的解构，关联交易行为不具备市场行为的本质特征，市场行为所必备的可协商性、价格透明、自愿真实等内容被剥夺，所以关联交易行为是受到一定外部力量控制的非市场行为。关联交易的非市场性，导致关联方之间的真实交易内容被掩盖，借助市场交易的形式实际上达到关联方利益输送的交易目的。基于利益衡量，在微观规范的设计上对关联交易的控制人实施更为严格的信息披露和权益公开是必要的，但是事后审查机制也是不可或缺的，基于事后审查

---

[1] ［美］罗伯特·C.克拉克，胡平等译：《公司法则》，工商出版社，1999 年版，第 117 页。

的专业结论进行的严厉的司法制裁也是非常必要的。

8.2.3 规则性

关联交易本身是中性的交易，抛开自我交易的真实目的来看，关联交易是市场交易的一种类型，关联交易仅指明了其交易双方主体，其本身不具有道德判断的内容。但是，由于交易中存在着一种控制因素，致使交易主体在实质上并不平等；当此类交易完全不受法律控制时，即会成为各种不公允交易和各种规避法律行为的基本工具，所以，关联交易是一种其交易公平性需要由法律控制规则进行保障的交易。没有了规则的控制，就失去了交易的公允和平等，会导致关联交易的控制方利用关联交易的市场外壳达到利益输送的真实目的，从而明修栈道、暗度陈仓。基于此，各国法律在微观规范上均力图抑制关联交易可能产生的不公平后果，在法律规则和制度设计上更多地考虑到关联交易形式可能包含的双向性内容。从发达国家目前的立法和司法实践来看，对于关联交易法律控制的核心并不在于禁止或取消此种交易方式，而在于约束或者抑制其中可能存在的不公平，“不能因为打嗝儿就不吃饭了”。在规则上，对于关联交易的控制方，法律规则课以特殊的义务以规避关联交易中可能存在的利益输送风险。克拉克指出“不公平的自我交易是违法的，因为它或者导致（1）管理人员收取不正当的独占收益，或者导致（2）产生无生产效率的不确定性，这种不确定性反过来又提高资本成本。为缓解这些问题，公司法事实上已经规定，公司的管理人员（至少公共公司的管理人员）应自愿承担职责，承诺不从事不公平自我交易”。[1]

---

[1] ［美］罗伯特·C.克拉克，胡平等译：《公司法则》，工商出版社，1999 年版，第 127 页。

回顾关联交易的法律控制沿革，从美国的法律实践来看，美国著名学者 Harold Marsh 认为法律对不公平关联交易的态度经历了四个演变阶段，从 1880 年开始的第一个阶段，是绝对禁止基本自我交易的。基于当时的认识水平和裁判原则，对于关联交易是彻底排斥的。所以，法律规定只要公司或者股东提出请求，任何被认定为关联交易的合同，不论其本质上是否公正，都可以被判定为无效。从 1910 年开始是第二个阶段，即准许进行公平且经无利害关系的大多数董事批准的基本自我交易，“一般规定是，董事与其公司之间签订的合同如果得到了没有利害关系的大多数董事会成员的批准，即使有人提出了异议，只要是法院没有裁定该交易具有明显的不公平性或者欺诈性，该关联交易的合同就具有法律效力；但是，如果批准该合同的董事会的大多数成员对此具有利害关系，不论该交易是否公平，只要公司或股东提出申请，那么该合同都可以被判定为无效”。[1] 从 1960 年开始是第三个阶段，法律规则变得宽容，除非受理异议诉讼的法院认为该合同显失公平，即使是有利害关系的董事会批准订立的这类合同，一般也都认为具有法律效力。此后的第四个阶段，法律变得更加宽容，1975 年加利福尼亚州通过了一部新的综合性法典中新增的一项条款，排除了有利害关系的交易接受公平性司法审查的必要。“这种排除意味着股东适当批准的交易可以免除对其合同条款的公平性的司法审查。”[2] 克拉克教授用简练的语言将这一过程概括为“从 19 世纪 80 年代至 20 世纪中期，大多数的美国法院实质上把自我交易规则从自动无效规则转为公平规则”。这种变化表明了对自我交易的规则，法律越来越重

---

[1] Marsh：《董事是受信托人吗？利益冲突和公司伦理》，载《商法》，1996 年第 22 期，第 35 页。

[2] Bulbulia and Pinto：《对有利害关系董事交易的法规回应：信托准则的淡化？》，载《圣母法》，1997 年第 53 期，第 201 页、第 218～223 页，转引于［美］罗伯特 · C. 克拉克，胡平等译：《公司法则》，工商出版社，1999 年版，第 130～131 页。

视公平性规则的运用，因此，“基本自我交易的一般规则又被称之为公平性规定”。[1]

自《特拉华州普通公司法》第 144 条创造针对关联交易的公平性判断标准以来，引起了多数公司法学者的讨论和论证。该条款规定，“任何合同或交易仅因其是基本自我交易合同即可被判决无效，只要它满足三个条件中的一个。这三个条件可简略地表达如下：(1) 公开加无利害关系董事的批准；(2) 公开加股东的批准；(3) 公平性。而利益冲突的公开与公平的概念实际上是相互影响的”。在 Hayes Oyster 案件中，由于利益冲突未得到充分公开，法院便认定合同违法：“有利害关系的董事或者高级职员不进行公开的行为本身就是不公平的。”[2] 更多的司法实践表明，由于多数关联交易实际上是“具有混合动机的公司行为”，这通常表现为“公司和某外部人之间的一种双向交易。对外部人的福利，有影响力的公司内部人并没有特殊利益。然而，公司内部人在交易上的副作用却具有某种利益”。因此，上述情况下的关联交易未必就一定不公平，但通常它的不公平常常是不明显的，并且不能纳入显失公平的范畴。这就使得规则关联企业及其交易行为的公平规则趋于复杂化。由此可见，法律禁止或制约混合动机交易的同时，更需要区别对待不同的交易种类并可以考虑运用除公平以外的其他规范准则。[3] 审查关联交易的公平性，是微观规范的巨大进步，关联交易不再被简单禁止。但是还不够，基于不断进步的公司法的司法实践，运用法律规范来甄别某项关联交易是“不公平”还是“显失公

---

[1] [美] 罗伯特·C.克拉克，胡平等译：《公司法则》，工商出版社，1999 年版，第 137 页、第 192 页。

[2] 国营 Hayes Oyster 公司诉 Keypoint Oyster 公司案，《太平洋各州判例汇编》第 2 辑第 391 卷（华盛顿特区，1964 年），第 979 页，第 984 页。

[3] [美] 罗伯特·C.克拉克，胡平等译：《公司法则》，工商出版社，1999 年版，第 115 页、第 121 页、第 136 页。

平”的，才是具有实际意义的。所以，基于利益衡量，关联交易的微观规范设计的核心，是对被判定为不公平的关联交易进行法律禁止，这是关联交易的规范基础，也是一个微观规范层面上的利益衡量。

8.3 关联交易类型之微观解构

目前，关联交易已经成为一个渗透到商业社会和企业经营活动的普遍现象，在不同国家中表现为关联交易特点的本土化、不公平交易中显失公平的程度以及法律对关联交易的微观规范的控制力度等问题。对关联交易的司法审查也已经成为一个普遍的司法存在。

在理论上，对关联交易可以按照不同的标准做不同性质的分类。例如按照中国证监会颁布的《拟发行上市公司改制重组指导意见》，关联交易可以分成以下一些类型：“（一）购销商品；（二）买卖有形或无形资产；（三）兼并或合并法人；（四）出让与受让股权；（五）提供或接受劳务；（六）代理；（七）租赁；（八）各种采取合同或非合同形式进行的委托经营等；（九）提供资金或资源；（十）协议或非协议许可；（十一）担保；（十二）合作研究与开发或技术项目的转移；（十三）向关联方人士支付报酬；（十四）合作投资设立企业；（十五）合作开发项目；（十六）其他对发行人有影响的重大关联交易。”[1] 这一法律分类在理论与实践中有实际意义如何？上述分类虽然指明了不同关联交易的交易内容，却无法为关联交易的法律控制提供依据。对于关联交易，公司法理论也存在这样的法律分类，将关联交易分为控股股东从事的关联交易、公司内部人从事的关联交易和其他关联企业从事的关联交易。这一法律分

[1] 《拟发行上市公司改制重组指导意见》第30条。

类同样也是不明就里，暗示对于不同类型的关联交易应当采取不同的规则方法。基于长期的司法经验来看，我国关联交易规则应当禁止或限制公司内部人从事的关联交易，不应一般地限制控股股东从事关联交易，或者使它们适用不同的法律限制规则。对于不同类型的关联交易进行分类规则，也是基于利益衡量的微观规范的建构方法。

基于以往的公司法理论和关联交易的实践，对关联交易法律控制具有实操意义的微观规范上的分类有这样四种类型：

第一种类型，公平的关联交易和不公平的关联交易。这是按照关联交易合同受到非适当影响而导致的不公平程度来划分。从各国法律发展的基本方向来看，公司法与合同法控制的仅仅是不公平关联交易，特别是其中显示公平的关联交易。同时，英美法系国家反垄断法控制的仅仅是持续性的潜在的不公平关联交易，这一点有别于大陆法系的公司法。

第二种类型，持续性关联交易和非持续性关联交易。这是按照关联交易合同的持续程度来划分。前者经常表现为房屋土地租赁合同、长期供应合同、商标专利许可合同等，表现为交易的持续性；后者如一次性买卖合同等，表现为交易的非持续性。基于利益衡量的微观规范，法律规则对于持续性关联交易显然要给予更多的关注、采取更多的规则控制；对于非持续性关联交易实际上更多地会采取事后控制与事后救济的方式，根据交易的具体情况由司法裁定制裁的程度。

第三种类型，经营性关联交易、辅助营业关联交易和非经营性关联交易。这是按照关联交易内容是否具有经营性质来划分的。经营性关联交易是指合同内容具有经营性质的关联交易，如企业间的产品供销合同；辅助营业关联交易是指合同内容具有辅助营业性质的关联交易，如企业间的供用电合同、综合服务合同等；非经营性关联交易则是指合同内容不具有经营性质的偶然的关联交易，如关联企业间代付罚款的交易等。

第四种类型，重大关联交易、一般性关联交易和轻微的关联交易。这是按照关联交易的重要性程度来划分的。关联交易不仅涉及某一具体交易的公平性与赔偿性问题，还涉及对某一关联公司持续的不公平威胁问题，许多国家证券交易所的上市规则认为，如果拟上市的公司与其控股股东具有持续性与经营性的重大关联交易，则该公司将因不具备上市适宜性而被拒绝核准上市。可见，这一分类实际上是各国对关联交易合同进行分类管理的重要基础。同时，基于利益衡量，这是对利益冲突各方关联交易的实质性影响的具体分析，在微观规范上是一个进步。

对于关联交易对分类研究是对其进行分类规则的基础。由于种种原因，在我国的公司法理论中，对于关联交易的分类研究尚处于初始的阶段。值得说明的是，我国《深圳证券交易所上市规则(2001)》与《上海证券交易所上市规则（2001）》均已经按照英美法的惯例，对于关联交易的议决采取了分类管理的办法。该规则要求，凡年度内累计交易额超过300万元但不足3000万元或者超过公司最近经审计净资产值0.5%但不足5%的关联交易属于必须经公司股东会或者董事会以回避表决方式议决决定，凡年度内累计交易额不足300万元或者不超过公司最近经审计净资产值0.5%的关联交易为轻微关联交易，可以不适用该限制而由公司高级经营管理人员或机构决定。[1] 2014年，上海和深圳证券交易所修订了各自的上市规则，上述具体交易数额和净资产比例的规定被保留下来。[2] 应该看到，我国《公司法》对于关联交易法律控制的规范设计存在缺陷，从微观规范的解构，这一缺陷的来源是公司治理本身

[1] 《深圳证券交易所上市规则（2001）》第7.3.8条，第7.3.9条；《上海证券交易所上市规则（2001）》第7.3.12条。

[2] 2014年《上海证券交易所上市规则》和《深圳证券交易所上市规则》。

在决策权限上的规范设计缺陷。实践中，我国多数公司在公司章程中会回避公司决策机构决策权限的规定，许多公司仅规定对公司决策机构具体决策权限的抽象与含混的规定，由此，实践中公司的股东会、董事会、经理机构决策权限不清、关联交易决策判断权限不明；更多的公司还在公司章程规定中存在尽量扩大经理机构甚至总经理个人决策权限的倾向，甚至设计一个“兜底条款”，使董事长或者总经理的权限存在任意开大的可能性。这些公司治理性的缺陷也造成了公司从事不公平关联交易的现实可能性。我国《公司法》应当充分注意到这一问题，应当通过强行性条款约束公司章程的内容，以解决我国公司法实践中无限扩展公司章程意思自治范围的倾向。现有的工商管理规则包括工商局推荐的公司章程模板都无法解决这一问题。所以，公司内部治理的微观规范构建，应当在强制性条款上面做更多的尝试，以解决越来越严重的关联交易的内部控制缺失的局面，这不仅能够为关联交易的合理化提供必要的规则依据，而且也有利于公司内部治理结构的利益平衡，对公司法的理论和实践有所裨益。

8.4 持续性关联交易利益衡量之微观规范

持续性关联交易是相对于偶发性或者随机性关联交易而言，指关联企业或者关联人之间的交易内容和性质具有持续性的关联交易，例如关联企业间的原材料长期供应交易、长期协作交易、设备长期租赁交易等。持续性关联交易使关联企业的一方当事人依赖和受制于资源提供方当事人的作用，因此在各国对关联交易的微观规范中，对于持续性关联交易的法律控制规则历来较为重视。许多国家和地区的法律规定，如果股票上市发行人公司的控股股东（及关联人士）与发行人公司正在从事或将要从事的交易具有持续性质和经营性质而被认定属于重大关联交易，则依上市的法律被认为不适宜上市；但如果此类持续性关联交易仅基于辅助营业性质或者“不具有严重性，则可以通过长期合同和责任承诺文件加以解决”。[1]

持续性关联交易本身有迫使交易对方当事人依赖和受制于资源提供方当事人的性质，使有控制权一方的关联当事人具有了操纵受控方当事人经营或具有控制权的本人操纵受控方当事人营业利润的现实可能性；事实上，如果不对此进行明确的法律控制，这种可能性就会变为现实。而且，如果持续性关联交易同时又是经营性业务关联交易（如以主要原材料供应或主营产品销售为内容），那么受控方当事人的损益状况和发展趋势将必然成为实际控制人可以随意拿捏的，此时此地，持续性关联交易就成为实际控制人对交易对方进行利益输送、义务或负担转移、掏空公司以及侵犯中小股东合法权益的工具。

如果持续性关联交易又同时属于经营性关联交易，说明被控制的公司企业作为独立的法人而言，其经营条件和资产条件是不完整或不独立的，本质上，缺乏作为法人的核心要件。设想一下，如果一个公司赖以存在的土地、厂房等经营场所条件必须依赖于控制权人或者关联企业所提供的条件，说明公司企业的资产不完整；如其赖以维护的持续性生产过程必须依赖于控制权人或关联企业提供的原材料供应、零部件供应等交易条件，说明该公司企业的生产过程和持续生产条件的不完整；如其赖以保持的持续性经营能力与损益能力实际上也必须依赖于控制权人或关联企业提供的销售性关联交易，则说明该公司企业的持续性经营的过程和条件不完整。换言之，上述任何一种情况都说明了该公司企业的存在和持续经营要取决于控制权人或者其关联企业提供的关联交易条件之持续稳定。如

[1] 董安生：《国际货币金融法》，中国人民大学出版社，1999年版，第203页。

果这一现象确实是由市场专业化分工而造成的，自然无可非议；但如果这一现象是由实际控制权人利用其控制地位一手造成，对于被控制人而言，其中当然包含巨大风险。在充分竞争的市场中，这样的公司企业没有独立的市场地位，无法进行充分竞争，导致市场规则失灵。

鉴于上述理由，在对关联交易的微观规范的设计上，多数学者和立法者所接受的“公平性标准”的“三项原则”[1] 是远远不够的，以合同条款概括的市场化规则和道德性规则是必不可少的。“不受市场和道德控制约束，非公平的自我交易的实现风险并没有因现行法律规定的防护措施而减少到微不足道的地步。”[2] 至少对持续性关联交易来说，通过法律认可之下的“稳定性条款”来保障受控方当事人的公平待遇是非常必要的：可以设置与交易性质相适应的长期合同条款并使受控方当事人具有单方解约权，以此防止有控制权的关联人任意解约或提前解约；设置旨在稳定交易价格和交易条件的限制变动条款；设置旨在限制合同变更、终止或事实不履行等情势的信息公开义务条款和非利害股东批准条款等。与此类似，我国有关的公司、证券法规要求拟募股上市的股份公司必须通过资产重组或者企业的完善来减少经营性关联交易，保障拟上市公司的资产完整与经营独立，这显然体现了公平原则的要求。基于利益衡量，关联交易控制人与被控制人的利益冲突应该得到有效平衡，使用市场规则和标准来判断关联交易的公平性及其程度，对控

---

[1] 克拉克教授在评价《特拉华州普通公司法》第 144 条和《美国标准公司法》第 8 章第 31 条所设公平性标准时，将其简单概括为：任何关联交易只要符合下列三个条件中的一个，即被认为符合“公平性标准”：（1）利益公开加无利益关系董事的标准；（2）利益公开加（非利害）鼓动的标准；（3）被证明具有符合市场交易的公平性。［美］罗伯特·C.克拉克，胡平等译：《公司法则》，工商出版社，1999 年版，第 136 页。

[2] ［美］罗伯特·C.克拉克，胡平等译：《公司法则》，工商出版社，1999 年版，第 148～149 页。

制人课以明确的规范限制，对被控制人给予明确的规范保障是微观规范的基本设计路径。

8.5 微观视域的利益衡量之客观性与可控性

正如关联企业的出现与发展在客观上是不可避免的一样，关联企业最重要的行为——关联交易的存在也是客观和不可避免的。由于各国法律对关联企业或关联人概念的不断完善和发展，今天所提到的“关联方”概念已经具有了极大的包容性和弹性，这一概念不仅概括了集团企业内部具有股权控制力和经营决策控制力的一系列企业之间的关联关系，还概括了不同企业之间基于控制权人亲属关系与利益合作关系而形成的具有间接控制力的企业之间的关联关系。在相互从事交易的关联主体之间，某些交易实际上属于关联人意识到其间的关联关系是基于控制权人的意志却故意从事的关联交易，该种关联交易的内容往往为“故意不公平”；另一些交易则属于关联人并未意识到其间的关联关系，并且其交易并未受到控制权人的意志操纵，在此情况下的关联交易内容则可能是公平的。正是基于这一复杂的现实，各国学者和立法者对于关联交易的微观规范控制立场实际上均经历了由简到繁的过程，并且将争议的焦点逐渐集中于公平性问题上。

美国学者哈罗德·玛什（Harlold Marsh）于20世纪60年代起即著文指出，美国从19世纪起已经出现了旨在控制关联交易合同的法律，并且这一法律发展至今，已经过了数个阶段。[1] 这是早期的关联交易的微观规范建构。基于市场的需要和利益的驱使，许

---

[1] 参见上文关联交易的规则性。

多情势下的关联交易要简单地一概禁止是不合理的，在实践中也是行不通的。例如，在控股股东或控制权人为煤炭公司或钢铁公司的情况下，其下属的若干公司企业因经营要求向该控制权人购买了煤炭或钢材，即构成通常意义上的关联交易；在控股股东或控制权人为电力公司、电话公司或者石油公司的情况下，其下属的企业、控股股东及其下属企业的董事或经理、该等自然人的配偶和亲属等，只要使用了由控股股东提供的电力服务、电话服务或油料供应，也都属于通常意义上的关联交易。凡此种种，如果法律规范简单地禁止此类交易的存在或者一概否定其合法效力，无异于限制经济社会的正常运转，不仅不合常理，也势必会引发商业社会交易过程的混乱。从关联交易的规制实践来看，20 世纪 90 年代初时，我国大部分国有控股的股份公司在境外募股上市前，基于我国政企不分和政府直接控制力之政策，均招致市场所在国监管部门对其关联交易和同业竞争的诘难。这一问题不仅反映了我国与市场经济国家在法律观点上的冲突，也反映了针对关联交易和利益冲突行为控制中公平性规则的必要，而且对我国企业体制的改革具有推动作用。其实，经济分析法学的观点也侧面反应了关联交易的客观性及不可避免性问题。由于社会交易主体间客观存在信息不对称问题，任何形式的交易都有交易成本，“交易成本一词（至少）包括公司和另一交易方在物色交易对象时获取对方关于生产能力、可靠性、可信度、运营方式等等此类问题的资料，以及建立交流渠道和两个组织中的个人交际基础（在此基础上特定交易迅速达成）上所花费的资源”。[1] 他们认为：关联交易“是由契约安排与交易方式创新而形成的一种经济节约机制。它不仅可以取得与生产能力相关的技术经济和规模经济效益，而且可以实现信息经济，达到竞争效应，降

[1] ［美］罗伯特·C.克拉克，胡平等译：《公司法则》，工商出版社，1999 年版，第 1491 页。

低交易费用”。[1] 按照该学派理论，在企业尤其是上市公司与其关联方之间所形成的相容（Inclusive）利益集团，可以通过关联交易，更大地降低交易成本，提高企业的运营效益和盈利能力，扩张经营规模，提高企业的市场竞争力；最为重要的是，通过企业集团内部适当的交易安排，有利于实现企业集团的利润最大化，提高其整体的市场竞争能力，从而有助于企业集团整体战略目标的实现。当然，这一认识是以任何关联交易均处于权益公开和公平交易条件为假设前提的。但现实却并非如此。由于控制权人具有控制其下属企业交易意志和交易行为的能力，同时控制权人较之其他市场参与者对其所属公司享有更多的信息获取能力，因此，信息的不对称使关联企业间的交易就难免产生不公平的可能。关联企业的利益相容性使其交易达成的条件与市场独立各方之间的交易有所不同。由于非对称信息的存在，关联方相容利益集团比其他市场参与者拥有更多的交易信息。其他市场主体获取信息的主要渠道是上市公司的财务报告，其对财务报告的理解是建立在这样一个假设之上，即所有交易均为市场独立各方按公允竞争的市场条件而进行的。如果此假设成立，有关的关联交易自然是公允的。然而，对于特定关联方所发生的资源或义务转移，这个假设失去了真实性。非真实的财务报告无法反应企业真实的经营信息。关联交易完成的规定性有别于正常交易，控制权人能够利用其对企业的控制权或影响力来操纵关联交易，实现其非市场化的利益输送和利益转移。以上市公司为例，控股股东或以不合理的高价将其产品或劣质资产出售或置换给上市公司，换取对方的现金或优质资产；或以不合理的低价从上市公司购买产品或资产，甚至不支付价款，致使上市公司应收账款不断增加、资金被长期占用，同时让上市公司为其提供担保，导致债务的

[1] ［德］柯武刚、史漫飞：《制度经济学——社会秩序与公共政策》，商务印书馆，2001年版，第237～238页。

不断累积及上市公司资产的恶化，进而严重威胁和损害中小股东及债权人利益，同时误导投资者，削弱市场监管，此类事例中外皆有。当关联交易已经蜕变为控制人利益输送的工具时，交易本身就失去了公平性。克拉克教授指出：只有在公开和交易公平的基础上，才存在“自我交易合同比任何可合理地替代的他方交易合同的代价都要低”之可能；如果关联交易双方均确认该关联交易有确定数额的额外利润，并且“根据交易条件，公司可分享它，那么与任何可行的他方交易合同相比，自我交易合同确实更具有合理性”。[1]

关联交易的客观性与不可避免性并不代表其具有当然的公平性与合法性，相反，此种违反市场交易竞争条件的所谓“交易”是可能滋生不公平交易、欺诈行为和掠夺性行为的。如果缺乏法律的有效控制（特别是公平规则控制），则此种可能的不公平交易将愈来愈多地转变为现实的、必然的不公平交易。从利益衡量而言，在信息披露存在微观规范缺陷的情况下，由于关联交易本身即具有掩盖或隐蔽交易内容和利益关系的属性，同时在缺乏普遍性法律控制机制的情况下，不公平的关联交易实际上处于不被发现或不受矫正之状态，因此，在整体上断言关联交易具有节省社会资源或者产生“社会盈余”的观点是令人怀疑的。

因此，我们可以得出两个基本的解构结论：一方面，关联交易本身存在具有客观的不可避免的性质，对其加以简单地一概禁止是不合理的，也是不可能的；另一方面，为了保障交易公平与交易秩序，应当在传统法律原则的基础上创造出有效的微观规范。这是基于利益衡量的微观规范设计。从利益衡量解构，基于公平性审查的微观规范应当在保护交易的同时，阻止非市场化的关联交易，避免控制人利用关联交易的工具实施内部利益输送的企图。作为弱势一

[1] ［美］罗伯特·C.克拉克，胡平等译：《公司法则》，工商出版社，1999 年版，第 149 页。

方的被控制人，利益衡量的微观法律规范应当在权利配置上给出更多的规范空间；而对于强势一方的关联交易控制人，微观规范应当在义务配置、交易审查及责任处罚等方面给出更多的强制性规范，同时给出更多的权利让渡，以实现关联交易中的冲突利益之间的利益衡量，实现微观规范所寻求的内在的公平价值。

对待公平，人们有两种截然相反的看法，一种将公平视作是自己也有利可图的不得不为的之事，另一种则视之为将自己的甜点赠予那些爱吃的人之后得到的满足感。

——阿兰·布鲁姆❶

第9章 控制原则中利益衡量之微观规范

对于关联企业和关联交易进行微观规范的控制，基于一个基本的事实，即传统的公司法的基本法则正处于被颠覆的过程中，在缺乏有效监管的前提之下，关联交易会演变为一个具有双向掩盖功能伪市场交易行为。传统公司法的一些基本原则，如股权平等、股东多数决规则、董事会决议规则以及公司的独立意志和独立利益规则，即在公司法上久已确立的规则和公司作为独立主体的条件假设已处于颠覆之中；同时，如果控制规则失位，关联交易的一个双向掩盖功能会变成现实，一是公司控制权人经由关联交易实施了规避法律、转移债务和负担、转嫁市场风险等行为，被控制公司成为上述行为的工具，而关联交易的市场化外壳掩盖了交易的真实内容；相对而言，被控制的关联公司或关联企业自身所具备的公司法上的

❶ ［美］阿兰·布鲁姆：《巨人与侏儒》，华夏出版社，2011年版，第123页。

独立人格掩盖了公司被控制、被操纵的事实，作为一个从属于控制人的公司，公司法上的独立性掩盖了公司依附于控制公司的事实。关联交易的需要基于利益衡量的微观规范来控制其公平性。关联企业和关联交易控制制度是公司法正在发展完善的制度规范，这一制度主要涉及公司法规则的完善与体系化，但同时也涉及合同法、商事法、侵权法、税法、反垄断法、刑法和贸易管制法及工商法规等各部门法律和规范的系统完善。在微观规范的建构方面，大陆法系多以董事诚信义务与法人资格否定制度作为关联企业和关联交易控制制度的主线，而英美法系则更多地探讨关联交易公平原则和关联交易事前控制规则。诚然，对于不公平关联交易行为乃至任何类型的违法利益冲突行为进行充分有效的法律控制，是世界各国法律所共同追求的一般价值，不同国家的这一法律控制制度可能依据其本土情势，规则的控制程度和制裁重心及程度也各有不同，但在法律制裁的核心价值观念上没有根本冲突和质的区别。为了完善我国相关法律控制制度和相关理论的研究，应当引入利益衡量的微观规范之设计，以控制规范为线索，在微观规范建构上体现出对各方利益的综合考量，在公平的市场规则之下解释对各方利益的差别保护，实现各方利益最大化，保护市场和交易，降低交易成本，实现冲突利益的共赢。

9.1 诚信义务之微观规范

作为对控制权人强势地位的制衡措施，信义义务（Fiduciary duty）扩展至公司控制人已经为各国立法所接受。微观规范上，我国公司法对此虽有涉及但规定的内容缺乏可操作性，也没有区分有限责任公司与股份有限公司控制权人信义义务的不同要求，对于违信责任的制度构建也存在盲点。[1] 从现代各国公司法演变趋势来看，源自英国公司法上的诚信义务（Fiduciary duty）规则[2]的适用范围正在日益扩展，从早期英美公司法确立诚信义务，到大陆法国家公司法确认“董事诚信义务”或“内部人诚信义务”，再到近年来多数国家的公司法确认“控股股东的诚信义务”[3] 这一法律发展过程来看，公司法上诚信义务规则的扩展适用目前仍处于发展中。美国学者 Harry G. Henn 认为：“从直接方面讲，控股股东拥有公司的控制权，通过控制权的行使，获得了优越的地位，保持优越地位的人依照衡平法的一般原理应负忠实义务。从间接方面讲，如果董事与职员有忠实义务，那么通过影响董事和职员而支配公司的控股股东应负有类似义务。[4]”美国法院很早就认为：“控股股东在表决中，在管理中应该全心地、真诚地、诚实地忠实于公司和公司最佳利益，必须忽略自己的个人利益。[5]”我国新《公司法》第148条规定：“董事、监事、高级管理人员应当遵守法律、行政法规和公司章程，对公司负有忠实义务和勤勉义务。董事、监事、高级管理人员不得利用职权收受贿赂或者其他非法收入，不得侵占公司的财产”。诚信义务规则的价值是为抑制公司控制权人实施利益冲突行为而设置的概括性条款，为了克服我国公司和企业法中对于关联企业行为微观规范的不足，我国法律有必要诚信义务规则进一步完

[1] 刘凯《控制股东的信义义务及违信责任》，载《政法论坛》，2009年3月第27卷，第149页。

[2] 又译受信义务、信义义务、信赖义务、受信责任等。大陆法学者通常认为，英美公司法上的受信义务不完全等同于信托受托人的受信义务。

[3] 自1988年以来，德国法系一些国家法律也相继确认了控股股东对公司负有忠实义务和诚信义务。［韩］李井杓：《少数股东的保护问题——以韩国商法为中心》，载《南京大学法律评论》，1999年春季号，第58页。

[4] See Harry G. henn, Handbook of the Law of Corporation, 2nd, West Publushing Co. 1970, p 477 .

[5] See Lebold u, Island steel Co. , 125F. 2d 36p 7thcir. 1941.

善并更具操作性，使之适合于关联企业行为控制的基本目的；同时，我国法律有必要对于公司董事、经理、实际控制人、控股股东和其他各种形式的控制权人课以此项义务。这一义务的主体范围的扩展与关联交易的规则控制趋势在价值取向上是互相吻合的。

依照大陆法国家的法律，公司法上的诚信义务主要包括勤勉义务和忠实义务两个方面。勤勉义务又被称为注意义务，它是指义务人对由其控制的公司所负有的对于公司事务勤勉尽责、合理注意和作出合理商业判断的义务；它要求义务人应主动避免因疏于勤勉而致公司“遭受损害”的情况，要求义务人“公平对待所有股东……不得受他人操纵”[1]。这主要针对控制人对于公司在事务层面上的义务。忠实义务历来被认为是诚信义务的核心，根据我国公司法规范与理论界的普遍观点，它是指义务人对由其所控制公司负有的忠实“维护公司利益，不得利用在公司的地位和职权为自己谋取私利”之义务；“当其自身的利益与公司和股东的利益相冲突时，应当以公司和股东的最大利益为行动准则”之义务[2]。值得注意的是《上市公司章程指引》第 80 条所列举的 11 项消极义务规定，依据该列举，承担忠实义务的当事人依据公司章程负有规范关联交易、禁止内幕交易、禁止同业竞争、禁止将公司资金借贷他人或为其担保、禁止侵占公司商业机会、禁止侵占公司财产等 11 项义务。综合以上规则可以看出，我国的公司法和相关规章对于诚信义务的规定存在着两方面的缺陷。其一，回避“不公平关联交易”的标准问题。现有法规试图以行为的列举方式取代诚信义务的概括性条款内容和抽象调整作用，基本上没有考虑到关联企业行为的特殊性，这在司法实践中将很难回答不公平关联交易是否构成侵占公司财产行

[1] 《上市公司章程指引》第 81 条；另参见张民安《公司法上的利益平衡》，北京大学出版社，2003 年版。

[2] 《公司法》第 59 条；《上市公司章程指引》第 80 条。

为的问题。按照诚信义务或忠实义务之本意，所有的有悖于勤勉判断或者有悖于忠实义务的行为无论其采取何种形式或外观，均已在义务违反之列，其原因在于，该行为失去了交易的公平性。其二，义务主体的涵盖范围存在瑕疵。现有法规将诚信义务赋予公司的董事、监事和经理，而忽视了控股股东、实际控制人和其他各种形式的控制权人其实也应负有上述义务。一般而言，公司董事和公司经理显然是难以违背公司控制权人意志而独立维护所在公司利益的，多数关联交易中所包含的利益冲突恰恰是公司控制权人与其所控制公司之间的利益冲突。基于利益衡量的微观规范，在关联交易的公平性和诚信义务主体上，法律规则应该给出明确的结论，以便于实践和实操。我国《上市公司章程指引》中的规定仅仅具有禁止和限制公司内部人从事利益冲突行为的作用，而对于上市公司和非上市公司控制权人的利益冲突行为则缺乏此种限制，这是微观规范设计的缺陷。所以，扩展我国公司和企业法中关于诚信义务的内容并扩展其义务人范围是十分必要的，也符合利益冲突的场域中实施利益衡量的微观规范价值。控制权人的诚信义务规则是关联企业行为控制制度的基础，具有概括调整作用，以抽象的方式说明了控制权人以不公平关联交易方式或者利益冲突方式从事不当行为的义务违反之本质。因此，对于违反诚信义务行为的实际法律控制还必须求助于更为具体的法律规则和制度。在宏观的制度和原则确立之后，利益衡量的微观规范必须适时跟进，以实操性的规范在个案中实现利益衡量，实现个案中的公正，才能最终实现关联交易各方的利益衡量。

9.2 控制权人责任扩展之微观规范

公司的面纱徐徐揭开，作为一项微观规范，公司人格否定制度在争议中移植。在新《公司法》颁布之前的我国公司法理论研究中，不少学者均主张适应现代各国公司法的发展潮流，建立我国公司法上的公司人格否认原则。依我国传统公司法理论，公司一律为有限责任的法人，依法设立的公司具有独立的法人人格并独立承担财产责任，而公司的股东则取得了有限责任地位，即股东仅以其出资额为限对其公司承担财产责任❶。学者认为，“如果公司独立人格的认可会导致某些不公平的现象的发生，诸如欺诈债权人、规避制定法所规定的义务或者损害公共利益，则公司的独立人格就应被否认，公司股东就应被责令对公司债务承担个人性质的法律责任。”❷ 这就是公司人格或法人人格的否认。引起公司人格否认或揭开公司面纱的事由主要包括以下一些：(1) 公司与其股东人格混同，包括公司或为“股东的代理人（agency rules)，或者是股东的工具(instrumentality rules)，或者是股东的分身（alter go)，或者公司和股东实际上是同一体（identity rules）等”❸，将导致公司人格否认。(2) 公司与其股东的财产营业混同，而导致“公司形骸化，如不召开股东大会，不履行公司决策的既定程序，不保留公司的必要记录尤其是决策记录，业务混同、财产混同、账簿混同、过度控制等”❹，将导致公司人格否认。(3) 公司滥用其人格从事或存在欺诈行为、逃避契约义务行为、逃避法律义务的行为时，也将导致公司人格否认❺。

实际上，根据公司法上引起否认法人人格事由或者揭穿公司面纱事由的归纳，各国法律中可能导致公司人格否定的法定事项已达19种之多❻。在各国法律对于关联企业行为的控制司法实践中，进

---

❶ 根据我国目前的司法解释，公司股东有出资不实或抽逃股金事实时，仍须以该出资不实的差额为限对公司之债权人承担有限责任。

❷ 张民安：《公司法上的利益平衡》，北京大学出版社，2000年版，第73页。

❸ 吴日焕译：《韩国公司法》，中国政法大学出版社，2000年版，第42页。

❹ 朱慈蕴：《公司法人格否认法理研究》，法律出版社，1998年版，第158～159页。

❺ 周苏友：《公司法通论》，四川人民出版社，2002年版，第153页。

❻ 张民安：《公司法上的利益平衡》，北京大学出版社，2000年版，第76～77页。

一步扩大了揭穿公司面纱原则或者公司人格否认原则的运用范围，这是美国和德国学者主张对原有法律原则加以革新的根源。美国法院的判例认为：对于关联企业从事的不正当交易行为来说，仅控股股东才属于真正的责任承担人，“由于股份的全部或大部分由特定股东所有，公司的营业政策、财务、运营只是处于该控股股东的完全控制下，从而在有问题的交易中公司不具有自己独立的意思和存在；……控股股东的这种控制力利用欺诈、犯罪和其他法律上的义务或违反或者侵害对方权利的不公正行为上”，故其行为后果应当归于“该控股股东”[1]。从利益衡量的责任分配而言，处于绝对强势地位的控股股东应当承担此项义务，对不公平的关联交易承担最终的法律问责。

不难看出，公司法中公司人格否认原则的发展实际上面临着双重使命：首先，这一原则维护着公司法原有的规则和秩序，禁止任何当事人滥用公司法人之人格，在公司与其股东发生了人格混同、财产混同，发生了公司形骸化、公司欺诈行为、公司逃避合同义务或法定义务行为以及公司被架空时，均可依法导致公司人格否认；其次，从另一方面说，这一原则对于关联企业行为具有重要的控制作用，它实际担负着保护从属公司利益、公司少数股东利益、公司债权人利益和相关第三人利益的使命，禁止控制权人通过滥用公司人格从事任何损害上述利益关联方的行为，实现其所谓集团战略。我国新《公司法》的第 20 条被认为是中国的公司人格否认的条款，可以称得上是我国公司立法发展的一个显著进步。该条规定：“公司股东应当遵守法律、行政法规和公司章程，依法行使股东权利，不得滥用股东权利损害公司或者其他股东的利益；不得滥用公司法人独立地位和股东有限责任损害公司债权人的利益。公司股东滥用股东权利给公司或者其他股东造成损失的，应当依法承担赔偿责任。公司股东滥用公司法人独立地位和股东有限责任，逃避债务，严重

---

[1] 吴日焕译，《韩国公司法》，中国政法大学出版社，2000 年版，第 42 页。

损害公司债权人利益的，应当对公司债务承担连带责任。”由于该条款的规定过于概括，在具体的司法实践中还应对公司人格否认原则的实施条件进一步给予完善。就立法而言，按照大陆法系的惯常做法，应当对可引起公司人格否认的事由分别规定或列举；同时，对于因关联企业不当行为导致的第三人损害问题应给予必要的制度设计。

作为微观规范，公司人格否认原则的具体实施也面临的诸多争议。首先，何时揭开公司的面纱？公司人格否认原则应作为基于法定事由而采取的临时措施或例外措施，还是应当允许同类利害人对于积累的不正当交易于每一年度末共同提起否认公司人格之责任诉讼？此争议反映了传统的揭穿公司面纱原则与这一原则发展中关联企业不当行为控制要求之间的矛盾。在采用区分原则的基础上，可有效解决这一矛盾，即在面临一般导致公司人格滥用或公司形骸化的情况下，允许当事人依例外原则或特别诉权随时提起否认公司人格的责任之诉；在面临控制权人操纵关联企业从事不当关联交易行为时，受损害的公司少数股东、公司债权人和利害关系第三人不仅可提起特别之诉，也可在诉讼时效期间内就积累的损害总额提起诉讼。目前，各国关于揭开公司面纱的规则大多采取临时救济和总体救济相结合的做法，基本体现了利益冲突各方的利益衡量。其次，揭开公司面纱的原则定位是什么？具体而言，在成文法或制定法国家中，公司人格否认原则是作为一例外性司法原则，还是应作为一项具有弹性的立法原则来看待呢？比较而言，英美法基于其判例法传统对揭穿公司面纱原则和深石原则（Deep-Rock Doctrine）[1] 未

---

[1] 深石原则在台湾“公司法”也有存在，该法第369条第7款：“控制公司直接或间接使从属公司为不合营业常规或其他不利益之经营者，若控制公司对从属公司有债权，在控制公司对从属公司应负担损害赔偿范围内，不得主张抵销。前项债权无论有无别除权或优先权，于从属公司依破产法之规定为破产或和解，或依本法之规定为重整或特别清算时，应次于从属公司之其他债权受清偿。”该原则基本上确认的是控制股东利益“衡平居次”。

采取成文法形式，主要是考虑到赋予此类法律原则应有的包容性和弹性，所有，一般赋予法官必要的酌定权；但对于大陆法国家来说，采取有弹性的成文法规则，对于难以完全列举滥用公司人格事项的局限性则可依赖于一个弹性的兜底条款，这样的设计在逻辑上是周延的。1965 年的《德国股份法》、欧盟 1985 年的公司法第 9 号指令草案都是以关联企业为题，对控制权人的责任作出了规定。我国有学者也认为："大陆法系则更多将公司法人人格否认，以立法的形式修订于公司法中，直接对关联交易进行明文限制。这应该说比英美公司法更实用、更简明。"❶ 最后，公司人格否定之诉的性质是什么？诉讼的性质是连带责任之诉、侵权之诉、代位诉讼，还是为派生诉讼，是否适用侵权法的一般侵权裁判规则？这一争议的焦点在于代位权问题、派生诉讼下的归入权问题和侵权法上过错证明责任问题。为了强化对公司少数股东、公司债权人和利益受损害第三人的利益保护，应当明确此类利益损害的当事人有权选择一般代位诉讼（如主张代位债权或请求权），也有权选择派生诉讼，在微观规范的设计上，法律应当给其以足够的诉讼便利。对股东人数不多的有限责任公司来说，利益受损害的当事人有权共同要求合理的损害赔偿，也有权主张归入权；对于人数较多的股份有限公司来说，利益受损害的少数股东仅可主张归入权。同时，从微观规范统一的角度，在侵权法中需要完善这样的过错推定规则：凡构成公司人格否认原则列举的行为条件者，应当推定控制权人对相关下属公司具有损害该公司及少数股东、债权人和其他利害关系第三人之故意，令其负有证明非过错的举证责任，这样的设计可以加大侵权人的举证责任负担，从而加大其违法成本。

基于上述微观规范的解构可以看出，在关联企业及关联交易的

---

❶ 柳经纬等：《上市公司关联交易的法律问题研究》，厦门大学出版社，2001 年版，第 91 页。

控制机制中，无论是控制权人诚信义务规范，还是公司人格否认规范，本质上都只是某种原则性规范和基础性规范，且一般只能发挥对不当关联交易行为事后救济的作用，这是一个短板，因为救济成本尤其是时间成本是巨大的。相对而言，在关联企业行为控制制度的设计上，更为有效和便捷的微观规范设计是信息披露原则、交易程序公平原则和交易内容公平原则，通过信息披露路径对关联交易行为实施的事前控制，这是利益衡量基本措施。虽然任何措施也无法做到彻底根绝关联交易行为，但毕竟在规范的设计上，基于利益衡量的微观规范建构是可资借鉴的规范路径。

9.3 信息披露原则之微观规范

20世纪以来，国际资本市场的法律规范中一个重要的共同点是，信息披露被接受为抑制欺诈和不诚实行为的有效的微观规范之一。《威廉姆斯法》颁布以来，许多国家强制性信息披露制度已经成为普遍接受的微观规范设计，被视为一项行之有效的健康规范，正如美国最高法院大法官路易斯·布兰代斯（Louis D. Brandise）所言："公开被当地推荐为消除社会和工业弊病的补救方法。阳光是最好的消毒剂，灯光是最有效的警察。"❶对于企业而言，"一切要做的就是披露，显露出来的欺诈没有杀伤力。"❷ 随着资本市场的日益发展和成熟，许多国家从微观规范的设计出发，在公司法和证券法中设立了旨在保护公司投资者、债权人和利害关系第三人的强制性信息披露规范。信息披露规范不仅仅对于上市公司欺诈或者

❶ ［美］路易斯·D. 布兰代斯著，胡凌斌译：《别人的钱：投资银行家的贪婪真相》，法律出版社，2009年版，第53页。

❷ 何美欢：《公众公司及其股权证券（上册）》，北京大学出版社，1999年版，第85页。

资本市场欺诈起到抑制作用，对于其他各种类型公司的各种欺诈行为，尤其是对关联企业的不正当关联交易行为具有重要的控制作用，起到规范引导的作用，因为“这些交易是见不得光的，要求将其披露就等于限制其发生，许多秘密进行的交易一旦公开就很难自圆其说”❶。为了理性地设计我国的关联企业行为控制制度，在微观规范上，应当积极引进欧盟公司法指令的立法宗旨，设立旨在规范关联企业主体和行为的强制性信息披露制度。

1. 关联企业信息披露的主体

目前，公司或企业主体的强制性信息披露规则是大陆法各国传统公司和企业法中不可或缺的内容。早期《德国商法典》和《日本商法典》的规定，任何公司或商主体在办理完毕商业设立登记后应当履行商业登记之公告程序，并且“登记所应从速公告登记事项”，“公告与登记不符时，视为未公告，……不得以之对抗善意第三人”。❷ 根据德国商法典、法国商法典及日本商法典的规定，任何公司均有义务在其注册营业所备置商业登记证、公司章程、股东名册和一定年限的商业账簿，以备查阅。❸《日本商法典》甚至还规定：凡“怠于进行本编所定公告或通知，或为不正当的公告或通知”的；凡“无正当事由而拒绝阅览、誊写文件或拒绝交付其誊本或节本”的，或“对于章程、股东名册或其复本、零股存根簿、公司债存根簿或其复本、议事录、财产目录、资产负债表、营业报告

❶ 何美欢：《公众公司及其股权证券（上册）》，北京大学出版社，1999 年版，第 88 页。

❷ 王书江、殷建平译：《日本商法》，第 11～14 条，中国法制出版社，2000 年版，第 4～5 页；杜景林、卢湛译：《德国商法典》，第 8 条以下，第 125 条，中国政法大学出版社，2000 年版。

❸ 杜景林、卢湛译：《德国商法典》，第 38～47 条，中国政法大学出版社，2000 年版；卞耀武：《当代外国公司法》之《法国商事公司法》，第 8～17 条，法律出版社，1995 年版；王书江、殷建平译：《日本商法》，第 281、408 条、443 条，中国法制出版社，2000 年版，第 84 页，第 130 页，第 141 页。

书、事物报告书、损益计算书、盈亏处理议案、决算报告书、会计账簿……调查报告书中记载应记载事项或做不实记载；……或者不备置账簿或文件的，依法将导致民事责任、行政责任或刑事责任。”❶

我国公司法的规定也与此类似，任何类型的公司之设立都必须履行工商登记程序，并且任何类型的公司均“应当将公司章程、股东名册、股东大会会议记录、财务会计报告置备于本公司”，“股东有权查阅股东会议记录和公司财务会计报告”。❷ 我国公司法和许多大陆法国家的公司法一样，在信息披露问题上是有规范传统的。但是，由于我国公司法实践中的执法宽泛，加之我国公司法规定的公司信息仅对于公司股东和监管部门披露，有学者也主张公司之信息属于商业秘密，甚至主张对“股东查阅权”加以“必要限制”❸，导致在我国公司法的司法实践中，公司违反文件备置义务，违反信息披露义务的现象屡见不鲜。应当明确，仅是简单的信息披露无法提供足够的信息，投资者和市场无法据此作出准确的判断，使得关联企业间的关联关系更是难以发现甚至是无从发现，以信息披露来抑制关联交易的目的难以达到。

为了完善我国的关联企业控制制度，我国公司法有必要进一步完善公司信息披露规范，并继续完善关联企业的信息披露规范，尤其应该完善和强化公司法违反信息披露的执法制度，尤其是加强针对违法行为的惩罚规范建构。构建基于利益衡量的微观规范，是建设依照市场规律运行的资本市场的必要条件。具体而言，应当在以下几个方面进行完善具体的微观规范设计。

（1）扩大信息披露的范围。在明确公司负有设立文件、章程文

❶ 王书江、殷建平译：《日本商法》，第498条第2项、第3项、第19项、第20项，中国法制出版社，2000年版，第149～151页。

❷ 《中华人民共和国公司法》第8条，第31条、第32条、第101条。

❸ 张民安：《公司法上的利益平衡》，北京大学出版社，2003年版，第204页。

件、高管人员身份文件、股东名册、公司会计文件等文件持续置备义务的基础上，扩展该信息披露的范围。具体而言，除公司股东外，公司债权人、利害关系第三人和监管机关均有持续性查阅权；凡违反文件置备义务、违反信息披露义务、提供虚假信息或借口保护商业秘密而拒绝当事人查阅者，均应以适当便捷的司法程序判定其承担民事责任、行政责任或刑事责任。对于这个已经被许多国家立法确认并产生了良好法律效果的规则，立法者不应当有任何的犹豫。

（2）细化文件备置和信息披露的内容。针对公司控制权人的文件置备和信息披露规则，包括在公司工商登记事项和公司营业执照记载事项中增设控股股东条款，凡涉及公司控股股权的变动，应进行工商变更登记；在公司股东名册中也应增设控股股东条款，并应当明确到最终控股人或者实际控制人；在公司法定置备文件中，应当增加公司高管人员说明内容，范围不应当仅局限于法定代表人，内容也不应当局限于高管人员的姓名，至少应附有公司全体高管人员的身份证复印件，以增加公开性。在公司法定置备文件中还应当设置关于其下属子公司和分公司的说明文件。在明确公司控股股东和实际控制人的事实记载较之现有工商登记中的法定代表人事项、公司住所事项，甚至公司经营范围事项均具有更为现实的意义。如果舍弃登记规则和文件置备规则，那么关联企业控制制度中的控制权人认定规范、关联交易认定规范；我国证券法上的权益披露规范、慢走规则、强制要约收购规范、一致行动人规则；我国公司法上的转投资限制规范、董事和经理资格限制规范等，实际上都难以实施或者易于规避。

（3）对于关联方的强制性合并报表。应当对资产规模和营业额达到一定规模的企业集团之控股公司实施强制性合并报表，并一起适用文件置备规则和信息披露规则。控股公司接受强制性报表审计之义务，是多数国家公司法中的惯常做法，也是各国所普遍接受的国际会计准则的基本要求。客观而言，我国公司法的规则发展中始终存在着疏于将某些最基本会计准则提升为公司法规则的瑕疵，不仅落后于现代各国公司法发展的时代潮流，也是我国公司法实践中虚假报表、有表无注、有表无实、账表矛盾的根源，也是导致财务欺诈横行的原因之一。许多企业的报表基本没有多少真实的信息，导致许多投资人不信任报表、转而寻求各种内幕信息。我国财政部1997年颁布的《企业会计准则》的规定，在强制性审计措施的配合下，解决关联企业认定标准问题、关联交易认定标准问题和企业报表不实记载问题是可以做到的。由于对控股公司的合并报表审计实际上已经将该控股公司所控制的整个企业集团的财务活动纳入了审计视野，其中的不公平交易和不正当交易容易被发现，从而增加的违法成本，导致启动外部监督，有利于从根本上遏制不公平的关联交易，保护关联各方的利益，实现各方的利益平衡。

关联主体信息披露规则在关联企业行为控制制度中意义深远，是抑制不正当关联交易行为的事前规则环节，其重要性等同于事后的司法惩戒和司法救济。在商业及公司法实践上，公司、企业在进行商业贷款、重大市场行为、重要合同及报税、审计之前，通常需要按要求提交公司材料和会计报告，这里提交的是一般商业数据，本质上并无商业秘密可言；由于现行微观规范所要求的信息披露内容简单，多数企业以简单的会计报表代替含有附注的会计报告，才造成了众多的事实隐瞒和虚假陈述。过于简单的信息披露没有细节，缺乏可以由第三人进行独立判断的基本事实和财务信息，基本上失去了信息披露的信息供给的作用。从微观规范的设计而言，关联方强制性合并财务报表是必要的。

2. 关联交易行为的信息披露

关联交易行为的信息披露包含两层基本的含义：其一，在关联交易协商确定之后、实施之前，由公司授权执行人依照公司章程规定的决策权限向董事会或股东会报告说明该交易之内容、交易合同条件、交易之性质等详细内容，并报请公司章程决定的机关予以批准。我国资本市场中，股份有限公司的信息披露是以法定通函方式公告进行的。其二，在关联交易经授权批准后，合同签署与履行情况的信息披露，该披露亦须说明交易之内容、交易之条件、交易之性质、交易之公平性、交易之批准与履行情况。我国资本市场中，股份有限公司的这一信息披露是以年度或半年度报告的方式公告进行的。基于利益衡量的微观规范考量，完善和健全我国的关联企业行为控制制度，应当借鉴大陆法国家的立法经验，建立完整的关联交易信息披露制度。对上市公司而言，公司法应当维持和完善行政法规已经确定的事前披露规则和事后公开披露规则，并坚持对于信息披露的内容和形式进行持续性完善，增强其公开性和透明度；对于非上市的各种类型的公司来说，公司法应当建立对于关联交易的报告说明规则，要求公司对于拟进行的关联交易之内容、性质和交易条件向公司股东进行披露；另外，公司法还应当建立持续公开规则，对于已经履行或正在履行的关联交易持续备案的规则，使得公司股东、债权人和利害关系第三人凭借查阅权可以了解公司进行的全部关联交易，以保障其合法权益和诉讼权利。根据我国财政部1997 年颁布的《企业会计准则—— 关联方关系及交易的披露》的要求，关联方和关联交易事后披露的执行已经于法有据，但由于我国公司法的缺陷及强制审计制度的难以推行，导致社会实践中多数公司以简单的会计报表进行披露从而规避关联方及关联交易具体披露的现实问题。为了给予关联交易的各方同等的法律关怀，应当针对信息披露的项目进行更多的制度设计，以保证第三人可以借助公开的信息披露掌握全部的交易细节，从而保障关联交易的第三方监督机制得以有效运转。

客观而言，公司法对于关联关系和关联交易的强制披露的微观规范对现实社会中大量存在的不公平关联交易具有直接的规范控制作用，而且还能产生以下四个方面的规范效果：首先，这一规范是交易程序公平原则的基础和保障。将关联交易提交非关联股东或独立董事议决的程序制度实际上是以关联交易事前披露规则为前提的，离开了此项事前报告规则，程序公平原则将成为无本之木。其次，关联关系与关联交易信息披露规范的实施状况在实践中其实具有事实推定的效果。如果法律的规则足够周延，那么交易当事人违反信息披露义务的行为、恶意隐瞒关联关系和关联交易的行为、规避程序公平原则、恶意提供虚假交易信息等行为，使得受损害当事人得以证明关联交易主体故意、恶意，实际上是举证责任倒置的事实基础，从利益衡量的微观规范角度审视，可以看出，针对信息不对称的不同的关联交易主体，法律在举证责任方面的有所侧重的制度安排。再次，关联关系与关联交易信息披露规范还具有证据保全的意义。按照德国、意大利、法国、比利时、日本等国的商法规定，公司及企业对于其文件负有持续置备的义务，对于具有流动性质的商业账簿文件则至少应置备 10 年❶。这种持续性信息披露制度不仅对关联企业的虚假信息披露具有证据保全效果，而且通常具有放大持续性谎言的矛盾效果❷。最后，客观而言，信息披露微观规范的作用在于提高商业道德标准。一个设计良好的信息披露规范得到关联交易各方的尊重和遵循，才能演绎出符合诚信原则的市场行为，培养出守信义重承诺的市场精神。诚然，无论怎样严密的信息披露的微观规范都不可能根本消除或完全消除商业社会中的虚假陈述和欺诈行为，“但对于大部分较正直的人来说，披露确实能逐步提高道德标准，但是只有当强制性披露的内容和现行公司标准相称的时候，标准才能逐步提高”❸。

---

❶ 张国健：《商事法论》，三民书局，1980 年版，第 108 页。

❷ 我国证券市场已经揭露的蓝田股份事件和银广厦事件，虚假陈述人在作出第一个谎言后，将不得不继续编造第二个和第三个谎言，直至因谎言放大到轻易即被揭穿。

❸ 何美欢：《公众公司及其股权证券（上册）》，北京大学出版社，1999 年版，第 88～89 页。

9.4 程序公平原则之微观规范

以交易程序公平原则来抑制不公平关联交易的发生，是大陆法系的公司法传统主张的微观规范设计，谷口安平指出：“程序很重要，因为它们提供了一种冲突双方可以更容易接受最终结果的方式。通过一种公众认可公平的方式作出决定，当政者可以获得对这些决定的更大的认可，就使得决定所设计的各个方面更容易服从。”[1] 交易程序公平原则是关联企业行为控制制度中的重要环节，交易程序的公平显然有助于保障交易内容的公平。我国公司法中对关联交易的程序公平原则也应当从以下几个方面完善微观规范的建构。

9.4.1 股东大会批准规范

从利益衡量的角度分析，一个没有权利对本公司的资产处分和对为交易行使决策权的股东大会，是公司形骸化的具体表现。重大关联交易股东大会批准制度被视为控制不公平关联交易的重要措施，但这一主张在公司法领域或许仅仅具有理论意义，不具有实际操作性的规范意义。根据我国公司法，有限责任公司和股份有限公司的股东会在对外交易方面仅有权“决定公司的经营方针和投资方针”“对公司合并、分立、解散和清算等作出决议”，而将任何性质的资产处分和对外交易的权利均交由公司董事会和公司经理决策行

[1] ［日］谷口安平．王亚新、刘荣军译：《程序的正义与诉讼》，中国政法大学出版社，1996 年版，第 117 页。

使[1]。为了克服现行公司法对于资产处分和对外交易空洞化规定所产生的弊病，中国证监会1997年颁布了《上市公司章程指引》，要求所有的上市公司必须“在章程中确定符合公司具体要求的风险投资范围，以及投资运用资金占公司资产的具体比例”，根据这一设计，高于这一数额或比例的交易决策权将由股东大会行使，而低于该下限的交易决策权由公司经理行使[2]。但是，类似这种有限制的意思自治规则仍不能解决我国上市公司实践中大量的规避控制的关联交易的问题，我国监管部门于2001年效仿英美国家的做法，对于关联交易决策程序采取了强行性规定。根据我国沪深两市《股票上市规则（2014年修订本）》的规定，凡“上市公司与其关联人达成关联交易总额低于300万元且低于上市公司最近经审计净资产值的0.5%的”，可依据公司章程规定，由公司董事会或公司经理行使决策权；凡“上市公司与其关联人达成的关联交易总额在300万元至3000万元之间或占上市公司最近经审计的净资产值的0.5%至5%之间的”，可依据公司章程交由公司董事会或股东大会议决，且必须披露该关联交易的“详细资料”；凡“上市公司拟与其关联人达成的关联交易总额高于3000万元或高于上市公司最近经审计净资产值的5%的”，则必须使该关联交易“在获得股东大会批准后实施，任何与该关联交易有利害关系的关联人应当在股东大会上放弃对该决议的投票权”[3]。由上可见，为实现将重大交易交由“股东大会批准”之宗旨，公司法同样有必要对于各类公司的章程内容作出具体的设计要求。微观规范上，从完善我国关联企业行为

[1] 《中华人民共和国公司法》第38条、第46条、第50条、第103条、第112条、第119条。

[2] 《上市公司章程指引》第97条（注释）。

[3] 《上海证券交易所股票上市规则（2001年修订本）》《深圳证券交易所股票上市规则（2001年修订本）》第7.3.8条、第7.3.9条、第7.3.12条、第7.3.13条以下。另：该规则所称“关联交易总额”均指“12个月内达成的关联交易累计金额”。

控制制度的角度出发，公司法规有必要完善关于公司章程中交易决策权的微观规范，对于关联交易而言，这种微观规范应更为严格。从另一个层面讲，公司章程之中明确了重大交易的权限划分，也有利于外部监督的有效进行，增加透明度，有助于最大限度地避免不公平关联交易的发生。

9.4.2 关联股东回避表决规范

关联股东回避表决规范是指当股东会对某一项关联交易作出决议时，与该关联交易有利害关系的股东不得就其持有的股份行使表决权的微观规范。关联股东回避表决制度是程序公平原则的重要体现。这一规范的立法初衷在于为了排除利害关系股东对关联交易的单方决策权，防止其滥用多数股东的表决权。这种限制其实在公司法的传统理论上并没有法理依据，毕竟股东多数决是公司法的灵魂原则，是整个公司法规范设计的基础。但是，基于利益衡量的需要，在关联交易中必须对此原则进行必要的限制。这一限制并不是推翻公司法的法理基础，而是利益衡量的需要，是针对关联交易这种特殊的利益冲突场域进行的利益衡量的微观规范设计。关联股东或者控制权人对于关联交易合同双方均具有控制力，由其单方决策的交易难免产生不公平之后果。为了避免双重代理的局面可能导致的利益输送，避免关联交易的不公平性，上述做法是必要的。

股东回避表决权制度滥觞于 1897 年的《德国商法典》，《日本商法典》在 1899 年是移植和继承了这一制度。两国分别于 1937 年和 1981 年又先后废除了这一制度，而 1983 年“欧盟公司法第 5 号指令”重新采纳了这一制度。《欧盟第五号公司法指令》第 34 条规定：“就与下列事项有关的决议而言，无论是股东，还是其代理人都不得行使自己的股份，或者属于第三人的股份的表决权：(1) 该股东责任的解除；（2）公司可以对该股东行使的权利；（3）免除该股东对公司的义务；（4）批准公司与该股东之间订立的协议。”其规定的关联股东回避规则极为严格，它不仅排除了关联股东在关联交易议决时其自持股权的表决权，而且排除了关联股东在该等议决时由其代理股东的表决权[1]。同样，《意大利民法典》第2373条也规定了这一制度，该条规定：“因自己或第三人的利益与公司的利益发生冲突的股东，对股东大会批准的决议，在造成损失的情况下，可以根据第2377条的规定提起诉讼。对涉及董事责任的决定，董事不得参加投票。对涉及任命，撤销监督委员会及确定其责任的决定，管理委员会不得参加投票。”目前，股东回避表决权制度相继为大陆法国家所采用。德国也重新将股东回避表决制度纳入其中，《德国股份法》第136条规定：“（1）任何人在对其应否免责或应否免除一项义务或公司应否对其主张一项请求权做出决议时，即不得为自己，也不得为他人行使表决权。对于股东依第1款不得行使表决权的投票，表决权也不得由他人行使。”

目前，我国已经在上市公司范围内全面适用关联股东回避表决的微观规范。根据我国《上市公司章程指引》《上市公司股东大会规范意见》和沪深两市《股票上市规则（2014年修订本）》等的规定：“上市公司关联人与上市公司签署涉及关联交易的协议，应当采取必要的回避措施”，该等措施包括：“任何个人只能代表一方签署协议”，“关联人不得以任何方式干预上市公司的决定”，“上市公司股东大会就关联交易进行表决时，关联股东不得参加表决”[2]。

---

[1] 《欧盟公司法第5号指令》第34条规定：就与下列事项有关的决议而言，无论是股东，还是其他代理人都不得行使自己股份、或者属于第三人的股份的表决权：（1）该鼓动责任的解除；（2）公司可以对该鼓动行使的权利；（3）免除该股东对公司所负的义务；（4）批准公司与该股东之间定理的协议。参刘俊海：《欧盟公司法指令全译》，法律出版社，2000年版，第130页。

[2] 《上市公司章程指引》第1条；《股票上市规则（2014年修订本）》第7.3.7条。

立足于关联交易各方的利益衡量的微观规范建构，目的是为了建立更为广泛和周延的关联企业行为控制制度，我国公司法在未来有必要借鉴欧盟公司法的经验，将关联股东回避表决原则提升为各种类型公司普遍适用的基本规范。仅仅在上市公司的范围内推行这一制度是远远不够的。关联股东回避规范没有过多地考虑不同公司内部的议决权之差别，照顾到了不同的公司章程的个性化安排，在适用上应当没有太大阻力。这一微观规范的基本考量是，只有在非关联股东看来此项交易是交易内容公平的关联交易，才可能获得股东会的决议通过，而不公平的关联交易将不可能获得股东会批准，以此来抑制公司控制权人的不公平交易的动机。

9.4.3 关联董事回避表决规范

微观规范设计上，无论是大陆法系还是海洋法系，公司法习惯于把公司对外交易的决策权交由董事会行使，股东大会议决的事项比较少。而且交由股东会议决的事项，其提案和内容说明实际上也是源于公司董事会，甚至是股东会的开会时机选定也是由董事会决定，这使得公司董事会基本上具备了控制或者影响股东会决议的条件。20 世纪以来董事会中心主义已经成为立法之潮流，公司董事会的决策权实际上处于扩展过程中，这一过程目前还在继续。董事会在公司中的地位日益强大和不可逾越，也决定了关联交易的程序公平原则不能仅局限于关联股东回避表决制度，同时也应当针对关联董事建立回避表决制度，这样才能真正体现出对于公司治理内部的利益衡量。我国公司法和有关上市公司的部门规章是以关联董事回避表决制度和独立董事制度来解决董事议决公平问题的，这一制度设计吸收了大陆法系和海洋法系公司法的各自特色，成为有中国个性的公司法微观规范的样态。

我国《上市公司章程指引》和沪深两市《股票上市规则

(2014年修订本)》都有规定，凡涉及关联交易的事项，“与关联方有任何利害关系的董事，在董事会就该事项进行表决时，应当回避”“董事会应当根据客观标准判断该关联交易是否对上市公司有利”对于“关联董事”或“与关联方有任何利害关系的董事”概念解读，上述规章认为：“上市公司董事会就关联交易表决时，有利害关系的当事人属于下列情况的，不得参与表决：(1) 与董事个人利益有关的关联交易；(2) 董事个人在关联企业任职或拥有关联企业的控股权或控制权的，该等企业与上市公司的关联交易；(3) 按照法律法规和公司章程规定应当回避的。”[1]应当指出，这里所认定的关联董事之概念并不周延，因为只有在独立董事制度得到充分发展后，关联董事问题才可以得到更为明确的解读。根据英美等国公司法的严格区分，只有独立董事才真正属于所谓非关联董事。我国的独立董事制度尚处于发育期，而且由于种种原因，独立董事的履职情况非常不乐观，许多独立董事成为控制股东或实际控制人的花瓶，难以表达真实独立的意见，独立董事被架空。在失去了独立董事的外部监督的情况下，区分非关联董事在制度上是不可行的，实践中也难以操作。所以，微观规范上看，我国公司法具备了大陆法系和海洋法系的兼有的制度优势，其实，两项制度都没有足够的实际操作的空间。我国目前的公司法就是在这样具有明显的制度缺陷的情况下，还运行得不亦乐乎，也反映了我国资本市场法律环境的异样与不成熟。如果制度设计失却了利益衡量的微观规范空间，必然会在利益冲突剧烈的资本市场形成规范阻力，不利于一个有效市场的形成和发育，也从根本是损害了市场的法治环境。

在交易程序公平问题上，关联董事回避制度具有操作上的实践意义，我国公司法应将其提升为对各种类型公司具有普遍适用力的

---

[1] 《股票上市规则(2014年修订本)》第7.3.6条、第7.3.7条。

微观规范，以实现对关联交易普遍控制。于立法例上，通过关联董事回避程序来保障关联交易公平的规则在大陆法国家的公司法中逐渐成为惯常做法。法国《商事公司法》规定："公司董事或总经理系某一企业的企业主，无限责任股东、经理、董事、总经理、经理室或监视会成员时，公司与该企业之间签订的协议，应事先经过批准"，针对关联交易事项"该董事或总经理不得参加对要求批准事项进行的表决"，假设此类"事先未经董事会批准而签订的协议，如已对公司造成损失的，可予以撤销，并不影响追究有关的董事或总经理的责任"[1]。我国《股票上市规则（2014 年修订本）》关于关联董事回避表决规定在使用范围上偏于狭窄，而且，在对于关联董事这一术语的概括应当更具有弹性和包容性。

9.4.4 独立董事规范

独立董事规范源自英美公司法。其价值初衷是通过独立董事的作用增强董事会的独立性，通过董事会来对公司高级经理人员进行监督，维护股东的利益。[2] 独立董事制度自 20 世纪 90 年代以来，相继为很多国家所借鉴。尽管对独立董事制度的必要性存在一些争议和质疑，但是不可否认的是，这一制度在限制控股股东的权利滥用、增加董事的独立和决策透明、限制关联交易和利益冲突行为等方面是有实际意义的。1994 年开始，我国在境外上市公司中正式引入了独立董事制度；2001 年 8 月中国证监会颁布《关于在上市公司建立独立董事的指导意见》（以下简称为《指导意见》）后，才在境内上市公司范围内强制性全面实行独立董事制度，2005 年修

[1] 《法国商事公司法》第 101 条、第 103 条、第 105 条。金邦贵译：《法国商法典》，中国法制出版社，2000 年版，第 128～129 页。

[2] 周友苏：《新公司法论》，法制出版社，2006 年版，第 565 页。

订的《公司法》及上海和深圳两个证券交易所颁布的《股票上市规则（2014年修订本）》中予以确认。

目前独立董事制度的价值在经受争论，质疑之声啸然。独立董事制度能否取得预期的效果，往往取决于不同国家公司法的具体法律实施环境以及这一制度的在特殊法律环境中的具体的规范设计。我国目前大多数公司，尤其是国有上市公司，都处于一股独大、少数股东权益受到漠视、掏空上市公司的不公平关联交易盛行的状况，独立董事是可以有效发挥应有作用的。从公司法实践已经提供的经验教训来看，我国公司法目前设计的董事和监事规则缺少类似累积投票制这样的规范限制，它基本上代表的是公司控股股东或者控制权人的意志和利益。由于多数公司董事在住房、家属就业、任职待遇等方面与控股股东有着根深蒂固的利益联系，寄望于这种“关联董事”在利益冲突问题上否定或者限制控股股东、实际控制人的不公平关联交易显然是困难的。而独立董事基于其利益相对独立，违法履职或者怠于履行监督职责困难导致的民事责任、刑事责任压力下，有助于保持其独立地位和公平立场，能够有效地制约控股股东或者实际控制人的利益冲突行为。从严格意义上说，我国法目前所采取的对于关联交易交由非关联董事议决的制度是极端不合理的，因为公司法及其他法律对于非关联董事的认定标准是实质性缺失的，所以，目前的独立董事制度基本上是权宜安排。从微观规范解构，在法律缺失非关联董事认定规则的前提下，独立董事制度带有明显的自我矛盾，这一制度的缺陷是无法真正达到限制或者避免不公平关联交易的预期目的。因此，我国公司法未来的微观规范的完善中，有必要在范围上全面铺开，明确把独立董事制度适用于资产营业规模达到一定标准的大中型公司，尤其是作为关联交易温床的集团化企业。基于利益衡量的微观规范之制度思维，一个有效的、具备实操意义的独立董事制度应当从以下两个方面进行微观规范完善。

首先，保障独立董事的独立性之微观规范。“独董不独”是我国公司法司法实践的尴尬表现。应当完善独立董事的资格制度和任选制度。独立董事的作用依赖于其独立性，没有独立性任选规则就没有独立董事制度。《关于在上市公司建立独立董事制度的指导意见》以下简称《指导意见》中的规定基本上符合我国的具体情况。依该《指导意见》，独立董事资格的含义是指：“不在公司担任除董事外的其他职务，并与其所受聘的上市公司及其主要股东不存在可能妨碍其进行独立客观判断的关系的董事。[1]”在使用肯定性的定义的同时，《指导意见》又以列举的方式，使用否定式规定凡属于下列人员，不符合独立资格要求，不能被选为独立董事：(1) 在上市公司或者其附属企业任职的人员及其直系亲属、主要社会关系(直系亲属是指配偶、父母、子女等；主要社会关系是指兄弟姐妹、岳父母、儿媳、女婿、兄弟姐妹的配偶、配偶的兄弟姐妹等)；(2) 直接或间接持有上市公司已发行股份者在上市公司前五名股东单位任职的人员及其直系亲属；(3) 在直接或间接持有上市公司已发行股份 5%以上的股东单位或者在上市公司前五名股东单位任职的人员及其直系亲属；(4) 最近一年内曾经具有前三项所列举情形的人员；(5) 为上市公司或者其附属企业提供财务、法律、咨询等服务的人员或在相关机构中任职的人员；(6) 公司章程规定的其他人员；(7) 中国证监会认定的其他人员[2]。在微观规范的完善上，可以考虑引入独立董事选任程序上的差额选举规范，以保障独立董事的独立性，另外，在独立董事选举表决上也可以借鉴控股股东回避表决规范，增加独立董事履职时的法律规范依据。

其次，完善独立董事职责的微观规范。基于对一项新舶来的规

[1] 《关于在上市公司建立独立董事制度的指导意见》第 1 条 1 项。

[2] 《关于在上市公司建立独立董事制度的指导意见》第 3 条。

则的好奇和热望，不少人对于独立董事的作用和履职效果寄予很高的期望，希望独立董事比一般董事具有更高的专业才能、工作能力、业务知识甚至是道德水准，这种愿望是美好的，但是实行起来却是困难的。独立董事的实际履职效果取决于法律对其职权的安排，也取决于对其责任规则的设计。《指导意见》要求“独立董事应当按照法律法规，……认真履行职责，维护公司整体利益，尤其要关注中小股东的合法权益不受损害。独立董事应当独立履行职责，不受上市公司主要股东、实际控制人、或者其他于上市公司存在利害关系的单位和个人的影响”。[1] 在独立董事具体职权和职责的设计上，《指导意见》又作出与该宗旨相悖的规定：凡涉及“重大关联交易（指上市公司拟与关联人达成的总额高于300万元或高于上市公司最近经审计净资产值的5%的关联交易）”以及“上市公司的股东、实际控制人及其关联企业对上市公司现有或新发生的总额高于300万元或高于上市公司最近经审计净资产值的5%的借款或其他资金往来”之交易，仍由董事会讨论形成决议，此时的独立董事仅须作“认可”和“发表独立意见”[2] 即可。我国公司法的司法实践表明，《指导意见》对于独立董事规定的针对上述情况仅仅认可和发表独立意见是远远不够的，它无法改变董事会议决的既定效果，难免使独立董事制度沦为无牙的法律。此时的独立董事也面临形骸化的现实，独立董事制度的价值被掩埋。针对上述存在的问题，英美法系国家普遍采用的基本规范是区分独立董事需要单独表决的董事会议案，独立董事仅对于所在公司涉及的关联交易、内部人增加薪酬和于此相类似的利益冲突行为以“类别董事会”形式独立议决[3]；这一规范设计可以有效发挥独立董事的监督作用。

[1] 《关于在上市公司建立独立董事制度的指导意见》第10条2项。

[2] 《关于在上市公司建立独立董事制度的指导意见》第5条、第6条。

[3] 即仅仅由独立董事议决，而其他董事并无表决权。

我国未来的公司法完善中，应当考虑此项制度移植。另外，我国《公司法》在独立董事的责任设计上也存在不合理之处，《公司法》第 118 条的规定，独立董事必须与其他董事共同对董事会的决议承担责任，以此形成了独立董事或是维护公司与少数股东权益，或是支持控制权人的不当利益行为且招致责任的机制，表面上看这是一种利益平衡的机制，而实际上成为独立董事怠于监督的规范的依赖，因此，从利益衡量的微观规范设计而言，此条规定有重构之必要。

9.5 展读公平规则之微观规范

本质上，关联企业的行为控制制度关注的是关联交易内容是否公平，这是对不公平交易行为实施制裁的关键，也是关联企业行为控制制度的核心。美国学者克拉克教授所称："评价基本自我交易的基本准则，即公平性准则"，这正是美国法上"把基本自我交易的一般规则称之为公平性规定"的原因❶。

基于上文的分析，从微观规范上说，对关联企业的行为控制不能仅依赖于控制权人诚信义务原则、否认公司人格原则、信息披露原则和程序公平原则，法律更应该解决针对关联企业行为特定的交易内容公平问题，这一公平性标准不能被宽泛地理解为传统合同法的"显失公平"。客观而言，无论控制权人诚信义务中勤勉忠实之具体含义上，还是董事或独立董事对于关联交易公平性的判断上、揭穿公司面纱后对控制权人赔偿责任的计算上，关联交易中的公平性标准问题都是不可回避的。许多国家的法律和法学理论在涉及关

❶ ［美］罗伯特·C. 克拉克，胡平等译：《公司法则》，工商出版社，1999 年版，第 137 页。

联企业行为控制的法律完善中，逐步重视公平性标准的问题。对于关联交易行为或者类似的利益冲突行为之公平性判断，不应只是简单适用传统合同法中显失公平标准或者民法上的对价标准。以美国法为例，如果控股股东与其所控制的公司发生了关联交易，法律将"采取一定方式规范控股股东的行为。法律的一般反应是少数股东保证程序上的公平或实体上的公平或二者兼有。程序上的公平要求与控股股东有关的交易需要适当批准，实体公平要求价格公平。"❶这就是说，对于关联交易的内容，"法院适用内在公平标准，即控股股东有义务证明交易客观公平。……实体公平的标准是少数股东应收到与其以前资产大体相当的价值。"❷其他立法例也有类似表述，英国法和加拿大安大略省的法律规定"如果公司董事以低于真实价值的价格"从事了关联交易，将导致法院对其客观公平的质疑；对于该公平性标准的争议，英国法院更倾向于要求"以财务界普遍接受的或法院认为可以接受的任何技巧或方式证明其价值。"这实际上是指以清算价格法或收益法对交易资产进行估价；"依英国法，如当事人…约定由独立专家决定价值，那么专家的决定有约束力。"❸我国公布的《上市公司治理准则》也有规定，要求关联交易的内容同样应遵循真实公平原则，"关联交易的价格原则上应不偏离市场独立第三方的价格或收费的标准"；在多数关联交易定价程序中，市场法规通常要求"上市公司董事会应当对该交易是否对上市公司有利发表意见，同时上市公司应当聘请独立的财务顾问就

❶ 该规则源自美国特拉华州法；何美欢：《公众公司及其股权证券（中册）》，第807页，北京大学出版社，1999年版。另罗怡德：《企业组织法论集（专题14）》，第87页，三民书局，1992年版。

❷ Citron v. EI du pont de Nemours & Company；584A 2d 490，p. 505；何美欢：《公众公司及其股权证券（中册）》，北京大学出版社，1999年版，第824～826页。

❸ 何美欢：《公众公司及其股权证券（中册）》，北京大学出版社，1999年版，第842～844页。

该关联交易对全体股东是否公平、合理发表意见”[1]，以此作为交易的前提。特别需要注意的是，2013 年修订的《税收征收管理法实施细则》用三个条文对关联交易的纳税核定问题进行了较为严苛的规定，第 54 条规定了应当进行税额调整的行为：“税收机关对于纳税人与其关联企业之间的业务往来有下列情形之一的，税务机关可以调整其应纳税额：（一）购销业务未按照独立企业之间的业务往来作价；（二）融通资金所支付或者收取的利息超过或者低于没有关联关系的企业之间所能同意的数额，或者利率超过或者低于同类业务的正常利率；（三）提供劳务，未按照独立企业之间业务往来收取或者支付劳务费用；（四）转让财产、提供财产使用权等业务往来，未按照独立企业之间业务往来作价或者收取、支付费用；（五）未按照独立企业之间业务往来作价的其他情形。”进而，第 55 条规定了应当进行调整的税基：“纳税人有本细则第 54 条所列情形之一的，税务机关可以按照下列方法调整计税收入额或者所得额：（一）按照独立企业之间进行的相同或者类似业务活动的价格；（二）按照再销售给无关联关系的第三者的价格所应取得的收入和利润水平；（三）按照成本加合理的费用和利润；（四）按照其他合理的方法。”另外，对于上述关联交易的纳税调整进行“溯及既往”的规定，第 56 条规定：“纳税人与其关联企业未按照独立企业之间的业务往来支付价款、费用的，税务机关自该业务往来发生的纳税年度起 3 年内进行调整；有特殊情况的，可以自该业务往来发生的纳税年度起 10 年内进行调整。”[2] 就是说，对于关联交易的偷税漏税问题最长可以向上追溯到 10 年以内，这是非常严厉的。在对于关联企业不公平的关联交易行为的控制中，许多国家都寻求在传统合同法规定的显失公平标准之外对关联交易适用真实公平的标准，

---

[1] 《上市公司治理准则》第 13 条；《股票上市规则（2014 年修订本）》第 7.3.12 条。

[2] 《中华人民共和国税收征收管理法实施细则》第 54 条、第 55 条。

从而有别于显失公平的合同行为判断标准。基于利益衡量的微观规范设计，需要完善我国的关联企业行为控制制度，相关法律法规应当通过立法修订或司法解释对于合同公平原则作出补充，推定未按照程序公平原则履行公司议决程序的关联交易合同有悖于合同公平原则与合同自愿真实原则。目前许多国家的公司法对关联交易的行为控制都有很好的立法例可资借鉴。综合而言，各国对于关联交易中有控制权的交易方课以证明其交易公平的举证责任并令该交易条件接受以下三项公平性标准之一的测试，是比较普遍的做法。他山之石可攻玉，从微观规范的设计而言，我国也可以参考这些做法建立适用于关联交易的公平判断标准规则。

(1) 借鉴美国法上的第三人替代规则。第三人替代规则适用的核心要素在于当事人在质证过程中所选取的交易第三人是否为正常市场化条件下无关联关系的第三人，这显然要求公司登记部门对于公司的股权和公司内部人情况有充分详细的了解和透明的公示条件。第三人替代规则在测试关联交易的公平性方面有极广泛的适用，故又被称为常规测试规则。只有受质疑的关联交易合同之交易内容符合或大体符合该交易主体日常经营所采用的常规交易条件，或者该交易主体能够证明它曾与无利害关系的市场第三人正常从事过同类条件交易的情况下，方可认定其交易内容公平。第三人替代规则在我国部分行政法规与部门规章中已经被广泛地采用，我国《税收征收管理法实施细则》第 54 条采用的“按照独立企业间进行的相同的或类似业务活动的价格”实际上即使用的这一标准。《上市公司治理准则》第 13 条也作了类似规定：“关联交易应当遵循商业原则，关联交易的价格原则上应不偏离市场独立第三方的价格或收费的标准。”另外，我国的《关联企业间业务往来税务管理规程》第 28 条规定，税务机关对于关联企业间关联交易的纳税额可按独立企业之间相同或类似业务活动的价格进行调整，即将企业与其关联企业之间的业务往来价格，与其与非关联企业之间的业务往来价格进行分析、比较，从而确定公平成交价格。我国《商业银行与内部人和股东关联交易管理办法》第 4 条第 2 款规定，“商业银行的关联交易应当按照商业原则，以不优于对非关联方同类交易的条件进行。”[1] 我国《保险公司关联交易管理暂行办法》第 3 条第 2 款规定，“保险公司关联交易原则上不得偏离市场独立第三方的价格或收费标准。”[2] 上述规则实际上均已经使用了第三人替代规则，作为一个客观公允的判断标准。

(2) 借鉴英国法，建立专业人员审计评估规则。只有受质疑的关联交易合同在符合或大体符合独立审计人员审计结论或者独立资产评估人员之评估结果的情况下，方可认定其内容公平。该规则被称为专业人员审计评估规则，它源于英国《1848 年公司法》，后为英美两国的判例法所补充，现已成为世界多数国家判别公平交易的基本依据之一。关联企业间关联交易的情况复杂，许多情况下关联交易的标的可能并不是标准化的商品，而是非标准化的企业资产，在当事人很难找到可供比较的第三人市场标准的情况下，专业人员的审计评估结论将具有良好的定价依据作用。英美国家的法律要求专业的审计师和专业的评估师必须依照同行业公认业务标准和操作程序，遵循“真实并公允（true and fair）”原则对关联交易的标的进行审计或评估，并发表专业意见。由此，使当事人对交易公平性的争议转变为专业人员的法律责任。我国《股票上市规则（2014 年修订本）》要求的对于关联交易应由上市公司“聘请独立的财务顾问就该关联交易对全体股东是否公平”[3] 加以认定，并要求对资产转让加以评估认定，实际

[1] 《商业银行与内部人和股东关联交易管理办法》第 4 条第 2 款。

[2] 《保险公司关联交易管理暂行办法》第 3 条第 2 款。

[3] 《股票上市规则（2014 年修订本）》第 7.3.12 条

上正是部分地采用了上述方法。

（3）借鉴美国法上的商业判断规则。“商业判断规则”（the business judgement rule）是美国公司法中一个重要的贡献，它不仅较为合理地解决了公司企业在特殊情况下交易的公平性判断问题，而且有效解决了公司董事、经理、股东履行忠实义务与勤勉义务的判断评价问题。此外它对于公司在诉讼中所涉及的当事人举证责任也提出了较为合理的划分标准。[1] 经此规则的审查，如果受质疑的关联交易是经负有勤勉忠实义务的董事或董事会基于合理商业判断而进行，并且该交易对于公司及其他少数股东有利而非不利，即可认定其交易内容公平。英美法院认为，商业经营判断在任何条件下都是必要的，而且是复杂的，因此应当“坚持由董事而不是法院决定什么事对公司有利，根据这一原则，在没有欺诈的情况下，公司利益与否几乎无一例外地可以确定。”[2] 我国的一部分规则开始引入商业判断规则所确立的标准，2014 年修订的《上海证券交易所股票上市规则》第 7.3.6 条第 4 款规定，对于关联交易“上市公司董事会应当根据客观标准判断该关联交易是否对上市公司有利”[3]；《关于在上市公司建立独立董事制度的指导意见》第 5 条要求独立董事对于关联交易作出判断并发表独立意见均运用了这一规则。目前，这一源自美国《特拉华州普通公司法》的商业判断规则不仅已为美国多数州的法律所采用，且也为英国法系地区的法院所

[1] 丁丁：《商业判断规则研究》，吉林人民出版社，2005 年版，第 10 页。

[2] Brady v. Brady [1988] WLR 1308；何美欢：《公众公司及其股权证券（中册）》，北京大学出版社，1999 年版，第 1323 页。

[3] 《上海证券交易所股票上市规则（2014 年修订本）》第 7.3.6 上市公司关联交易应当遵循以下基本原则：（一）符合诚实信用的原则；（二）关联方如享有上市公司股东大会表决权，除特殊情况外，应当回避表决；（三）与关联方有任何利害关系的董事，在董事会就该事项进行表决时，应当回避；（四）上市公司董事会应当根据客观标准判断该关联交易是否对上市公司有利。必要时应当聘请专业评估师或独立财务顾问。

采用，同时也已经为日本和我国台湾地区的司法判决所采用[1]。在利益冲突剧烈的资本市场，法律在保护信息弱势一方的同时，基于利益衡量的精神，也应当对那些勤勉尽职又同时承担了巨大商业风险的经理人给予必要的关怀，毕竟，保护诚实的经理人就是保护投资者、保护资本市场本身。

---

[1] 刘连煜：《公司治理与社会责任》，中国政法大学出版社，2001 年版，第 149～151 页。

时间一定要吞食掉它自己的孩子，这是时间的法则，这本就是公正。

——查拉图斯特拉[1]

第 10 章　可撤销性利益衡量之微观规范

微观规范上，不公平关联交易的撤销权是法律制裁和司法救济的主要措施之一。公司法对于不公平关联交易行为予以制裁，显示了这一微观规范的刚性特征。从微观规范的设计而言，对不公平关联交易的法律制裁，应当主要围绕两个方面：不公平关联交易合同的可撤销性规范及赔偿责任规范。

不公平关联交易合同虽然发生在公司法领域，所以按其本质，属于民商法领域中的合同，应受民商法合同效力规则的规范和约束。但是，根据不少国家的合同法，不公平关联交易合同难以成为合同法规范制裁的对象，同时，仅依合同法的一般精神，法律不能决定不公平关联交易合同归于无效或可撤销，也无法使实施不公平关联交易合同的当事人负担赔偿责任。从微观规范上解构，造成这

[1] ［德］尼采，庞小龙译：《查拉图斯特拉如是说》，中国华侨出版社，2015 年版，第 133 页。

一悖论的主要原因在于大陆法系许多国家的合同法落后于时代、落后于迅速发育的资本市场。下文的规范解构可以显示出，作为一种交易，不公平的关联交易有悖于合同的“交换正义原则”：“交换正义关心的是两个人的交换关系，一个人从作为卖者的另一个人手中购买某种物质，在这里卖者的目的是获得与物品价值等量的平等以进行等价交换，在这里秩序体现为等价的物物交换（或货币交换）。”❶

10.1 关联交易合同违法性之微观规范

关于合同的微观规范定义，大陆法系合同法的立法例上有着大致相同的规定，我国亦然：“合同是平等主体的自然人、法人、其他组织之间设立、变更、终止民事权利义务关系的协议”❷。合同应当遵循平等原则，“合同当事人的法律地位平等，一方不得将自己的意志强加给另一方”❸；应当遵循自愿真实原则，合同“当事人依法享有自愿订立合同的权利”，任何一方“使对方在违背真实意思情况下订立的合同”均为无效或可撤销的合同❹；还“应当遵循公平原则”❺。不公平关联交易合同的大量存在彻底颠覆了传统合同法所奉行的自愿真实以及公平等原则规范，同时也对代理行为的微观规范和合同的基本含义提出了挑战。

把不公平关联交易合同置于传统合同法的法域来考察，首先发现其违法性在于不公平关联交易合同违反了真实自愿原则，体现的

❶ ［美］约翰·英格里斯著《阿奎那》，中华书局，2014 年版，第 135 页。
❷ 《中华人民共和国合同法》第 2 条。
❸ 《中华人民共和国合同法》第 3 条
❹ 《中华人民共和国合同法》第 4 条，第 54 条。
❺ 《中华人民共和国合同法》第 5 条

是关联方中控制权方的单方意志，并非双方自主自愿的意思表示；其次，从代理规则出发，不公平关联合同的签订实际上由控制权人的单方操作，属于双方代理、基本的自我交易，违背了代理一般规则，此类代理行为没有法律效力；再者，协议是双方当事人一致的意思表示，而由于不公平关联交易合同仅仅体现了单方的意志和利益，因此，从根本上违反了协议的法律定义。下文从以下几个方面，分析解构不公平关联交易合同与基本法律规范之间的根本性矛盾，从微观规范之显性特征解构其内在的违法性。

10.1.1 违反平等与自愿真实原则

从合同法原理与各国合同法的微观规范建构实践来看，不公平关联交易的违法性非常明显。基于一般的常识，合同法以当事人地位的平等、当事人的意思表示的一致、意识自治等原则作为合同成立的基本要件。我国《合同法》的第 2 条至第 5 条就是规定合同违反意思表示、自愿真实等基本原则的消极效后果。《法国民法典》第 1108 条规定了契约有效成立应具备四项条件："首先一项条件就是分担债务的当事人的同意"。该法第 1109 条进一步补充规定"如同意系因错误所致，因受胁迫而为，因欺诈之结果，不为有效同意"。

从微观规范的考察可以发现，对不公平关联交易的双方当事人来说，它们实质上没有彼此之间的平等地位，所以也没有自愿真实的意思表示。关联交易双方当事人之间本质上存在着控制与被控制关系（股权控制关系、公司法上的实际控制关系以及其他基于法律因素或者协议因素而形成的控制关系）。基于这种控制关系的深入解构发现，被控制公司的独立意志形同虚设，被控制方作为合同当事人，其意思表示的自愿真实很难存在，当事人之间基于控制关系而达成的交易，其公平性是无法保证的。可以这样说判断，不公平关联交易实际上成为控制权人实现其单方意志的工具，成为关联企业集团实现其集团战略的基本工具。在这一交易中，被控制一方作为弱势主体，其利益和其他权益受到强势一方的控制，无法保证关联交易的公平性。

10.1.2 违反代理的一般规则

司法实践中，不公平关联交易往往发生在控制权人与其下属的被控制公司之间，或者在控制权人的授意之下，在被控制公司之间发生。此时的关联交易合同实际上是有控股股东或者实际控制人一手安排下完成的，交易合同的内容安排均听命于控制人。有的关联交易合同的双方法定代表人（在我国公司法为董事长）有时候豁然写明是同一个人。这种做法直接违背了代理中的禁止双方代理规则，背离了代理行为的基本法理。各国的代理法则基本都规定“代理人为本人而与自己为法律行为，或一人为两造之代理人而为法律行为者，谓之双方代理。双方代理，利害必相冲突，故就原则上言，应为法律所不许。”[1]不公平关联交易合同无疑使协议行为、两造行为、意思表示一致等法律概念游离了其本意，也直接违背了禁止双方代理的代理规则。在控股股东意志下成立的关联交易合同行为，实际上就是关联交易实际控制人的左手与右手的交易。从微观规范之建构而言，不公平关联交易在根本上违背代理行为的一般规则，需要利益衡量的微观规范加以矫正。

10.1.3 违反合同之普遍涵义

不公平关联交易从根本上违背合同法上关于合意或双方法律行

[1] 梅仲协：《民法要义》，中国政法大学出版社，1998 年版，第 144 页。

为的基本含义的。多数国家的合同法之微观规范普通规定“合同是当事人之间产生、变更、终止民事权利义务关系的意思表示一致的法律行为”[1]，由于不公平关联交易合同当事人之间的控制关系，使得控制权人不仅仅是大多数或全部股份的控制，而是完全的支配，不仅是对财政的支配，而且是对关于受到抨击的交易的政策和经营行为的支配，以致公司实体当时对此交易没有独立的意见、意志或者自身存在。[2] 这种类型的交易意味着，虽然交易表面上发生在两个或者两个以上的当事人之间，实际上却是由控制权人一方决定的。关联交易的时间、内容、方式及双方或者多方的履行行为等等，皆由控制权人自行包办，被控制人只能被动服从，唯控制权人马首是瞻。从利益衡量的视角审视，不公平关联交易合同在本质上违反了合同的真实自愿原则，控制权方的意志和利益完全取代了被控制方的意愿，被控制方的意思被故意掩盖，从而制造出意思表示的表象，其实非也，此时的合同已失去了两造合意之核心内涵，利益已严重失衡，被控制人的利益被架空，交易的目的只有一个，就是实现控制权人自己的目的，“合意”是不存在的。所以，不公平关联交易合同仅是控制权人单方意思表示的体现，关联交易行为在根本上违背了合同基本法律规范之含义。基于上述微观规范解构可知，所谓的不公平关联交易合同实际上不是法律意义上的合同，而仅仅是利用了合同之名的控制权人的单方法律行为。

10.1.4 原则与矛盾

基于合同法原理和合同法的现行法而言，不公平关联交易合同

---

[1] 王利明、崔建远：《合同法新论·总则》，中国政法大学出版社，2000年版，第7～8页。

[2] ［美］罗伯特·C. 克拉克，胡平等译：《公司法则》，工商出版社，1999年版，第33页。

具有明显的违法性，这是显而易见的。尽管大陆法系的合同法对于合同的法律涵义和内在逻辑有着非常精细的设计，但从大陆法国家的合同法实践来看，对于不公平关联交易的法律制裁却面临诸多困难与障碍。根据大陆法系合同法之微观规范通义，平等与自愿真实原则仅仅为合同有效成立的一个较为抽象的原则，而它的具体实现还要取决于两个具体的列举性微观规范的效力。

首先，合同无效之微观规范。我国合同法与大陆法各国的一般规定大致相同，均对合同无效进行列举，规定属于下列情况者，其所订合同无效："（一）一方以欺诈、胁迫手段订立合同，损害国家利益；（二）恶意串通，损害国家、集体或第三人利益；（三）以合法形式掩盖非法目的；（四）损害社会公共利益；（五）违反法律、行政法规的强制性规定"。❶《法国民法典》第 1110 条第 1 款规定："错误，仅在其涉及契约标的物的实质本身时，始构成契约无效之原因。"第 1111 条规定"对缔结债务的人实施的胁迫，构成契约之无效原因；即使由为其利益订立契约的人以外的第三人实施的胁迫，亦同。"该法典第 1113 条还规定："不仅对缔结契约的当事人实施胁迫构成契约无效之原因，而且对缔结契约当事人的配偶，直系卑血亲或直系尊血亲实施胁迫，亦同。"❷

其次，合同可撤销之微观规范。基于上述同样的立法例，凡属于下列三种情况者，当事人享有合同撤销请求权：合同"因重大误解订立的；在订立合同时显失公平的；一方以欺诈、胁迫的手段或者乘人之危，使对方在违背真实意思的情况下订立的合同"❸。《德国民法典》第 123 条第 1 款规定，"因被欺诈或被不法

❶ 《中华人民共和国合同法》第 53 条。

❷ 罗结珍译：《法国民法典》，中国法制出版社，2005 年版，第 793～800 页。

❸ 《中华人民共和国合同法》第 54 条。

胁迫而作出意思表示的，表意人可以撤销该意思表示。”[1]《法国民法典》第1117条还规定，“因错误、胁迫、欺诈而缔结的契约并非依法当然无效，…仅产生请求宣告其无效或宣告其应予撤销之诉权。”[2]《日本民法典》第96条第1款规定，“因欺诈或胁迫而进行的意思表示，可以撤销。”[3]《意大利民法典》对于违反自愿真实原则的契约撤销作了专节归纳，依其第1427条的规定，“因错误、被胁迫或者被欺诈而同意缔约的当事人，……可以主张撤销契约。”[4]

可见，在大陆法国家的合同规范中，关于合同的平等与自愿真实原则仅仅具有原则性或指引性意义，只具备抽象的规范意义；而对于违反自愿真实原则的具体行为的列举性规范才具有真实的法律意义的微观规范，因为具有实操的价值。根据我国最高法院的司法解释，“人民法院确认合同无效，应当以全国人大及其常委会制定的法律和国务院制定的行政法规为依据，不得以地方性法规、行政规章为依据。”[5] 在我国的司法实践中，这是对不公平关联交易合同难以施加无效制裁或可撤销制裁的原因。基于微观规范本身的解构，虽然不公平关联交易合同悖离了自愿真实原则、损害了代理规则、不符合双方法律行为规则等等，但是仅仅从不公平关联交易本身而言，它显然不属于受胁迫、受强制、受欺诈订立的合同，另一方面看，它们显然也不属于基于重大误解或显失公平而订立的合同。所以，无法按照上述规则实施无效或者可撤销制裁。这里存在着一个微观规范的盲区。实际上，从利益衡量的微观规范视角，可

---

[1] 郑冲、贾红梅译：《德国民法典》，法律出版社，1999年版，第24页。

[2] 罗结珍译：《法国民法典》，中国法制出版社，1999年版，第283～284页。

[3] 王书江译：《日本民法典》，中国人民公安大学出版社，1999年版，第20页。

[4] 费安玲等译：《意大利民法典》，中国政法大学出版社，2004年版，第342页以下。

[5] 《最高人民法院关于适用中华人民共和国合同法若干问题的解释（一）》第4条。

以看出不公平关联交易是在现代公司法实践中出现的一种新的违反合同自愿真实原则的重要的违法行为，需要更为完善的微观规范对其实施有效管辖，避免在最需要法律规范的利益冲突剧烈的场域存在这样一个微观规范的盲区，使得不公平关联交易逍遥于法律规范的控制之外。

10.2 非适当影响规则之微观规范

在大陆法系最新的公司法的规则变动中，利益衡量的微观规范思维开始逐步进入合同法的规范设计。就合同法原则而言，大陆法系各国对合同订立中的平等与自愿真实原则、对于商事合同中的公平等价原则的理解是相互近似的，在理论上少有差异，立法例上差距也不明显。但在具体微观规范上，尤其是对于无效合同、可撤销合同之规范，各国有些本土化的特点。随着各国公司法的修改和各国民商法作为交易基础的民商事主体制度的变革，大陆法系的合同法正酝酿一些变革，这些变革的主要目的之一，就是增强对不公平关联交易合同的可撤销规范，以逐渐强化的事后救济、司法救济规则，对利益冲突剧烈的关联交易场域进行利益衡量的微观规范变动。

我国也面临上述的规范变革。为了抑制不公平关联交易行为中严重违反自愿真实原则的关联交易行为，我国合同法有必要按照自愿真实的基本精神和原则，借鉴其他法系中合同法对于自愿真实原则行为的列举，增设新的违反自愿真实原则的行为类型，以解决传统大陆法各国合同法的列举无法全面涵盖不公平关联交易行为类型之缺憾。在这个微观规范的变动过程中，舶来于英美合同法中的非适当影响规则对我国公司法的规范建构具有明显的借鉴意义。

英美法上的非适当影响（undue influence），是指合同的一方当事人利用其优越的地位、意志或思想在精神或其他方面向另一方当事人施加非适当影响，从而迫使对方签订合同的非法行为。换言之，非适当影响是指当事人一方利用自己与另一方之间的特殊关系通过不适当地说服另一方使另一方接受不公平的交易条件。非适当影响制度源起于英国衡平法，目的在于衡平法院将对因非适当影响而得来的利益予以排除，实现规范层面的利益衡量。在非适当影响的作用之下，合同一方当事人之自由判断被施以某些不公正之压力而受影响，衡平法将加以干预。如能证明当事人之间确实遭受非适当影响而订立契约，受害中一方可要求法庭撤销契约。因为非适当影响，将受害人之自由同意与否之权利受到排斥之故。[1]

美国对非适当影响在美国法律综述契约法第二次汇编中有所规定，将之称为“威胁系不正当性”，其意义及法律上的救济与英国法中的非适当影响大致相同。[2]施加非适当影响的人，往往滥用自己的被信任地位，或者利用对方薄弱的意志等弱势缺陷影响对方当事人的自主判断，以至于被迫签订了在完全自由状态下不会同意签订的合同。非适当影响主要适用于具有信托关系的当事人中间，比如：父母与子女、监护人与被监护人、医生与病人、神父与信徒、律师与当事人、受托人与收益人等。许多国家的合同法规定，关联交易合同属于可撤销的合同。按照美国判例法，凡在控制权人与其受控公司之间发生关联交易合同的情况下，“该项交易之公平性便会受到怀疑，在传统的普通法的观念中，这种交易是一种可以被撤销之交易，不论该交易是否得到其他未由其中获得私人利益之董事的同意。”[3] 实际上，判例法的微观规范显得更为宽松，关联企业

[1] 杨桢：《英美契约法论》，北京大学出版社，1997年版，第241页。

[2] 杨桢：《英美契约法论（第三版）》，北京大学出版社，2003年版，第187～188页。

[3] 罗怡德：《企业组织法论集（专题14）》，三民书局，1992年版，第79页。

间的关联交易“只要得到大多数未由交易中获取私人利益之董事的同意，法院便不会撤销该交易”；否则该“自我交易也视作侵吞，……可经少数股东申请而无效”，除非控制权人“能够证明该交易在客观上对公司与股东均公平。”❶

非适当影响制度不但存在于英美法系，近年来随着欧洲法律体系一体化进程的进行，对大陆法系合同效力之微观规范也产生了相当大的影响。于立法例上，《欧洲合同法原则》第 4.109 条“过分的利益或不公平的好处”的第 1 款第 1 项规定，如果在缔约合同时有下列情况，一方当事人可以宣布合同无效：“1. 它依赖于对方当事人或与对方当事人具有信托关系，它处于经济困难或具有紧迫需要，它是无远见的、无知的、无经验的或缺乏谈判技巧的，以及 2. 对方当事人已经知道或本应该知道这种情况，由于这种情况以及合同的目的，以非常不公平的或获取过分利益的方式利用了第一方当事人的这种状况。”❷ 另外，《德国股份法》也有类似规定：关联企业间的关联交易受制于经济从属性，基于该经济从属性而订立的合同应当受到康采恩法的约束而可以撤销，“比如长期供货关系或长期信贷关系是形成供货商或信贷机构经济从属性的基础，是否也符合康采恩法上从属性概念的特征呢？立法者对此显然是持肯定态度的，与此相协调，这个问题在《股份法》生效后的最初阶段也得到了学界主流观点的支持。”❸ 同样，法国《商事公司法》的规定也有这种规则痕迹：“公司董事或总经理系某一企业的企业主、

❶ 依此规则，未履行程序公平的关联交易可以撤销，但有“经营判断规则”之例外，后者被称为“避风港规则”（safe harbor rules）。罗怡德：《企业组织法论集（专题 14）》，第 79～80 页，三民书局，1992 年版。另何美欢：《公众公司及其股权证券（中册）》，北京大学出版社，1999 年版，第 824 页。

❷ 韩世远译：《欧洲合同法原则》，载梁慧星主编：《民商法论丛》第十二卷，法律出版社，1999 年版，第 847 页。

❸ ［德］托马斯·莱塞尔、吕迪格．法伊尔，高旭军等译：《德国资合公司法》，法律出版社，2005 年版，第 791 页。

无限责任股东、经理、董事、总经理、经理室或监事会成员时，公司与该企业之间签订的协议，应事先经过批准”，“事先未经董事会批准而签订的协议，如已对公司造成损失的，可予以撤销，……撤销之诉的诉讼时效期间为3年，自协议订立之日起算。但协议被隐瞒的，时效期间的起始点推至协议被披露之日。”[1] 我国现有的部门规章也规定有类似的规范安排。我国《上市公司章程指引》规定，在董事会议决的关联交易中与某些董事有关联关系时，“除非有关联关系的董事按照……要求向董事会做了披露，并且董事会在不将其计入法定人数该董事亦未参加表决的会议上批准了该事项，公司有权撤销该合同、交易或安排，但对方是善意第三人的情况除外。”[2] 但是，由于我国目前的合同法微观规范未对此类合同的可撤销性提供依据，此类部门规章之条款被我国法院认为实际上没有约束力，因为它不属于法律法规的范畴，按照2009年11月4日实施的《最高人民法院关于裁判文书引用法律、法规等规范性法律文件的规定》，[3] 规范性法律文件包括法律、行政法规、地方性法规、自治条例及单行条例、司法解释等，部门规章是不可以作为裁判依据的。造成这样尴尬局面的深层次原因在于，我国公司法的微观规范设计已经滞后于各国的立法主流趋势，也与我国自身的剧烈变动中的资本市场没有完全合拍。基于利益衡量的需要，引入非适当性影响规则作为公司法规则变革中微观的规范调整是目前亟待解决的立法需求之一。

从非适当影响赖以产生的合同法所体现的合同精神看，与大陆法系合同法中所列举的欺诈、胁迫、乘人之危三种违反真实自愿的合同的本质含义是一致的。与我国《合同法》中的、欺诈、胁迫、

---

[1] 《法国商事公司法》第101条、第105条，金邦贵译：《法国商法典》，中国法制出版社，2000年，第128～129页。

[2] 《上市公司章程指引》第83条。

[3] 参见《最高人民法院关于裁判文书引用法律、法规等规范性法律文件的规定》。

乘人之危等制度相比，非适当影响制度具有独立的存在价值，[1] 是对于违反真实自愿原则的一个补充。

我国 2005 年合同法的修订过程中，也曾经考虑将非适当影响作为影响合同效力的因素，但最终没有能够将其作为一项明确的合同效力的微观规范纳入合同法。这样做导致的直接后果就是对不公平关联交易合同效力无法根据合同法之微观规范直接认定；而以违反自愿真实原则不公平关联交易的合同进行规则时候，仅以合同法中的欺诈、胁迫、乘人之危等表现形式进行认定在法理上面临障碍，在规范上也涵盖不全面，可能导致一些心术不正的关联企业在签订不公平关联交易合同时，设法回避掉合同法所列举的所有违反自愿真实原则的可撤销合同的行为特征，从而使得规则无法适用，达到规避法律的目的。另外，在具体的关联交易合同实际签订过程中，真正实施欺诈、胁迫、乘人之危这三种合同法列举的行为形式，在客观上几乎也是不太可能的。不公平关联交易合同的签订往往是控制方利用其控制权及决定性影响力，在操纵的环境之中完成关联交易，实现不公平的利益输送。赤裸裸的欺诈、胁迫或者乘人之危是难以想象的。控制权人无须如此露骨就完全可以达到其目的。目前，靠非适当影响力签订的合同并未归入违反合同法真实自愿原则的范畴，客观上使得大部分不公平关联交易合同游离在违反真实自愿的合同的范畴之外，使得规制不公平关联交易合同效力的微观规范无法在这个场域起作用。这样导致的情况有时会很严重，造成许多显然是违反自愿真实规范的非适当影响合同被认定为合法，控制权人可以堂而皇之地利用其实施利益输送行为。基于以上

[1] 龙陈：《"非适当影响"刍议——合同法公平原则的利益解读》，载《广西政法管理干部学院学报》，2003 年 1 月。有学者认为，非适当影响制度与胁迫存在重合之处；相比较而言，非适当影响的进行较为缓和、隐晦；一般情况下，可令承担胁迫后果。刘守豹：《意思表示瑕疵的比较研究》，载梁慧星主编：《民商法论丛第 1 卷》，法律出版社，1994 年版，第 103～104 页。

规范解构，合同法需要进行必要的微观规范完善，把非适当影响纳入到违反自愿真实原则的合同形式之一，在微观规范上明确列举为撤销的合同类型是非常必要的。

10.3 展读可撤销规则之微观规范

10.3.1 非适当影响规则之一般理论

英美法系的衡平法在利益衡量的微观规范设计上具有代表意义，其中根据公平正义原则发展了非适当影响理论，目的在于完善合同法上胁迫概念过于狭窄的规范瑕疵。在非适当影响规则的调整之下，不公平关联交易的控制人通过非暴力式的压力或者劝诱迫使另一方当事人在不能使用自由意志的情况下签订了合同，被控制人可以请求法院宣告合同无效，以此作为司法救济的手段。在没有非适当影响规则时，控制权人会借口没有实施胁迫行为而导致司法救济没有裁判依据；此时的被控制人也面临诉讼法上的举证责任，很难依据合同法上的可撤销行为规范保护自己，导致一个微观规范的盲区。英美法系对于非适当影响也有类型化探讨。英国法在理论上将非适当影响分为实际非适当影响和推定非适当影响两种。于举证责任上，在实际非适当影响类案件中，原告需要证明关联交易的控制权人对他实际施加了不正当的影响，从而致使他签署了特定的交易；而推定非适当影响是指在某项关联交易的双方当事人之间存在法律确定的信任关系或普遍的信赖关系的情况下，法律假定在订约过程中强势一方已对弱势一方施加了非适当影响，合同不是自由成立的，关联交易的弱势一方可据此要求撤销合同。司法实践中，举证责任向弱势一方倾斜，由强势一方承担证明责任，必须证明该合同对关联交易的弱势一方并非不利，而且弱势方在合同成立前有获得和表达其独立意见的机会。正如 Bridge 法官所说："非适当影响推定同其他推定一样，是律师业的一项工具，通过填补那些在实际上很难或者不可能取得证据的案件在证据方面存在的漏洞以达到公正的结果。"❶ 在这类案件中，原告需要证明在原告和不当行为之间存在信义关系，这种关系的本质是人们有理由推定不当行为者滥用了这种信义关系，从而迫使原告签署了特定交易，由法院根据当事人之间的关系或特定的事实推定存在非适当影响。司法实践中，被认可的非适当影响的关系主要有两种类型：一是基于经验判断，由法律所业已确定的信托关系，如父母子女之间的关系、监护人与被监护人、受托人与信托人、律师与委托人、医生与病人、教士与信徒等。另一类是指事实上存在某种关系，在这种关系的影响下，原告普遍地信任不当行为者，在某些特定情况下，这一关系将导致非适当影响的推定成立。虽然当事人间没有法律确定的信任关系，但如果原告能够证明他和被告之间在事实上存在普遍的信任和信赖关系，法院也会据此推定原被告之间确实存在着非适当影响，从而裁定原告有权撤销该关联交易的合同。成立事实上的推定非适当影响必须具备两项条件：（1）确实存在信赖关系（一方对另一方施加影响）；（2）该交易对一方实质不利。❷

从利益衡量的微观角度看，欲证明不公平关联交易合同的签订过程中一方当事人是否受到了对方当事人的非适当影响，直接证明不当行为者施加了非适当影响，在举证责任上明显对于原告不利，而作为利益衡量的微观规范，推定非适当影响则为当事人之间存在非适当影响的证明提供了有效的渠道，这样极大地减轻了原告的举证责任，而将主要的举证责任转移给作为控制权人的被告，而被告

---

❶ 解琳、张净：《英国合同法案例选评》，对外经济贸易大学出版社，2004 年版，第 267～277 页。

❷ 同上。

作为关联交易信息的强势一方，也应当承担证明该关联交易具备实质公平的要求。这样在举证责任的分摊上实现了原告与被告之间的利益平衡。

10.3.2 构成要件规则之微观规范

不公平关联交易的概念更多地侧重于商业道德的判断，在司法实践中，判断某一项具体的关联交易是否符合公平规则需要合同法微观规范的积极呼应。许多国家司法中主张首先建立针对不公平关联交易的合同撤销规范与损失赔偿规范，然后，在司法实践中积极探寻该规则的完善路径。微观规范解构之下，认定一个关联交易行为是非适当影响的不公平关联交易需要有两个基本的法律构成要件。

首先，争议的当事人之间事实上存在关联交易。关联交易的认定取决于关联企业或关联人认定，由于关联企业或者关联人的法律认定不存在理论和立法方面的困难，关联交易的法律认定也应当是没有障碍的。需要强调的是，基于利益衡量的微观规范视角，关联交易的法律规范及其司法实践，其目的不是普遍性禁止或简单限制关联交易，而在于在于限制、撤销基于非适当影响而成立的不公平的关联交易，实现关联交易各方的利益衡量，在促进交易和提高效率的同时，维护符合法律要求的关联交易的作为市场交易工具的基本价值。

其次，争议的当事人是否履行了信息披露与公平的合意程序。公司法实践已经证明，关联交易的信息披露原则与程序公平原则是限制不公平关联交易的行之有效的前置手段。客观而言，关联交易的当事人切实履行了该项关联交易的信息披露义务与程序公平义务时，法律应当合理推定该关联交易为公平的市场交易；同样的，争议的当事人因过错未履行对该关联交易的信息披露义务与程序公平义务时，法律也应当推定该关联交易为不公平的关联交易，在此情况下，争议的关联交易当事人具有合同法则所支持的撤销权。

根据欧盟公司法指令与国际会计准则的规定，在某某项具体的关联交易议决前，无论是股份公司还是有限责任公司均应当将该事项通知关联企业的其他公司股东；在公司的会计报表与年度报告中，也应当特别披露该关联交易的交易细节，包括交易时间、内容、方式以及预评估的各种利益损益科目，必要时应当附加更为详细的交易细节说明和该交易必要性说明。在该关联交易交公司议决时，作为控制权人的关联方应当回避表决，也不应当代理其他股东进行表决，而应当由非关联股东或者独立董事表决。立法例上，我国的公司法目前对于信息披露原则与程序公平原则未做普遍性的规则设计，然而在利益衡量的微观规范上，我国《公司法》第 21 条、第 149 条、第 153 条和《上市公司章程必备条款》均有规范设计，所以说，我国公司法关于普遍限制不公平关联交易的立法宗旨是明确的，而关于不公平关联交易的法律规则的进一步完善将留待将来公司法的规则修改及公司法的司法实践去解决。不公平关联交易的限制规范是对合同自愿及真实公平原则的一般反映，此规则本身并不改变或者替代合同法规则之中针对一般交易的“显失公平合同可以依法撤销”规则之原有适用效力，而是起到促使关联企业诚信、自愿公平地缔结关联交易合同作用。同时，在诉讼法意义上，对违反这一交易原则的过错当事人课以证明该存在争议的关联交易符合信息披露原则与程序公平原则的举证责任，这是基于利益衡量的微观规范设计。可见，对不公平关联交易的法律规则中，信息披露原则与程序公平原则具有独特的作用，无法被简单取代，并且在实践中被证明行之有效，我国公司法应当积极吸纳作为不公平关联交易的微观规范。

在海洋法系尤其是美国法中，信息披露原则及程序公平原则的推定作用获得了普遍的理论接纳和司法认同。创设避风港规则的

《特拉华州普通公司法》和后来《美国标准公司法》都采取这种标准认定关联交易的公平性：任何关联交易只要符合下列两个条件中的一个，即被初步认为符合“公平性标准”：(1) 信息披露加上关联股东回避表决条件下的非关联股东表决；(2) 信息披露加上关联董事回避表决条件下的独立董事表决。[1] 但在司法意义上，还有进一步的要求，根据美国法的具体规定，符合上述两个条件被认为只是符合了所谓“初步的公平性标准”，意即只是证明了该关联交易内容公平的表面推定证据，仅具有程序意义的价值。而在关联交易的一方当事人对该关联交易提出争议的情况下，该关联交易的控制权人仍然负有证明该关联交易在交易内容上符合合同法则关于实质公平要求的举证责任。举证责任的倒置是一种基于利益衡量的微观规范设计。公平证明规则虽然略显复杂，但是本质上还是注重交易内容的实质公平，这体现了利益衡量的微观规范的价值取向。目前，我国的公司法规则初步建立了关联交易公平性判断规则，在微观规范完善上，应当充分吸取美国法上的这一经验，尽快确立具有实操意义的不公平关联交易的实质性公平判断标准，这是对不公平联交易进行规制的微观规范的基础。

10.3.3 推定效果之微观规范

基于前置的程序意义，信息披露原则与程序公平原则在英美法中仅具推定作用，意即在关联交易的当事人在履行了信息披露义务与程序公平义务的情况下，仅可以推定该关联交易具有了程序意义的公平性，而这一推定可以该关联交易被控制一方的争议诉讼所推翻。争议诉讼本身是否认该关联交易已经完全履行了程序公平的必

---

[1] 《特拉华州普通公司法》第 144 条，《美国标准公司法》第 8 章第 31 条；[美] 罗伯特·C. 克拉克，胡平等译：《公司法则》，工商出版社，1999 年版，第 136 页。

经程序，一经关联交易的一方当事人起诉，该推定意义被否决，争议必然要进入对该关联交易的内容是否公正的实质性审查。特拉华州的司法实践中，关联交易的控制人在履行了信息披露义务与程序公平义务的情况下，根据受害人的反证，关联交易的控制权人仍然负有证明其关联交易公允公平的举证责任，这意味着关联交易在履行了信息披露与程序公平义务之后，即关联交易经得董事会、董事会非关联董事、独立董事抑或所有非关联方代表的认可、同意、批准之后，法院就也可以认定交易对于公司是不公平的，该交易无法免除股东诉讼和法院审查其实质性公平的司法过程。特拉华州在 Fliegel 诉 Lawrence 案中确立了该原则。该案的被告认为，因为股东批准了董事会关于签订该争议合同的决议，他们就不必承担自我交易合同公平性的责任。法院驳回了这一主张。法院解释时认为，“在其条件得到满足时，只是消除了‘有利害关系董事’的疑虑，并且在董事或高级职员牵涉其中时，仅为合同免遭违法性指控作出了准备，该条文并未认可公司的不公平行为或合同可以免受法院的审查。”❶

基于以上微观规范解构，现代公司法中信息披露原则与程序公平原则具有复合的规范含义：一方面，该规则具有推定作用。基于法律的明确规定，依照该规则可以推定证明当事人的故意或过失过错，保障了法律在适用上的基本公平；另一方面，具有类型化的界分作用。这一规则的确立，使得现实社会中的关联交易分成了程序公平与实质公平两个基本类型，有利于公司法的分类治理，同时增加了关联交易当事人的选择权。我国公司法应当积极发挥该规则的推定作用。这是一个基本的利益衡量的微观规范进路：既然关联交

❶ 《大西洋判例汇编》第 2 辑第 361 卷第 218 页（特拉华州，1976 年），转引于［美］罗伯特·C. 克拉克，胡平等译：《公司法则》，工商出版社，1999 年版，第 138 页。

易合同在本质上违反了合同自愿真实原则，改变了双方自愿及意思表示一致的基本法律要求，并且已经包含有违反合同公平原则的可能性，那么法律就有理由推定凡未按照信息披露原则和程序公平原则使关联交易合同交由公司非关联股东或独立董事独立议决者、关联交易的控制权人试图以隐秘手段、滥用控制力方式或者实际上的强制方式使该关联交易合同得以不公平地签署和履行者，均属于违反自愿真实原则的合同，客观上承受该关联交易合同履行效果而导致权益受到损害的关联交易的被控制人享有针对该合同的撤销请求权。在微观规范之设计上坚持这一利益衡量的建构理路是非常必要的。

10.4 撤销权及除斥期间之微观规范

大陆法国家的民商法在长期的发展中，其宏达的体系结构和精致的内在逻辑已经催生出许多著名的法律原则，合同可撤销原理与规则就是其中之一。合同的撤销请求权不仅包括根据合同相对性原理产生的当事人撤销权规则，也包括根据债务保全制度产生的债权人撤销权规则。公司法上对于不公平关联交易合同的撤销权是其衍生的一个支脉，是基于利益衡量的微观规范设计。质言之，合同的撤销请求权是事后司法救济的诉讼规范设计，所以该规范并不意味着撤销权人可以在符合法律规定的情况下，单方面地行使撤销权而撤销合同；而只意味着撤销权人必须通过提起撤销合同之诉而请求法院撤销合同，[1] 所有在本质上是一种诉权安排。不公平关联交易合同的撤销权实际上是一种撤销请求权，也是一种诉权安排，即请求法院撤销合同的诉讼权利。该合同是否必然会被撤销，则有赖于司法审查的最终裁判。

[1] 王利明：《合同法研究》，中国人民大学出版社，2002年版，第663页。

10.4.1 合同当事人之撤销权

基于合同的相对性原理，撤销权通常由因意思表示不真实而受损害的一方当事人享有。这一权利的行使限定在合同当事人的利益场域。不公平关联交易合同中受到损害的一方当事人同样享有撤销权。由于关联交易的合同当事人双方之间存在的关联关系，仅仅靠合同当事人一方享有撤销权对于不公平关联交易合同的解决是远远不够的。微观规范上，我国《公司法》第 22 条规定："公司股东会或者股东大会、董事会的决议内容违反法律、行政法规的无效。股东会或者股东大会、董事会的会议召集程序、表决方式违反法律、行政法规或者公司章程，或者决议内容违反公司章程的，股东可以自决议作出之日起 60 日内，请求人民法院撤销。股东依照前款规定提起诉讼的，人民法院可以应公司的请求，要求股东提供相应担保。"这一规定体现了公司不得违反股东（甚至是中小股东）利益作出决议的规范精神，但对于公司本身作为不公平关联交易合同受害方当事人的撤销权却无法满足，如果作为受害者的公司提起撤销权诉讼，法院也无法据此作出不公平关联交易合同无效或者合同可撤销的判决，因为主体并不适格。因此，基于微观规范本身的逻辑周延，赋予合同当事人之外的其他利害关系人享有撤销权是完全必要的。

10.4.2 利害关系人之撤销权

不公平关联交易合同当事人的债权人同样也享有撤销权。依照大陆法系已成传统的债的保全制度，某一合同当事人的债权人依法享有代位权与撤销权，这显然已经突破了狭窄的合同相对性原理，使得合同当事人的权益安排已经部分地走出了合同本身。我国《合同法》第74条规定，“因债务人放弃其到期债权或者无偿转让财产，对债权人造成损害的，债权人可以请求人民法院撤销债务人的行为。债务人以明显不合理的低价转让财产，对债权人造成损害，并且受让人知道该情形的，债权人也可以请求人民法院撤销债务人的行为。撤销权的行使范围以债权人的债权为限。债权人行使撤销权的必要费用，由债务人负担。”这一规范适用于不公平关联交易合同时也会导致撤销请求权。依照此规范的精神，当不公平关联交易对公司的债权人造成损害时，债权人可以据此行使债权保全性质的撤销权，申请法院撤销该关联交易合同。在大陆法系民法传统的债之保全制度中，债权人的代位权与撤销权均受到较为严格的条件限制以避免该权利滥用，例如合同法规定行使代位权的两个权利应为同等性质、该债权不是专属于债务人自身、代为权行使的范围以债权为限、所代位的两个权利应当均已届期等。在公司法对于不公平关联交易的法律制裁中，此类限制性的微观规范似乎应当有所松动。事实上，债权人如果可以证明某项的不公平关联交易损害了其债权，就应当享有对该不公平关联交易合同的撤销权。基于利益平衡，在这种情况下，该债权人对于其权利受损害的事实负有举证责任。

不公平关联交易当事人公司的中小股东对该关联交易合同是否也应具有撤销权呢？各国公司法对于此类问题的回答是有差异的。我国《公司法》规定，在不公平关联交易当事人公司的中小股东持股数达到公司股份总额的1%，并且其持股期间持续达到180日以上时，该等中小股东可以通过派生诉讼规则，替代不公平关联交易合同当事人向对方起诉行使撤销权[1]；不公平关联交易当事人公司的中小股东的持股数额未达到上述限制标准的情况下，中小股东则仅可通过公司诉讼向本公司寻求救济。上文认为，我国公司法中的

[1] 《中华人民共和国公司法》第152条。

这一规定实际上对派生诉讼规定了极为宽松的条件规则，其合理性值得推敲。[1] 目前虽然还没有看到中小股东滥用此项请求权的情况，但在规则设计上是存在缺陷的，未来一旦此项权利被有效激活，被诉公司将遭受极大诉累。基于利益衡量考量，此项微观规范有进一步完善之必要。

10.4.3 除斥期间之合理延展

利益衡量的微观规范实践表明，赋予权利人对不公平关联交易合同的撤销权，能够在保护利害关系人利益和维护交易安全之间较好地保持平衡，体现了这一规则的法律价值；同样，撤销权也应当有适当的权利行使期间。《法国商事公司法》第 105 条第 1、2 款规定，事先未经董事会批准而签订的协议，“如已对公司造成损失的，可予以撤销，……撤销之诉的诉讼时效期间为 3 年，自协议订立之日起算。但协议被隐瞒的，时效期间的起始点推至协议被披露之日。”

微观规范上，我国《合同法》第 55 条规定的撤销权行使期间为 1 年。从司法实践来看，这一除斥期间没有能够完全起到限制不公平关联交易的规范作用。客观上存在这样的障碍：违反程序公平原则的关联交易往往涉及违反信息披露的行为，而公司的信息披露行为以会计年度为实际的期间，尤其对于非上市公司而言，具有实际意义的关联交易信息披露行为就是制定、审计并置备公司的财务会计报告。《公司法》第 165 条规定，“公司应当在每一会计年度终了时编制财务会计报告，并依法经会计师事务所审计”；第 166 条

[1] 根据我国台湾地区“公司法”第 214 条的规定，公司中小股东只有在持有公司“已发行股份总数的百分之五以上”，并且其持续持股期间达到一年时，才可以提起派生诉讼。

规定，“有限责任公司应当依照公司章程规定的期限将财务会计报告送交各股东。股份有限公司的财务会计报告应当在召开股东大会年会的20日前置备于本公司，供股东查阅；公开发行股票的股份有限公司必须公告其财务会计报告。”基于以上原因，从微观规范设计而言，为保证公司、公司股东及其他权利人能够有充分的时间去查阅关联交易合同的相关资料，撤销权的除斥期间以两个完整的会计年度为宜。

10.5 微观下的衡量准则：实质公平

基于利益衡量的需要，在不公平关联交易的规制上应当寻找到更为有效的微观规范。如果关联交易合同没有经过履行信息披露与程序公平原则，或者经过法院审查后被推定为是不公平的关联交易，会导致该合同被司法撤销。依照正常的法律逻辑，通常情况下，如果撤销权人能够证明该关联交易违反了信息披露原则与程序公平原则，则法院应当宣布撤销该关联交易。如果存在争议的关联交易并未违反信息披露原则与程序公平原则，即争议的关联交易满足了信息披露原则与程序公平原则的各项要件，则该争议的关联交易将面临关于其交易内容是否符合实质公平的进一步审查。基于以上逻辑演进的路径，在微观规范设计上，我国关于不公平关联交易合同的可撤销规范可以考虑按照如下思路予以完善：如果存在某项违反公司法有关董事会、股东大会（股东会）回避表决程序和有关信息披露程序强制性、程序性规定的关联交易，对于该项关联交易异议主张的一方当事人，有权请求人民法院或者仲裁机构予以变更或者撤销。具有撤销权的关联交易一方当事人自知道或者应当知道撤销事由之日起两个完整的会计年度内没有行使撤销权的，撤销权消灭。关联交易被撤销的，关联方基于该合同撤销导致的财产返还，应当归公司所有。

如果不公平关联交易合同被隐瞒，撤销权时效期限的起始点自该合同被披露之日起计算。

客观而言，在公司法对不公平关联交易的微观规范中，可撤销规范提供了一个很好的替代手段。但在司法实践中，简单地将不公平关联交易合同认定为无效并不能最有效地保护交易双方当事人利益。诚然，合同的无效和可撤销均可以导致发生合同效力消灭的法效，但是两者有着本质的区别，侧重点也各有不同。民商事行为的无效制度旨在维护社会公共利益，体现了公权力的强制干预，侧重于对某些可能危及公共利益的特殊民商事行为的否定性评价；可撤销制度则是明显考虑到在合同当事人之间利益衡量，旨在维护合同当事人之间利益的平衡和意志自由，通过赋予当事人自由选择的权利，允许其依自己的真实意志作出对其自身最有利的选择，侧重于对当事人真实意志的尊重。赋予合同当事人、特殊情况下甚至突破合同相对性原则赋予合同当事人一方的股东、债权人等利害关系人以撤销权，可以有效地解决不公平关联交易合同带来的社会危害性。微观规范对于不公平关联交易合同的可撤销规范的设计与完善，旨在有效规制不公平关联交易合同，以解决公司法理论与实践中不公平关联交易所带来的所带来的挑战，完善相关规则，更好地为利益冲突剧烈的资本市场的发展设计一条理性的利益衡量的微观规范路径。

就目前公司法实践而言，保障关联交易合同公平性标准的法律规范仍处于争议和探索中，规则完善尚需资本市场的进一步发育和成长；与此相比，法律对不公平关联交易合同可撤销性规范已经基本取得共识，发展也比较顺利。关联交易合同在本质上违反合同自愿真实原则，改变了合同的自愿、意思表示一致行为的基本法律要求，同时已经包含着违反合同公平原则的可能性，这使得关于不公平关联交易合同的法律规范之争议集中到对其公平性标准确定上。目前的微观规范存在这样的逻辑路径：未按照信息披露原则和程序公平原则把争议的关联交易合同提交给公司非关联股东或董事独立决定者，或者控制权人试图以隐秘方式、滥用控制力方式或者强制方式使该争议的关联交易合同得以不公平地签署和履行者，属于违反自愿公平原则的合同，该不公平关联交易合同的被控制人享有合同撤销请求权。这一微观规范是对合同自愿公平原则的正态反映，没有影响到传统合同法中针对一般交易的“显失公平的合同可以撤销”之原有规范的法律适用效力；该规范还起到促使关联企业诚信、自愿公平地缔结关联交易合同的作用。另外，对于违反这一基本原则的当事人课以证明其交易内容是充分公平的举证责任，也是基于利益衡量之需要。

关联交易合同的可撤销性并不是大陆法系所独有的公司法和合同法的微观规范。许多国家的合同法，尤其是在英美法系普通法的法律规则中，关联交易合同属于可撤销的合同。依照美国法的规定，在控制权人与其受控公司之间发生关联交易合同的情况下，“该项交易之公平性便会受到怀疑，在传统的普通法的观念中，这种交易是一种可以被撤销之交易，不论该交易是否得到其他未由其中获得私人利益之董事的同意。”❶ 美国法上还存在着更为宽松的规定，关联企业间的交易“只要得到大多数未由交易中获取私人利益之董事的同意，法院便不会撤销该交易”；否则该“自我交易也视作侵吞，……可经少数股东申请而无效”，除非控制权人“能够证明该交易在客观上对公司与股东均公平。”❷ 法国《商事公司法》的规定，“公司董事或总经理系某一企业的企业主、无限责任股东、经理、董事、总经理、经理室或监事会成员时，公司与该企业之间签订的协议，应事先经过批准”，“事先未经董事会批

❶ 罗怡德：《企业组织法论集（专题 14）》，三民书局，1992 年版，第 79 页。

❷ 依此规则，未履行程序公平的关联交易可以撤销，但可有“经营性判断规则”之例外，后者被称为“避风港规则”（safe harbor rules）。罗怡德：《企业组织法论集（专题 14）》，三民书局，1992 年版，第 79～80 页。另何美欢：《公众公司及其股权证券（中册）》，北京大学出版社，1999 年版，第 824 页。

准而签订的协议，如已对公司造成损失的，可予以撤销，……撤销之诉的诉讼时效期间为 3 年，自协议订立之日起算。但协议被隐瞒的，时效期间的起始点推至协议被披露之日。[1]”我国现有的部门规章之中有同样的条款，《上市公司章程指引（2014 年修订）》规定，在董事会议决与某些董事有关联关系的关联交易时，“除非有关联关系的董事按照……要求向董事会做了披露，并且董事会在不将其计入法定人数该董事亦未参加表决的会议上批准了该事项，公司有权撤销该合同、交易或安排，但对方是善意第三人的情况除外。”[2] 只是我国目前的合同法未对此类合同的可撤销性提供依据，此类部门规章之条款被我国司法部门认为实际上没有约束力。所以，完善关联交易的相关规则是目前公司法修订的亟待解决的问题。

可以发现，基于微观规范解构，合同法中关于合同无效或者合同可撤销之规范，本质上是关于违反合同行为能力原则、意思表示自愿真实原则及合同公平诚信原则的列举性效力规范，从规范本身的逻辑周延上，这些规范设计没有穷尽违反自愿真实原则与合同公平原则的全部行为类型。这是现行公司法和合同法在规范设计上的瑕疵，特别是合同法的规范没有合理涵盖不公平关联交易的逻辑范围，导致微观规范存在盲区，使得司法实践中对不公平关联交易的可撤销性没有法律依据。不公平关联交易中存在剧烈的利益冲突，拥有控制权的关联交易一方当事人往往有着把关联交易作为利益输送工具的内在冲动，在法律规范缺位的情况下尤为严重。我国的资本市场作为一个新兴市场，规范的健全和完善是市场发育必经的过程。为进一步限制关联企业行为中包含的违反合同法原则的非法因

---

[1] 《法国商事公司法》第 101 条、第 105 条，金邦贵译：《法国商法典》，中国法制出版社，2000 年版，第 128～129 页。

[2] 《上市公司章程指引》第 83 条。

美国法上“把基本自我交易的一般规则称之为公平性规则”的原因[1]。从利益衡量的微观规范建构的角度审视，我国公司法及合同法等相关法律规范应当从实质公平原则的角度出发，在借鉴英美法系上述先进的微观规范立法例的同时，结合我国的本土情况，对不公平关联交易行为设计出具有我国特色的评价标准与制裁的微观规范，以指导我国公司实务与司法操作，促进我国新兴资本市场的法治化。

11.1 实质公平原则之微观规范

鉴于不公平关联交易的复杂性和隐蔽性，微观规范上要求对不公平关联交易行为的规则控制需要体系化的构建思维。这个过程不能仅依赖于传统公司法和合同法中的既有原则，如控制权人诚信义务原则、否认公司人格原则、信息披露原则和程序公平原则，法律规则更应着重解决关联企业行为的交易内容公平性判断标准问题。针对传统公司法和合同法既有原则的分析，无论是控制权人诚信义务中勤勉忠实之具体含义、董事或独立董事对于关联交易公平性的判断，抑或是揭穿公司面纱后对控制权人赔偿责任的计算上，关联交易中的公平性标准问题都是不可回避的问题，这是所有问题的核心，不解决此问题，其他关联交易的微观规范就没有实际操作意义。

我国《公司法》第 21 条规定：“公司的控股股东、实际控制人、董事、监事、高级管理人员不得利用其关联关系损害公司利益。违反前款规定，给公司造成损失的，应当承担赔偿责任。”与

[1] ［美］罗伯特·C. 克拉克，胡平等译：《公司法则》，工商出版社，1999 年版，第 137 页。

此相联系，《公司法》第 148 条以降还明确规定了相关当事人的“忠实义务和勤勉义务”。[1] 然而，这些规则却仅仅解决了不公平关联交易的违法行为基础与赔偿责任原则问题，并不具有司法上的可操作性，因为没有一个量化的标准，无法在个案中具体实施利益衡量。在司法实践中，不公平关联交易的控制权人究竟给被控制的关联人造成了怎样的具体损失？不公平关联交易中受损害的被控制关联人可以诉请的赔偿数额是如何确定的？对于这些与诉讼直接相关的具体问题、与争议的不公平关联交易的个案公正紧密相连的利益衡量的微观规范问题，现行立法中均付之阙如。

其实，上述难题不单是我国现行公司法和合同法规则所面临的问题，也是大陆法系各国公司法所面临的共同难题之一。21 世纪已降，大陆法系各国的公司法均处于微观规范变动之中，基本已经吸收了滥觞于英美法的揭开公司面纱制度。对于不公平关联交易的控制规范而言，揭开公司面纱制度实际上仅具有扩展不公平关联交易的责任人主体范围之功能，从而使法律规范对于不公平关联交易的赔偿制裁具有了公平性与可行性，而具体的损失计算标准及赔偿标准，尚缺乏具有实际操作意义的微观规范。

传统民商法的赔偿制度以公平为基础，其价值是用以填补受害人的实际损失。在这一价值取向导引之下，民商法才创设了诸如直接损失、间接损失、合同期待利益损失等一系列法律概念，依据这些法律概念使得个案审理中的实际赔偿责任大体上接近于民商法主张的公平标准。在这里，实质公平原则是非常重要，我们无法在规则上忽略实质公平原则而依据传统民法中的显失公平的认定标准解决不公平关联交易的赔偿标准问题，这一点上文已经详细做过分析。在大陆法系的传统民法中，各国法律的微观规范对构成显失公平的标准在理论上存在分歧。司法实践中，在普通的侵权赔偿案件

---

[1] 《公司法》第 148 条、第 149 条。

和债务不履行导致的赔偿案件中，也没有以显失公平的标准作为判决赔偿的依据。基于此，大陆法系民商法在对关联交易行为或者类似的利益冲突行为之公平性判断并未适用传统合同法中显失公平标准或者对价标准。相比之下，英美法系在此问题上表现得非常明确，就是直接关注关联交易的内容的公平性，如在美国法上，控股股东与其所控制的公司发生了关联交易，法律将“采取一定方式规范控股股东的行为。法律的一般反应是少数股东保证程序上的公平或实体上的公平或二者兼有。程序上的公平要求与控股股东有关的交易需要适当批准实体公平要求价格公平。”[1] 这就是说，对于关联交易的内容，“法院适用内在公平标准，即控股股东有义务证明交易客观公平。……实体公平的标准是少数股东应收到与其以前资产大体相当的价值。”[2] 同样，依据英国法和加拿大安大略省的法律，“如果公司董事以低于真实价值的价格”从事了关联交易，将导致法院对其客观公平的质疑。对于该公平性标准的争议，英国法院更倾向于要求“以财务界普遍接受的或法院认为可以接受的任何技巧或方式证明其价值。”实际上，是以清算价格法或收益法对交易资产进行估价，如当事人约定由独立专家决定价值，那么该专家的决定实际上具有约束力。[3]

从现代企业实践来看，多数企业的营业利润率（营业利润/营业收入）是非常低的，尤其是制造业企业，营业利润率通常在10%左右，高科技企业与服务业企业的营业利润率通常不超过

---

[1] 该规则源自美国特拉华州法；何美欢：《公众公司及其股权证券（中册）》，北京大学出版社，1999 年版，第 807 页。另罗怡德：《企业组织法论集（专题 14）》，三民书局，1992 年版，第 87 页。

[2] Citron v. EI du pont de Nemours & Company；584A 2d 490，页 505（德拉韦 1952）；何美欢：《公众公司及其股权证券（中册）》，北京大学出版社，1999 年版，第 891 页。

[3] 何美欢：《公众公司及其股权证券（中册）》，北京大学出版社，1999 年版，第 842～844 页。

30%。如果法律规范和司法实践对于超过市场正常交易价的不公平关联交易不能给予严格而有效的法律制裁，就等于放任从事不公平关联交易的控制权人将其下属的被控制企业的营业利润吃掉。由此可见，当下的各国公司企业实践对于各国民商法中的公平标准要求是相当严格的，它显然不能为传统民法中的显失公平标准所取代。从微观规范设计而言，英美公司法所主张的“实质公平原则”代表了各国当下公司法及合同法主流的微观规范的发展向度，在解决不公平关联交易的赔偿规范方面起到无可替代的决定性作用。

11.2 赔偿标准的微观规范之借鉴

在大陆法系国家民商法借鉴英美公司法制度的过程中，德国公司法中关联交易制裁制度的微观规范设计值得注意。德国民商法实际上是在未接受实质公平原则的情况下尝试去解决不公平关联交易当事人的赔偿问题，导致走上了公司法理论中所谓的“整体揭穿公司面纱”之路，这样彻底抛开把公司作为法人定位的公司法的基本理念，也只是被动地为了拓宽赔偿主体的范围。《德国股份公司法》规定，从事有关联交易的企业集团、控制性企业“对于从属公司在合同期间内发生的任何年度亏损，只要不能通过在合同期间提取的盈余储备金得以补偿的，控制性企业都应补偿。”[1] 补偿的范围不仅包括从属公司在该年度内应有的同行业平均利润，而且包括该属公司在该年度内应当提取的公积金或储备金。或者按照德国学者的

[1] 《德国股份公司法》第 302 条

说法，“用来弥补亏损的包括法定储备金、资本储备金和盈余结转。”[1] 本质上，关联交易中的被控制企业为控制人的利益服务，在合法的外壳的掩护之下，隐秘性的关联交易导致关联企业的财产不再受财产约束制度的有效拘束，掏空和利益输送现象严重，危及企业财产并间接威胁企业债权人利益，所以，《德国股份法》通过一系列规范来遏制这种现象。具体做法是，首先《德国股份法》第300条第3款要求加快法定储备金的提取。该法第150条第2款规定，一般的独立公司每年将年盈利的5%提取为储备金，直至法定储备金达到股本的10%或章程规定的较高比例。而在关联企业中，《德国股份法》第300条第3款与第1款则提高了这一法定要求，规定要求提取的储备金在5年内必须达到上述比例要求，在时间上有了强制性规范。若该企业存在捐赠情况，则应当每年提取法定储备金的20%或者在章程规定有更高提取比例的情形下提取章程中规定得更高的数额作为捐赠的准备。捐赠的前提是有足够的年盈余。在一年内未能提取足够储备金的，在未来的年份里应相应提高缴纳数额。如果不能在5年内足额提取法定储备金的话，则将来年度的盈余必须全部用来缴纳储备金直到法定储备金被足额提取为止。而且法律规定在任何情况下，都必须严格遵守《德国股份法》第150条第2款规定的储备金额度。就是说这是个法定的最低数额限制，是必须满足的要求。当然，《德国股份法》第300条的规定不适用于有限责任公司，至今为止德国法上对于有限责任公司没有提取法定储备金的强制性的数额要求，对有限责任公司财产的保护主要局限于对该公司注册资本的保护。此外，《德国股份法》第302条第1款规定了控制性企业对从属企业的亏损进行弥补的一般义务，这对债权人利益的保护起到了关键性作用。根据《德国股份

[1] ［德］托马斯·莱塞尔、吕迪格·法伊尔，高旭军等译：《德国资合公司法》，法律出版社，2005年版，第854～856页。

法》第 302 条的规定："对于从属公司在合同期间发生的任何年度亏损，只要不能通过在合同期间提取的盈余储备金得以补偿的，控制性企业都应补偿。"而《德国商法典》第 266 条第 3 款第 4 项规定："如果亏损通过从属企业在合同期间形成的盈余储备金就可得到弥补，则必须再由控制性企业来补偿。用来弥补亏损的除了法定储备金和资本储备金外，还包括盈余结转。"❶

就微观规范本身的价值而言，德国法上述整体揭穿公司面纱的做法并不具有普遍的规范意义。该微观规范实际上是在不公平关联交易实质公平标准缺位的条件之下，为了解决个案中的具体赔偿问题而采取的补救性或者变通性的替代措施。实践上，这一微观规范是存在问题的，因为它并没有实际区分不同类型的关联交易之不公平程度的差别，基本抹杀了不公平关联交易所造成损失的实际赔偿的规范定位，所导致的后果是使得民商法上传统而经典的赔偿责任的规范设计蜕变为年度的公司补偿。这是规范设计的倒退。鉴于德国公司法理论与实践在大陆法系中具有重要地位与影响，由此对于大陆法系各国公司法规范的健康发展造成一定负面的影响。

针对不公平关联交易的具体判断标准，我国的公司法的微观规范从创建伊始就吸纳了实质公平原则。我国 2002 年公布的《上市公司治理准则》规定，要求关联交易的具体内容也应遵循真实公平原则，"关联交易的价格原则上应不偏离市场独立第三方的价格或收费的标准"；在多数关联交易定价程序中，普遍的市场法规往往要求"上市公司董事会应当对该交易是否对上市公司有利发表意见，同时上市公司应当聘请独立的财务顾问就该关联交易对全体股东是否公平、合理发表意见"❷，以此作为交易的前提，这是前置

❶ ［德］托马斯·莱塞尔、吕迪格·法伊尔，高旭军等译《德国资合公司法》法律出版社，2005 年版，第 854～856 页。

❷ 《上市公司治理准则》第 13 条；《股票上市规则（2014 年修订本）》第 7.3.12 条。

的程序条件。与此相类似，根据我国2013年1月1日实施的《税收征收管理法实施细则》修订本规定，税收机关对于“纳税人与其关联企业之间的业务往来”，有权“按照独立企业之间进行的相同或类似业务活动的价格”“调整计税收入额或者所得额”❶。我国现行的《公司法》中并未使用实质公平概念，但已经实施多年的《上市公司治理准则》《股票上市规则》《中华人民共和国税收征收管理法实施细则》《企业国有产权转让管理暂行办法》等大量的行政法规与部门规章中，至少存在以下两项不公平关联交易的实质公平标准类型：一是市场替代法标准。依此标准，关联企业从事关联交易时，其“关联交易的价格原则上应不偏离市场独立第三方的价格或收费标准；”（上市公司准则第13条）并且税务机关对于“纳税人与其关联企业之间的业务往来”有权“按照独立企业之间进行的相同的或类似业务活动的价格”，“调整计税收入额或所得额”。二是审计评估标准。依此标准，在转让国有企业产权过程中，在“清产核资和审计的基础上，转让方应当委托具有相关资质的资产评估机构依照国家有关规定进行资产评估。评估报告经核准或者备案后，作为确定企业国有产权转让价格的参考依据。在产权交易中，当交易价格低于评估价格结果的90%时，应当暂停交易。”❷

综上可以看出，利益衡量的微观规范正在生成，我国现行公司法和企业法实践中，实际上已按照市场替代法标准或者是审计评估标准去衡量判断特定的关联交易是否具有实质公平性，形成了我国公司法实践的本土化状况。尽管这些体现实质公平标准的微观规范尚待完善，但是在逐步完善的基础上将其提交给司法裁判适用，在基本方向上是正确的，并且在实践中已被证明是可行的。

---

❶ 《中华人民共和国税收征收管理法实施细则》（2013年修订本）第54条、第55条。

❷ 《企业国有产权转让管理暂行办法》第13条。

11.3 实质公平判断规则之微观规范

得益于英美公司法创造性的实践，可以体现出实质公平原则的判例资源丰富，除上述第三人替代规则、审计评估规则、商业判断规则之外，还有所谓欺诈规则、推定欺诈规则、利益与否规则等等。基于利益衡量的微观规范设计需要，为了更加合理地发展实质公平原则，应当根据公司企业的实践建立起完整全面的实质公平判断标准或规范，使之覆盖各种关联交易情况。据此，在微观规范设计上，确立以下三个方面可供选择的规则或标准是完全必要的。

11.3.1 臂长测试规则（Arm's length test）

此项规则源于美国判例法，又被称为第三人替代标准、市场替代规则、常规测试规则等。根据 Ripley v International Railways of Central American 案与 Geddes v Anaconda Copper Mining Company 案所确立的判例规则[1]，判断一项关联交易是否公平，可以通过第三人替代规则加以解决。臂长测试规则指在受质疑的关联交易合同之交易内容符合或大体符合市场交易条件，或者该交易主体能够证明它曾与无利害关系的市场第三人正常从事过同类条件交易的情况下，方可认定其交易内容公平。在该关联交易合同的交易条件（特别是价格条件）悖离市场交易条件或第三人交易条件时，则可以认定该关联交易为不公平的关联交易，而此项交易所悖离的价格差额会被认定为关联交易受害方当事人应当获取赔偿的实

[1] 8 A. D. 2d 310；188 N. Y. S. 2d 62；1959 N. Y. App. Div. LEXIS 7825；254u. s. 590；41 s. Ct. 209；65 L. Ed. 425；1921 u. s. LEXIS 1856.

际损失额。

根据 Perlman v Feldmann 案与 Gottesman v General Motors Corp. 案之判例[1]，当事人在质证过程中所选取的作为替代标准的交易第三人是否为正常市场化条件下无关联关系的第三人是关键性要素，这要求公司登记部门对于公司的股权和公司内部人情况有充分详细的了解和透明的公示条件。臂长测试规则在测试关联交易的公平性方面有极广泛的适用，故又被称为常规测试规则。但是应当看到，这一规则也存在一定的适用局限，例如，在企业资产重组交易和某些特殊情况的交易中，特别是破产重组交易中，此规则难以适用，强行适用将产生不公平的后果，此时此地，司法裁判应当采用其他的实质公平判断规则，这是利益衡量的需要。实质公平原则是一项内容复杂且有相当包容性的法律原则，任何试图以简单、僵化、单一的内容来概括它都难免会产生以僵硬概念限制公司企业实践的不公平后果，这也是此项规则本身所极力避免。

微观规范解构发现，此项规则在我国部分行政法规及部门规章中已经被广泛地吸纳，除《上市公司治理准则》《中华人民共和国税收征收管理法实施细则》的一般性规定外，《关联企业间业务往来税务管理规程》规定，税务机关对于关联企业间关联交易的纳税额“可按独立企业之间相同或类似业务活动的价格进行调整。即将企业与其关联企业之间的业务往来价格，与其与非关联企业之间的业务往来价格进行分析、比较，从而确定公平成交价格。”[2] 另外，《商业银行与内部人和股东关联交易管理办法》规定：“商业银行的关联交易应当按照商业原则，以不优于对非关联方同类交易的条件进行。”[3] 同样，《保险公司关联交易管理暂行办法》也规定：“保

---

[1] 154 F. Supp. 436；1957 U. S. Dist. LEXIS 3112 ，279 F. Supp. 361；1967 U. S. Dist. LEXIS 11552；1967 Trade Cas.（CCH）P72，304）.

[2] 《关联企业间业务往来税务管理规程》第 28 条。

[3] 《商业银行与内部人和股东关联交易管理办法》第 4 条 2 款。

险公司关联交易原则上不得偏离市场独立第三方的价格或收费标准。”[1]应当看到，我国现行法规对于不公平关联交易的微观规范略显简单，存在一种将臂长测试规则作为法律限制的唯一手段的规范趋势，因此也需要利益衡量的微观规范给出更多的选择性。

11.3.2 专业审计和评估规则

该规则源于英国《1848 年公司法》，后来经过英美两国的判例法的不断补充和完善，已成为世界许多国家判别某些关联交易在其内容上是否是公平交易的基本标准之一。依此规则，只有在受质疑和争议的关联交易之交易条件大体符合独立的专业人员所做的审计报告结论，或者大体符合独立的专业人员所做的资产评估报告结论的情况下，才能认定该关联交易的内容是公平的。如果争议的关联交易合同的交易条件（特别是价格条件）严重悖离审计报告结论或资产评估报告结论，则可以认定该关联交易为不公平的关联交易，该价格的悖离数额会被认定为该关联交易的受害一方当事人应当实际获得的赔偿数额。此规则解决了争议的关联交易的裁判标准问题。但是有的关联交易其标的物有可能并不是标准化的商品，这种情况之下，依然采用第三人替代规则是不可行的，争议的当事人甚至无法找到可供比较的第三人市场标准，因为交易的是特殊的标的物。此时，专业人员的审计评估结论将具有中立和公允的定价依据作用；鉴于此，英美国家的法律要求专业的审计师和专业的评估师必须依照同行业公认业务标准和操作程序，遵循“真实并公允(true and fair)”原则对关联交易的标的进行审计或评估，并基于公正发表其专业审计评估意见。此时当事人对争议的关联交易公平性之争议转变为专业人员的法律责任。

[1] 《保险公司关联交易管理暂行办法》第 3 条 2 款。

微观规范上，我国现行有关公司重组、委托拍卖、股权转让及质押、企业产权交易等大量的行政法规和部门规章均已采用了专业人员审计评估规则，以此保证该交易的公平性。我国的《企业国有产权转让管理暂行办法》与《企业国有资产评估管理暂行办法》均有规定，要求国有企业在进行各种形式的产权转让之前，必须“委托会计师事务所实施全面审计”，并且“应当委托具有相关资质的资产评估机构依照国家有关规定进行资产评估。”[1] 从规则的价值而言，我国目前关于专业人员审计评估的规定其目的不仅是保障关联交易实质公平性，也成为保障其他类型企业产权交易公平性的必经程序。客观而言，我国在资产评估制度与规则中是有若干缺陷和瑕疵的，因而专业人员的审计结论往往更具有可信性，容易获得市场认可和交易对方的接受，我国自 2007 年度始实施的新的《企业会计准则》已经将公允估值作为全部企业审计的基本内容。关联交易规则的统一和稳定使得问题进一步简单化，实际操作也变得更加便捷，提高司法效率。

专业审计和评估规则的有效运作依赖于一个隐含的前提，就是该审计和评估是专业的和公允的。规则选定专业人员审计和评估来解决当事人对于关联交易公平性的争议，这实际上是把不公平关联交易的争议焦点移转到审计评估领域。遗憾的是，我国的专业审计和评估制度与本规则所假定的专业化状态是存在差距的。一个专业的审计和评估机构是资本市场发展的必然结果，反过来也在很大程度上制约着市场的发育和成熟。一个缺失了第三方评价的市场是难以实现市场本身的基本功能的，因为资本市场的价格发现功能、对于未来市场主体的资源配置功能要依托专业的审计和评估机构来确定和引导。目前，许多国家的微观规范大多要求资产评估以发现被

[1] 《企业国有产权转让管理暂行办法》第 12 条，《企业国有资产评估管理暂行办法》第 13 条。

评估资产的公平市值或公开市值为直接目的（称为“评估基准”）。公平市值或公开市值是指在公开市场化条件下，有非关联的第三方自愿接受的对该资产的现金购买价值。[1] 我国的经济是公有制为主体、国有企业和国有（国有控股）上市公司为主体的，按照我国有关法律规范的极为明确的要求，资产评估通常要考虑到国有资产保值增值的政策，这样就导致在审计和评估时必须要重视资产的重置成本价值而忽视其在市场的真实价值；同时，资本市场的资产计价倾向于按照流动资产的市场价值计价与核算，而在对流动资产的市场估值上，我国的评估专业人员囿于传统企业会计准则的要求，往往不做准备金提留，以避免导致国有资产在账面上的所谓流失。这一点与国际会计准则的要求是完全不符的。根据国际会计准则，专业审计和评估人员必须依照审慎保守的会计原则对流动资产进行减值处理。同时，在评估方法上，多数国家允许评估人员对评估对象采取各种已被市场接受的公允估值方式进行评估，并以“孰低原则”来平衡最终的资产负债表。在我国当下的规则和政策框架之下，这明显与国有资产保值增值的目标相冲突，极难被评估人员客观运用；而且，如果评估人员不使用上述僵化的估值标准、不积极实现所谓“国有资产保值增值”的阶段性目标，也要承担更多的个人职业风险。实践上，包括国有资产在内的所有资产类型，在投入市场运营之后均要承担必要的市场风险，随着市场行情和估值因素的波动，该资产在经营期间的估值产生市场价值的波动是正常现象。既要国有资产参与市场经营去牟利赚钱，又要资产负债表随时满足国有资产保值增值的经营目标是自相矛盾的，在完全的市场条件下也是不可能实现的。从利益衡量的微观规范来看，上述估值标准和经营目标应当给予必要的规范变动。其实正是由于上述原因，在我国的公司企业尤其是国有公司和企业实践中评估中，随意性夸

---

[1] 董安生：《国际货币金融法》，中国人民大学出版社，1999 年版，第 227 页。

大资产、评估值高于资产市场真实价值、修改资产负债表以满足经营目标的要求等的情况是屡见不鲜的，从微观规范的价值向度而言，本来应当对市场负责的专业审计和评估，由于只能对经营目标负责而导致背离了市场的公允价值，无法反应该资产真实的市场估值，从而使得该审计和评估失去了本来应该具有的中立和公允的估值参考依据。

11.3.3 商业判断规则（business judgment test）

商业判断规则是美国公司法中一个充满智慧的亮点，它较为合理地解决了公司企业在特殊情况下交易的公平性判断问题，而且也有效解决了公司董事、经理、股东履行忠实义务与勤勉义务的判断评价问题，此外它对于公司在诉讼中所涉及的当事人举证责任也提出了较为合理的划分标准。[1] 可以说，该规则是利益平衡的规范典范。基于这一规则的极大的合理性和实践中的可操作性，滥觞于美国法的商业判断规则目前已经成为世界各国公司法争相借鉴的基本规则之一。

美国律师协会制定的《示范商事公司法》和美国法学会制定的《公司治理通则》对商业判断规则进行了很好的概括：决定进行关联交易的公司董事或高管决策人员与该交易没有利害关系亦未受到控制权人的非适当影响的条件下，如果上述人员是按照正常的商业决策程序，充分了解到与该交易有关的全部信息资料，并且认为该关联交易在整体上是对公司有利而非不利，则该关联交易判断是符合实质公平原则的，从事该关联交易的公司董事或高管人员免于承担任何责任。反言之，如果从事该关联交易的公司董事或高管人员在决策中违背了正常的商业决策程序，或者当事人与该关联交易存

[1] 丁丁：《商业判断规则研究》，吉林人民出版社，2005年版，第10页。

在着利益冲突，或者该当事人行事不符合善意标准，或者该关联交易对公司只有损害而没有任何利益，则该关联交易属于不公平的关联交易；在此种情况下，基于正常商业判断的市场交易价格与该不公平关联交易实际的交易价格的悖离额即为受害方当事人应当获取赔偿的实际损失额。[1]

司法实践的经验告诉我们，资本市场的急剧变化和经营风险是有客观存在和有目共睹的，因此，公司企业的交易实践是极端复杂的，其中包含着正常的经营风险。所有的自然人都存在各种不同的缺陷，完美的人和完美的判断是不太可能存在的，而要求经营者始终保持的完美判断也是荒谬的。符合一般理性的商业判断应当受到必要的尊重，即便是此后的市场证明该判断存在某些符合一般常识的不完美。商业行为的决策者基于市场经验和一般理性常识的判断也会出现很多偏差。市场已经证明，由于市场自身的巨大变化，许多情况下第三人替代规则与专业人员审计评估规则是无法合理适用的，硬性适用上述规则将导致明显的不公平。例如，一公司有过季的库存商品或原料无法售出，拟售卖于该公司的控股股东，在交易价格上因属过季库存产品，显然无法适用曾经的第三人替代标准或专业人员审计评估标准；但长期压库会导致更大的损失，这显然有悖于公司的最大利益和股东的基本利益。在此条件下，要求公司董事或高管人员按照正常的商业决策程序，本着善意为公司的最大利益行事，为上述库压商品寻求一个公平合理的交易价格。放弃对于合理的商业判断当事人的保护，则显然会造成公司企业经营中大量的浪费，最终会损害公司及公司股东的自身利益。1984 年 Aronson V. Lewis 案件中，法官正是基于保护公司董事的正常商业判断的立场作出如下解释：“商业判断规则建立在这样一种假设

---

[1] 《示范公司法》第 8.30；《公司治理通则：分析和建议》（1994），第 4.01（c）条

之上，即董事在行使决策之职时，会在知悉的基础上，本着善意为公司的最佳利益行事，如果缺乏董事滥用裁量权的证据，董事的判断受到法院的保护，指证董事违反职责的一方应负举证责任，即找寻事实推翻前述假设。”❶ 基于利益衡量的考量，在承担着市场风险的复杂的商业经营过程中，根据具体的情势，在当事人不可能依据第三人替代规则或者专业人员审计评估规则判断某一关联交易内容是否符合实质公平原则时，法律应当提供另一更为实用的判断标准，以解决争议关联交易的内容公平判断标准问题。这是法律规范所表现出的保护市场的使命，也是规则本身承认和尊重市场经营风险的人文关怀，是微观规范所体现的公平和公正。

商业判断规则的构成要件应该包括：(1) 主体适格。从事商业判断的当事人为符合要求的公司决策人，并且该决策人员与争议的交易没有利害关系且未受到控制权人的非适当影响。理论上说，从事关联交易的公司均应当设有独立董事，或者该关联交易必须经该公司的非关联股东来决策。(2) 程序正当。从事该关联交易判断的公司决策人必须履行了正常的商业判断程序，对该关联交易有关的全部信息资料有了充分的了解，这是对该等交易进行合理商业判断的基本前提与条件。这一规则实际上意味着向商业判断人提供定价资料的直接责任人与该商业判断决策人一样负有了法律责任。(3) 审慎与善意。从事该关联交易判断的公司决策人必须具有合理的审慎与善意，意即决策人基于所掌握的交易信息资料，可以合理地相信他在以对公司利益最大化的方式行事，且该交易结果在整体上是对公司是有利而非不利的。实际上，商业判断规则吸纳了美国法上的“利益与否”的判例所表达的司法精神，使得商业判断规则在内容上更加趋于具体化。

我国目前的公司法实践中，本土化的商业判断规则还没有形成

---

❶ Aronson V. Lewis，473A. 2d815，812，1983.

具体规范，没有尝试对此进行立法，对商业判断规则尚缺乏微观规范之建构。我国公司法第六章“公司董事、监事、高级管理人员的资格和义务”中，基本以行为否定和结果判断的思维进行规范设计，没有充分尊重市场风险和商业行为决策者的判断风险。这种“以结果论英雄”的立法思路，不利于保护商业行为决策者的正当权益，尤其是没有保护内容公平的关联交易，使得许多常态的商业判断却出现“当断不断”的消极局面，虽然给公司和股东造成了损失，但是商业行为的决策者却可以避免个人的职业责任与道德风险。这种局面不但没有反映出公司法保护交易、促进交易的基本价值，而是恰恰相反。随着中国公司法的发展和完善，尤其是随着公司诉讼规范和实践的发展，有助于合理公平保障公司利益和经营决策人合法权益的商业判断规则一定会在我国公司法及相关法律规范中逐步建立，这是微观规范发展的必然要求。

基于以上分析，针对内容不公平关联交易的微观规范的构建，实质公平原则的建立显然具有特别重要的意义。我国公司法在建立实质公平原则的过程中，立法者与司法者应当考虑到如下基本要素：首先，我国公司法应当为公司诉讼的利害关系人提供不同的法律救济途径，以适应公司诉讼当事人不同的利益要求。这需要在利益衡量的微观规范设计上留出合理的选择场域。其次，在对于不公平的关联交易的赔偿救济中，必须坚持实质公平原则，不能简单适用传统民法中关于合同的显失公平标准，更不能滑入整体揭穿公司面纱的错误之路。我国的公司法实践已经证实了这一经验；最后，在构建实质公平原则具体规范的过程中，我们应当充分认识到此规则的制度价值在于限制因非适当影响的不公平关联交易，避免被控制公司的合法权益受到损害。实质公平原则不是为了简单限制或者取消关联公司正常的商业行为，而是保护内容公平的关联交易行为以及决策者正常的商业判断。这一微观规范是制裁内容不公平关联交易的法器，而不是捆绑正常的商业行为的绳索。市场充满了动态的交易机会，许多经营活动是丰富多样的，出于善意的公司实践活动不应当受到简单僵硬的法律教条的束缚，公司法应当始终坚持保护交易和促进交易的基本价值取向。同时，也要求我国关于实质公平原则之微观规范应当随着公司法的实践经历一个由简至繁、不断趋于合理化的规范变动过程。

11.4 制裁规则法律形式之微观规范

关于我国公司法对不公平关联交易的制裁规范应采取何种立法形式的问题，学界的观点颇存异趣。从微观规范之完善出发，应当遵照循序渐进的原理，逐步完善我国公司法的法律规则体系。关联交易控制制度是各国公司法和合同法中正在迅速发展和亟待完善的新场域，该规则不但涉及公司法规范的完善与体系化，同时也涉及合同法等各部门法规范的逐步完善。各国目前正在进行的这一规范变革，应当采取具体问题具体分析的方法，采取从司法到立法的过程逐步建立具体规范并加以实施。

11.4.1 可撤销规则的立法形式

一种思路是，对于不公平关联交易的可撤销性问题可以通过合同法的修改和完善实现。这涉及合同法原有规则的相互协调。另外一种思路是，对于不公平关联交易的可撤销性问题也可以通过对合同法的司法解释加以解决。不公平关联交易的违法性具有复杂的特征，在几个不同的部门法领域均可以表现出行为的违法性。客观而言，不公平关联交易不仅违反了合同法上平等与自愿真实的原则，非适当影响也属于违反合同法中公平原则与自愿真实原则的行为类型，此类违法行为不仅影响到合同法的基本原则，而且与代理规则与双方法律行为的基本含义均有重大冲突，鉴于此，基于利益衡量，司法机关当然可以依据合同法或者传统民法的原有规定对于公平原则与自愿真实原则进行扩张性的司法解释，使得相关法律可以涵盖不公平关联交易的行为特征；以大陆法系传统的列举方法来解决不公平关联交易的行为外延问题，并以一个兜底的条款实现微观规范的逻辑周延。无论此规则采取何种立法形式，它都应当包括以下微观规范内容。

首先，应当明确非适当影响在微观规范层面的基本含义与内容，将其作为违反合同法中公平原则与自愿真实原则的基本行为类型。这是基于利益衡量的微观规范设计，不仅可以有效地解决实践中大量的不公平关联交易合同的行为违法性问题，而且可以极大地提高我国合同法基本原则的弹性，使得基于非适当影响而成立的合同在根本上失去了合法性基础，实现了利益冲突各方的利益平衡，有效维护社会公平。

其次，应当明定基于非适当影响而成立的不公平关联交易合同之微观构成要件。在公司法及其司法解释解决了关联企业或关联人基本含义的前提之下，构成要件规则将可以起到法律推定规范的作用，它使得关联交易当事人的信息披露义务与程序公平义务具有了刚性，从微观规范的变革推动我国公司法实践的进步。

最后，应当具体规定基于非适当影响而成立的不公平关联交易合同的撤销权人与撤销的除斥期间。微观规范的设计要求规范统一，上述关于撤销权人的规定应当与我国公司法中的其他相关规范相协调。除斥期间规定应当符合我国公司法实践中当事人知道或应当知道其权利受侵害的实际状况，基于上文的分析，确定为两个会计年度的期限是适合我国本土环境的除斥期间。

11.4.2 实质公平原则的立法形式

应该看到，从规范效用的角度看，实质公平原则虽然涉及合同法，更主要的还是作为一项司法原则在起作用。在普通的侵权赔偿诉讼中，裁判机关不仅需要确定侵权行为受害人的实际损失，而且需要依照一定的法律规范确定赔偿的具体范围，最终决定赔偿的具体数额。这一数额应当大体上等同或者接近于司法实践所认同的公平标准。不公平关联交易的实质公平原则的立法形式，采取公司法的司法解释方式较为合适。在司法实践的实际操作中，司法解释很难与公司法中制裁不公平关联交易当事人的其他规范完全区分开，这也使得司法解释的立法形式较为适宜。在微观规范上，可以把司法解释设计为包含以下主要内容。

首先，明定关联人的具体范围与识别的微观规范。主要包括对于控股股东、实际控制人、公司董监高等内部人、家属权益项下的内部关联人、通过信托或合同安排成立的关联人、上述关联人所控制的下属企业等类型化列举与判断规则。在我国的立法实践中，由于法律规范缺少对于关联人判断标准的明确规定，导致法出多门、规定自相矛盾、司法实践难以实际操作的杂乱无序状况。

其次，明定对于不公平关联交易赔偿制裁的条件微观规范。这一部分主要是要明确不公平关联交易的推定规范（主要是强化信息披露原则与程序公平原则的作用）、扩展控制权人责任的公司法人人格否认规范、不公平关联交易赔偿诉讼的举证责任规范等。法条明确展列出不公平关联交易的成立条件至关重要，没有这些具体的、清晰的条件作为依据，对不公平关联交易的制裁就失去了法律基础。

最后，明定实质公平原则的基本作用。应当充分考虑到目前各国公司法可以体现实质公平原则的基本判断规则之选项，重点包括实践中我们已经采纳了的臂长测试规则、专业人员审计评估规则，以及非常值得移植的商业判断规则。同时，基于规范自身的发展需求，该司法解释应当为未来可能的规范发展与完善留有必要的空间，以弹性的微观规范设计阐述实质公平原则对于不公平关联交易赔偿的依据作用。

11.5 其他法律控制方法之微观规范

关联交易的法律控制是公司法在当下的理论和实践中面临的新问题。从许多国家的司法经验来看，除了前述通过公司法的立法方式对关联交易进行基本规范设计以外，还存在一些其他的法律控制方法。基于我国的公司法理论和实践，人民法院对于不公平关联交易的裁判是通过事后撤销合同裁决或事后赔偿判决实现，其作用仅仅在于制裁不公平的关联交易行为，给受损害的当事人以合理的补偿。综合而言，我国基本上是采取“事后救济”的规范思维，没有考虑到对于不公平关联交易防患于未然的规范预设，这是微观规范在制度设计上的不完善。实践中，各国对于关联企业之间关联交易的法律控制还存在更广泛、更有包容性的规范含义。

在关联企业间的关联交易行为中，对市场交易安全影响最大的是持续性关联交易行为。这一领域是关联交易规则控制的重点，也是关联交易行为控制规则的实际价值之所在。单一的、偶发的关联交易在关联人之间不是主要的行为样态，主要的行为样态是基于关联关系的长期持续的关联交易行为。所谓持续性关联交易，是指关联交易的控制权人通过关联方与其下属的被控制企业签订的以持续交易和多次反复交易为内容的长期协议或长期合同。在我国法制实践中多表现为长期供应合同、合作协议、长期加工承揽合同、长期协作合同等，具体类型不一而足。通过持续性关联交易合同，控制权人实现了对下属关联企业的原材料供应操纵、产品销售操纵、管理操纵、企业行为操纵、成本操纵、收入操纵、利润操纵和征税对象操纵等。尽管控制权人在暂时的利益目标驱动下，偶尔会通过自我约束的让利性关联交易向特定的被控制的下属企业转移该被控制企业满足常规财务报表所需要的利润，但一旦该暂时的宣传性目标实现之后，控制权人会继续在长远利益目标的驱动下通过所谓的意思自治路径将上述关联交易合同变为实质的掠夺性交易合同，以实现控制权人在关联集团内部的各种利益输送目标。

从微观规范价值而言，对于关联企业之间不公正关联交易的法律控制，合同法规范与公司法规范具有同等重要的控制作用。就合同法而言，在理论上应当意识到，关联交易合同具有不同于传统合同内容的下列特征：首先，关联交易合同的内容。关联交易的双方或者多方当事人其实不是在完全平等自愿的基础上经由正常的协商程序来确定合同的内容，而是由具有关联交易控制权的人依据自己的需要来决定的。因此，合同法不仅应当在合同效力性规范上积极保护合同当事人意思自由的权利，也应当以必要条款或强制性推定条款的方式积极干预关联交易合同的内容；其次，关联交易的内容必须具有公平性。关联交易合同的内容是复杂的，市场的变动性和风险性决定了交易内容的复杂性。在没有微观规范限制的条件下，当事人通过复杂的合同或意思自治手段可以将合同法设置的公平规则束之高阁，因此合同法至少应对关联交易内容的公平性与否设置防御性的推定条款；最后，持续性关联交易合同的履行具有不确定性。在关联交易合同中，拥有控制权的关联人实际上拥有超越合同本身的强势地位，控制权人可以根据自身的需要变动关联交易合同的主要内容，尤其是关于控制权人的义务和合同负担的合同条款。控制权人可以通过合同条件变更、威胁解除合同、事实不履行合同或变更合同主要条款等非正常手段胁迫被控制关联企业放弃利益请求，从而仅在关联交易中实现控制权人的诉求。

通过以上分析我们可以看到，我国的合同法在规则上应当更多地通过解释性规范来安排和完善以下持续性关联交易合同的微观规范。

1. 持续性关联交易的合同应当采取长期合同形式和书面合同形式❶。应当明确只有在被控制的一方当事人在客观上已经不依赖于控制权人的条件下，才可由该被控制一方的当事人主张解除合同。此微观规范的价值在于限制控制权人对合同条件的恶意变更，保障被控制方当事人的持续稳定经营。

2. 持续性关联交易合同的内容应以稳定交易条件为必要条款。主要的规范设计应当使有控制权的关联人无法任意变更或终止该持续性合同。根据市场价格变动情况确需变更或者修改合同交易条件时，关联交易的双方当事人只能在发生变故的下一年度以协商方式改变，且只能依据公平的市场价格或者权威机构公布的物价波动指数进行变更或修改。对于持续性关联交易合同的修改、变更或终止，应当履行常规的表决权回避程序与合同内容公平性的证明程序。另外，还应当赋予关联交易被控制的一方当事人享有对于该合同变更事的撤销权。

3. 出现持续性关联交易合同的变更、终止、事实不履行等情形时，双方当事人均负有向公司其他股东和其他利害关系当事人（特别是债权人）履行事实通知或信息披露的义务❷，以保护相关利害关系人的合法权益。

❶ 参见《上市公司治理准则》第 13 条，上市公司应采取有效措施防止关联人以垄断采购和销售业务渠道等方式干预公司的经营，损害公司利益。

❷ 参见《上市公司治理准则》第 12 条。

如果法律是我们的主人，那么违反了法律，我们就成了逃跑的奴隶。

——马克·奥勒留[1]

视域二之结语
永远的利益与变动的规范

通过以上利益衡量之微观规范的解构可以看出，关联交易的行为控制制度是各国民商法中正在迅速发展和亟待完善的重要规范体系。这一制度不仅涉及公司法规范的完善与体系化，同时也涉及合同法、税法、反垄断法和贸易管制法等各部门法相关法律规范的共同完善。微观规范的选择上，大陆法系多以董事诚信义务与控制权人法人资格否定制度作为关联交易行为控制制度的逻辑主线，立足于事后的司法救济；英美法系则更多地关注争议的关联交易的实质公平原则和关联交易事前控制的程序规范，主要立足于事前审查的司法救济思维。这是两种不同的微观规范的建构路径。相比而言，英美法系更多地关注争议关联交易事前审查的司法路径具有更为明显的司法效率，同时也促进了市场的交易效率，这是大陆法系在关联企业的不公平关联交易行为控制制度中需要积极建构的微观规范

[1] ［古罗马］马克·奥勒留：《沉思录》，上海三联书店，2012年版，第132页。

场域。诚然，对不公平关联交易行为乃至任何具有违法性的利益冲突行为进行充分有效的法律控制，是法律所共同追求的一般的价值的向度。不同国家依据其本土化的法律环境对关联交易行为的控制程度和制裁重心略有差异，这不是微观规范的建构在价值向度上的根本性冲突。

只有永远的利益，没有永恒不变的规范，尤其是波谲云诡的资本市场，参与市场博弈的各方经常处于利益冲突的动态格局之中，在众多的规制选项中，通过微观规范对关联交易中的利益冲突进行法律控制，是各国对关联交易各方进行利益平衡的普遍路径。

参考书目

一、中文论著

1. 赵中孚．商法总论［M］．北京：中国人民大学出版社，1999.

2. 赵中孚．民商法理论研究［M］．北京：中国人民大学出版社，1998.

3. 叶林．证券法［M］．北京：中国人民大学出版社，2000.

4. 叶林．公司法研究［M］．北京：中国人民大学出版社，2008.

5. 叶林．提供司法审查平衡公司纠纷［J］．中国法律人，2004(10).

6. 叶林．证券法教程［M］．北京：法律出版社，2009.

7. 董安生．民事法律行为［M］．北京：中国人民大学出版社，2002.

8. 董安生．国际货币金融法［M］．北京：中国人民大学出版社，1999.

9. 王利明．民法新论［M］．北京：中国人民大学出版社，1996.

10. 王利明．物权法研究［M］．北京：中国人民大学出版社，1998.

11. 甘培忠．公司控制权的正当行使［M］．北京：法律出版社，2006.

12. 邢海宝．票据法［M］. 北京：中国人民大学出版社，2006.

13. 沈宗灵．现代西方法理学［M］. 北京：北京大学出版社，1992.

14. 汤欣．上市公司收购管理——证券法的简单评介［M］. 北京：社会科学文献出版社，2005.

15. 杨仁寿．法学方法论［M］. 北京：中国政法大学出版社，1999.

16. 张世君．公司重组的法律构造［M］. 北京：人民法院出版社，2006.

17. 徐国栋．民法基本原则解释［M］. 北京：中国政法大学出版社，1992.

18. 史尚宽．债法总论［M］. 北京：中国政法大学出版社，1998.

19 梁上上．利益衡量论［M］. 北京：法律出版社，2013.

20. 张新．中国并购重组全析——理论、实践和操作［M］. 上海：上海三联出版社，2004.

21. 王伟光．利益论［M］. 北京：中国社会科学出版社，2010.

22. 刘凯．杠杆收购的本土化研究［J］. 西南政法大学学报，2008（4）.

23. 郑海军，刘凯．精神损害中的利益衡量［J］. 法学杂志，2010（8）.

24. 刘凯，郑海军．精神损害赔偿之利益衡量视域［J］. 西南政法大学学报，2010（5）.

25. 刘凯．反收购中规制的利益平衡［J］. 法学杂志，2009（4）.

26. 刘凯．控制股东的信义义务及违信责任［J］. 政法论坛，

2009 (2).

27. 董安生. 关联企业与关联交易的法律控制问题研究 [M]. 2005，未刊稿.

二、中文译著

1. E·博登海默. 法理学. 法律哲学与法律方法 [M]. 邓正来，译. 北京：中国政法大学出版社，1998.

2. 理查德·B. 斯图尔特. 美国行政法的重构 [M]. 沈岿，译. 北京：商务印书馆，2002.

3. 美浓部达吉. 法之本质 [M]. 林纪东，译. 台湾：台湾商务印书馆，1992.

4. 凯斯·孙斯坦. 自由市场与社会正义 [M]. 金朝武等，译. 北京：中国政法大学出版社，2002.

5. 罗伯特·C. 克拉克. 公司法则 [M]. 胡平，译. 北京：工商出版社，1999.

6. 孟德斯鸠. 论法的精神 [M]. 张雁深，译. 北京：商务印书馆，1963.

7. 罗斯科·庞德. 通过法律的社会控制 [M]. 沈宗灵，译. 北京：商务印书馆，2010.

8. 罗斯科·庞德. 普通法的精神 [M]. 唐前宏等，译. 北京：法律出版社，2001.

9. 路易斯·布兰代斯. 别人的钱 [M]. 胡凌斌，译. 北京：法律出版社，2009.

10. 大卫·雷·格里芬. 后现代精神 [M]. 王成兵，译. 北京：中央编译出版社，2015.

11. 赫伯特·马尔库塞. 单向度的人 [M]. 刘继，译. 上海：上海世纪出版社，2014.

12. 约翰·罗尔斯. 正义论 [M]. 何怀宏等，译. 北京：中国社会科学出版社，2006.

13. 霍布斯．利维坦 [M]. 黎思复等，译．北京：商务印书馆，2015.

14. 卡尔·拉伦次．法学方法论 [M]. 王晓晔等，译．北京：法律出版社，2000.

15. 菲利普·赫克．概念学与利益法学 [M]. 吴从周，译．北京：中国法制出版社，2011.

16. 加藤一郎．民法的解释与利益衡量 [M]. 梁彗星，译．北京：法律出版社，1995.

后　记

利益丛林中的微观规范路径

与抽象的利益主张相比，争议中的利益通常是具体和实在的。法律规范对于更为广泛利益的保护原则经由个案的利益衡量引申而出，而个案的裁判需要微观规范的的价值判断作为支撑，所以，微观规范是法律机体的细胞，它从实在法和司法经验上阐述着法律规范的生命力。微观规范更为直接地强调法律的价值取向，为利益冲突提供利益衡量的司法技术手段。大陆法系成文法传统的法律规范具有抽象的逻辑天性，需要经由司法实践获得实在经验。走入司法实践的微观规范具有能动的生命力，是活的法律。微观规范的构建和司法实践，使得法律走出了“书本上的法”，脱离了规范自为的狭隘和拘束，走进“行动中的法” （law in books and law in action）[1]，从概念入经验，抽象入具象。

利益多元化和利益冲突常态，是现代社会的表征之一。利益冲突的常态化更加期待有效的利益衡量的微观规范构建；多元利益也期待法律规范尊重个殊化的具体利益欲求，给予各种利益以均衡保护，在微观规范的设计上体现出利益衡量。社会的丛林之中，失去规制的利益会流于恣意，而微观规范是不可或缺的基本的控制方式。利益的丛林正在权利哲学的滋养下茁壮着，利益冲突以前所未有的规模充塞尚存的社会空间，利益衡量的微观规范也在面临使命

[1] Roscoe Pound：Law in books and law in action. [J]. 44 Am. L. Rev. 1910：15.

的检阅和评判。在利益杂生的丛林里，一条微观规范的小径蜿蜒穿行，抚慰希望、剪除妄欲、培育公正，给荆棘芳荪和崔嵬巨枝以同样的规范关怀，通过法律规范的社会控制所追求的利益和谐是盖然可期的。

当然，微观规范需要自身使命的铺陈空间，我们只能假设法律规范是在一个虚拟公平的社会现实中运行的，在没有其他外部权力的干预下，由微观规范决定具体个案中正义的方向和类型，因此法治是一个不争的前提。如果存在一个法律之外的权力干预，微观规范的运行就难以产生预期的规范效果，此时的法律规范被拖离固有的轨道，成为法外权力的面纱，微观规范被法外之权颠覆，抽离了生命力。本书收笔前，一个事实似乎在有意佐证作者的观点：我国上证指数从 2015 年 6 月 12 日的 5178.19 点，狂泻至 8 月 26 日的 2850.71 点，其间还有国家大张旗鼓的救市安排，纵使考虑到外部成熟资本市场的趋势性下跌以及我国刚刚实操的杠杆配资因素，这一跌幅依然是令人困惑的；随后陆续公开的信息解答了上述疑问，证监会的高层决策者与国内外的大机构合谋，借国家救市之机，反向操作中饱私囊。古今中外的资本市场虽不乏恶例，然而由监管者和大机构联手做空本国市场的，无出其右者。此时的微观规范在哪里呢，它虽然还在我的书本上，但它的法效被法外之权攫取，只剩下失去生命力的规范外壳像僵尸一样悬浮在空中，用另外一种方式解释利益衡量的游戏规则。

所以，利益衡量的微观规范只在一个规范预设的法治的场域才会产生预期法效，这是规范自为的拘束。其实，这也是所有法律规范产生预期效力的一个天真的预设前提。仅就此而言，对比一下迄今为止所有的社会控制范式，法律或许是最为幼稚的选项之一。

小词一阕，聊作貂尾：

蝶恋花 雾里鹫峰

栈栏斜围盘桓路，金龟峰下，烟云沾新露。
神鹫也识岚何物，振翅痴飞奋如古。

闲坐峰顶寻来路，叠嶂汹涌，浅淡衬画布。
凭山望日展画轴，万千红紫均作素。

2015 年 11 月 26 日
收笔于北京默鸣斋[1]

[1] 默鸣斋为作者书斋是也。